国際ジェンダー関係論

批判理論的政治経済学に向けて

サンドラ・ウィットワース

武者小路公秀（代表）　野崎孝弘　羽後静子　監訳

藤原書店

FEMINISM AND INTERNATIONAL RELATIONS
by Sandra WHITWORTH
Towards a Political Economy of Gender in Interstate and Non-Governmental Institutions

Originally published by Macmillan Press Limited

Japanese translation published by arrangement with Macmillan Press Ltd
through The English Agency (Japan) Ltd.

日本の読者へ

フェミニズム研究が国際関係論においてなぜ存在しないのかについては、たいていの場合、知的レベルでの説明で済まされ、政治的な説明はほとんど行われなかった。国際関係論という学問領域は、国際的な諸関係に対する現実主義的なアプローチに支配されてきた。現実主義の見方によれば国家は、(中心的権威の不在という意味で)アナーキー的なシステムの中でパワーを追求して合理的に行動する。女性やジェンダーに関する諸々の分析は、「国家、パワー、そしてアナーキー」の研究にとって単に不適切なものでしかなかった。この問題は女性の過少代表に関連していると論じる者もいた。当時の北米やヨーロッパの大学において女性は、国際関係論の領域で研究している大学院生や教員の中で非常に数の少ない少数者であった。この論理によれば、国際関係論に諸々のフェミニズム分析を組み入れる機会がほとんどなかったことになる。フェミニズムの学識の担い手は、おそらく女性であろうと考えられていたか、当然女性であるはずだと思われていたわけである(「おそらく」あるいは「当然」というこの二つの推定のうち、後者より前者の方が事実に近い)。

これに比べ、国際関係論とフェミニズムが政治的に相容れないものであるということには、今まであまり目が向けられることはなかった。国際関係論が秩序に関心がある一方で、フェミニズムの関心はつねに、その(諸々の）秩序を崩壊させることにあったのだ。国際関係論は、相手がフェミニズムのアプローチであろうが、マルクス主義のアプローチであろうが、あるいは「批判理論」〔巻末訳注＊1を参照〕であろうが、国際政治経済学（International Political Economy）であろうが、支配的な諸々の秩序を壊そうとするさまざまなアプローチに長い間抵抗してきた。これら批判的なアプローチは、隠蔽されるか、あるいは、国際関係論の研究として不適切なものであると論じられるかのどちらかによって、正当性を剥奪されてきたのである。

しかしながら、私がこのプロジェクトを始めてからというもの、国際関係論の領域においてもフェミニストが大いに活躍するようになり、多くの書物や論文がどんどん出てきている。『ミレニアム』（*Millennium*）という雑誌が、一九八八年と一九八九年に特集号を出したのを皮切りに、数々の出版物が論文集やいくつかの雑誌、書物に定期的に掲載されるようになった。同様に、多くの書籍もまた出版されてきている。ほんの一例を挙げれば、シンシア・エンロー（Cynthia Enloe）の『バナナ、海岸そして基地――国際政治をフェミニズム的に理解する』（*Bananas, Beaches and Bases : Making Feminist Sense of International Politics*）や、その後の彼女の著作である『戦争の翌朝――ポスト冷戦時代をジェンダーで読む』（*The Morning After : Sexual Politics at the End of the Cold War*）、V・スパイク・ピーターソン（V. Spike Peterson）とアン・S・ランヤン（Anne S. Runyan）の『国際ジェンダー問題』（*Global Gender Issues*）、クリスティン・シルベスター（Christine Sylvester）の『ポストモダン時代におけるフェミニズム理論と国際関係論』（*Feminist Theory and International Relations in a Postmodern Era*）、ジャン・ジンディ・ペットマン（Jan Jindy Pettman）の『女性の世界化――フェミニズム国際政治学』（*Worlding Women : A Feminist International Politics*）、そしてJ・アン・ティックナー（J. Ann Tickner）の『国際関係論におけるジェンダー――グローバル・セキュリティにおけるフェミニズム的パースペクティヴ』（*Gender in International Relations: Feminist Perspectives on Achieving Global Security*）などである。フェミニズム国際関係論のための新たな雑誌として、一九九九年一月には『フェミニズム国際政治学ジャーナル』（*International Journal of Feminist Politics*）が発刊された。また、国際関係論の研究者たちの専門的な集まりである国際学研究協会（International Studies Association）の中に、「フェミニズム理論とジェンダー研究」に関する特別部会が設けられている。言い換えれば、フェミニズムが進む歩調は劇的に速くなってきているのである。

しかしながら、国際関係論の研究や教授内容の大部分は、フェミニズムの諸分析からたいして影響を受けずに旧態依然であるように見受けられる。主流の雑誌の多くは、フェミニズムの論文をまだ掲載したことはなく、学部および大学院の教育課程概要では、せいぜいフェミニズムの若干の文献を形式上取りあげるだけか、学期末の一週間にゲストスピーカーを招いて教える程度である。多くの論文集にはフェミニズムについての章が設けられているが、フェミニズムについての章以外のところに掲載されている研究の大部分は、フェミニズムの学識に精通しておらず、何ら影響も受けていないように思われる。「わが社は既にフェミニズムに関する出版物を出している」とつねづね公言していながら、フェミニズム国際関係論の書籍を一冊より多く出した出版社はほとんどない。国際関係論におけるフェミニズムの思想の多様性は、あたかもたった一冊の本で捉えられるかのように想定されているのだ。

したがって、われわれの学問領域——国際的な諸関係について教え、教えられ、読み、書き、見る際に、われわれが則っている諸々の仕方——を変えるには、これまで以上に多くの努力が必要であるように思われる。だが、これは驚くべきことではない。一〇年前に国際関係論においてフェミニズムの思想が排除され得た理由は、あまりに「新しい」ものであったからだが、今日ではフェミニズムの思想は、あまりに危険なものだからである。北米とヨーロッパの大学やメディア、そしてポピュラー・カルチャーに広がっている反フェミニズムの政治的風潮は、フェミニズムの思想と活動を、言論、行動、および思想の自由を傷つけるものとして描きだす。この見方によれば、諸々の伝統的な学問領域は、フェミニズムや反人種主義に基づいた、そして時には反・同性愛差別主義

(anti-homophobic) にさえ基づいたイデオロギー的な学問に取って代わられつつあるということになる。この場合、諸々の伝統的な学問領域は何らかの方法で「中立的」で「客観的」なものとして描かれている一方で、フェミニストたち(と、それ以外の者たち)は、諸々の政治的立場に毒されたものとして描かれている。主流の学問領域は、フェミニズムの思想家たちによって提示された挑戦を受け入れて、あらゆる知的伝統を支える諸々の政治的な立場について考察を加えるかわりに、反論や弁解に終始する。しばしば「二者択一の」選択として現れるが、女性に、そしてジェンダーに目を向けることは、男性に目を向けなくなることであると見られている。

グローバル政治の世界で起こっている特定の変化もまた、諸々のフェミニズム分析への妨害となった。こうした諸々の変化は、国際的な諸関係を研究するすべての研究者に分析的な諸問題を提起してきたのだが、とりわけ、特定の諸争点に取り組む「政策的効用のある提言」を求める要求が重ねて主張されるかぎりにおいて、フェミニズム国際関係論の研究者に対して特別な諸問題を提起する。例えば、国際関係論という領域において、しばしば「紛争と安全保障」として表現される政治的暴力の分野では、われわれは劇的な諸変動や変容をこれまで目撃してきた。それらはすなわち、ソ連の崩壊や冷戦の緊張の減退、ナショナリズム感情の高揚、インドやパキスタンのような新たな核保有国の出現などである。同時に、グローバル政治経済の領域においては、ヨーロッパ諸国と旧ソ連の諸国の(劇的な)経済再統合に限らず、同等のものであるがしばしば矛盾するさまざまな動きが見られてきた。アジアにおける最近の金融危機もその一つであるが、生産と金融の双方でのグローバル化の諸過程もそのような動きに含まれる。

このような諸々の変化の中には、少なくともフェミニズム分析を国際関係論に導入できるきっかけとなるものがあるかもしれない、と期待された。このことは、紛争と安全保障の研究においては確かに言えることである。というのも、冷戦が緩和されはじめるにつれて、フェミニストたちが国際的な諸関係をめぐる言説の議題に加えたいと思っていた諸争点のいくつかが吟味される余地を、国際関係論の中に見出したように思われるからである。それまで東西両陣営間の競合が国際的な諸関係の実務者や観察者、研究者たちの知的エネルギーを支配していたために、核抑止は国際関係論において最も重要な諸争点の一つではないと述べることは、実際には考えられないことだったのである。

フェミニストたちは、国際的な諸関係に関する多様な争点に関心を持ち、そうした諸争点をさまざまな方法で扱う。しかしながら、われわれは次のような確信を共有している。すなわち、国際的な諸関係は、核抑止にかかわるのと同じぐらい、諸々の国際的な人口調節政策にもかかわっているという確信を、また、武器取り引きにかかわるのと同じくらい、国外の軍事基地で性産業に従事する人々にもかかわっているという確信を、そして、いわゆる「大」国の対外政策にかかわるのと同じくらい、性特定的な（sex-specific）国際的労働立法にもかかわっているという確信を、われわれフェミニストは共有しているのである。要するに、フェミニストたちは、国際的な諸関係は、世界中の女性と男性がおくっている生活に根源的な影響を及ぼす非常に多くの現象にかかわっているのであり、こうした諸現象は、平和と安全保障政策という「ハイ・ポリティクス」が優先的に扱われてきたために、注目、認識、および分析されることがほとんどなかったのだと主張するのである。

しかし、諸々のフェミニズム的な問いが提起できるような新しい国際的な環境が生まれているという冷戦終結時の楽観主義は、ずいぶん前に消えてしまった。「新世界秩序」がもたらされたのは、国際的な敵意が弱まっていく時代としてではなく、国際紛争を解決するうえで軍事的暴力は中心的な役割を果たし、そもそも便宜上都合がいいとの主張が湾岸戦争を通じてあらためて展開されるなかでアメリカのヘゲモニーが擁護される時代としてである。同様に、ソマリアやルワンダ、ボスニア＝ヘルツェゴヴィナなど世界の他の諸地域で暴力が噴出し、インド、次いでパキスタンが核実験を行ったことによって明白になったのは、フェミニズムの諸々の関心事が過去において不可視化されてきた仕方のすべてが、いまだ不可視的なものと考えられ、よって挑戦されずにいるということなのである。戦争や紛争、核兵器、そして、それらから構成された諸々の伝統的な分析（これこそ最も重要なものである）は、国際的な諸関係を構成する最も重要な要素は、諸々の国家や外交官、そして軍の将官らが行う諸活動を中心とするものであるというおなじみのストーリーをあらためて物語るのだ。この考え方によると、国際的な諸関係はジェンダーについて中立的なものである。このような姿勢こそがフェミニズムの闘争を、新世界秩序においてさらに問題のあるものとしているのかもしれない。現実主義者たちは、自分たちの諸分析に本来含まれている性差別主義を意図的に助長するよう主張したことは決してない、むしろ世界を「実際のありのままに」描きだそうとしている、と言うのである。つまり、現実主義者たちは次のように主張するのである。現実主義を構成する諸々のカテゴリーが性差別主義的であるのではなく、現実主義者たちが描きだそうとする当の世界がそうだということである。男女間での支配の諸関係は存在しないというのではなく、男女間での支配の諸関係は国家間諸関係には存在していない、と。新世界秩序／ポスト・ポスト冷戦（post-post Cold War）の時代は、古き世界秩序と同様に、こうした諸々の神話を具現しているのであり、グローバル政治の中で多くのことが可能になっているという期待が高まっているだけに、これらの神話を揺るがすことはますます困難であると言えよう。

グローバル政治経済における諸々の変容も、同様の難題を提起する。ソ連崩壊直後の政治的・経済的な諸問題に対する当初の中心的な関心は、諸々の国民経済の再統合や、債務・生産・構造改革をめぐる諸問題に対して西側の諸規範と諸制度を適用することに向けられていた。当時と同様の用語が、最近のアジア金融危機や世界的規模の金融危機に取り組むために用いられている。紛争と安全保障の領域における現実主義者と同様に、政策的効用のある提言をこのような困難な諸状況の下で求める要求のために、こうした諸状況がジェンダー諸関係に依存するとともにジェンダー諸関係に影響を及ぼしもするのはどのようにしてなのかということが、これまで不可視のものにされてきたのである。

政治経済における、より「批判理論」的な論者たちは、グローバル化の諸力が呈する集権化と分裂の傾向に目を向けるようわれわれに訴えてきた。ロバート・コックス（Robert Cox）やスティーブン・ギル（Stephen Gill）、そしてエリック・ヘレイナー（Eric Helleiner）といった研究者が述べてきたように、グローバル政治経済は、グローバルな生産とグローバルな金融という、少なくとも時には矛盾する二つの要素からなる。ごく少数の非効率的な政治権力によって縛られているにもかかわらず、グローバル経済は、少数で結束を強めつつある一つの意思決定者集団によって形づくられ維持されており、この集団は（少なくとも彼らの間では）異論のない、グローバルな自由化の諸規範に基づいて行動している。このような集権化によって、グローバル政治経済の周縁は確実に、これまで以上に周縁的なものとなる。これらの周縁は、生産と金融の権力中枢の内部にある周縁よりも領域的に縛られているので、自由化のコストをより直接的にこうむることになるのである。このことは、産業労働者階級や多くの「発展途上」国、（金融の意思決定や中央銀行に直接結びついていない）国民国家のさまざまな分子、諸々の人種的マイノリティやエスニック・マイノリティ、さまざまな社会運動、そしてもちろん女性に関しても言えることである。言い換えれば、グローバル化の強力な諸力は、政治的な活動や分析が行われる領野を絶えず変化させることによって、グローバル政治経済の周縁を構成している人々のエネルギーを分散させたり再び集中させたりする。このような諸状況の下で諸々のフェミニズム分析は、さらに難しくなってきている。

しかし、このような逆風の諸傾向の中にあっても、私は本書において、国際関係論という学問領域に取り組む諸々の声がしだいに大きくなりつつあるようなフェミニストたちの合唱に、もう一つの声を加えて貢献したいと思っている。この貢献は決して完全なものではないが、物語の小さな一部分とはなるものである。本書は、国際諸制度におけるジェンダー諸関係の分析に焦点を据える。本書全体を通じて私が論じているのは、ジェンダーとジェンダー諸関係をめぐる諸々の想定の創造と維持に国際的な諸実践がどのようにかかわるのかにわれわれは関心を持つべきである、ということである。男らしさや女らしさに関する諸々の考え方や、(例えば）労働力や社会、あるいは家庭において女性と男性が担うにふさわしい諸々の役割に関する考え方は、簡潔に言えば、社会的に構築されたものである。本書における私の主張は、国際諸制度は、そうした諸々の考え方が社会的に構築される複合的な過程の一部であるということなのである。

ジェンダーとジェンダー諸関係に関してわれわれが抱く諸々の観念は、男性と女性の現実的で物質的な、生きた経験に、そのような経験に対して彼／彼女らが抱く諸々の観念に、そして、彼／彼女らがそうした諸々の観念を具体化するために創りだす諸制度に由来する。こうした諸制度が視野に入れるのは、ローカルな関心事から地域的な諸争点や、国家の、そしてグローバルなレベルまでさまざまである。本書を通じて私が述べるように、ジェンダーに関する諸々の支配的な考え方は、それらの制度に埋めこまれるようになった多くの争点や関心事の一つである。いったん埋めこまれれば、諸制度の諸政策や諸実践は、そうした諸想定を再生産する役割を担うことになる。だが、時には、制度の諸政策や諸実践が、ジェンダー化された諸想定を変容させることもあるかもしれない。

本書では、この分析の実例として、国際家族計画連盟（International Planned Parenthood Federation, IPPF）と国際労働機関（International Labour Organisation, ILO）を考察する。この二つの国際制度がどのようにジェンダーを「理解した」か、そしてどのようにジェンダーにかかわったかということは、それぞれの歴史を通じて劇的な変遷をたどってきた。本書は、その変遷を探究し、特定の歴史的、社会的、あるいは経済的な諸条件や特定の活動家たちがそうした諸々の理解の仕方をどのように形成したのかを探る。

なお、本書の試みは、ジェンダーに関する分析が適用される唯一の方法ではないということを強調しておくべきであろう。国際的な諸実践には、単なる国際諸制度の諸活動よりもはるかに多くのものが含まれる。多くのフェミニズム分析はジェンダーという概念を、非常に異なった諸々のコンテクストに対してかなり効果的に適用してきた。シンシア・エンローは軍国主義と債務管理に関して研究してきたし、デボラ・スタインストラ（Debor Steinstra）は、国際的な女性運動を検討してきた。V・スパイク・ピーターソンとアン・シッソン・ランヤンは安全保障の諸争点と国家建設に関する諸々の分析を行ってきた。その他にも枚挙にいとまがない。言い換えれば、ジェンダーに焦点を据える分析は、国際諸組織にのみ関心を向ける必要はないのである。

国際諸制度に適用される場合でさえ、ジェンダー化された分析が本書で記されるものとはかなり異なった方法で行われ得るということにも留意する必要がある。他にも多くの制度があるし、そのような諸制度を考察する方法も数多くある。ここでの分析は、ＩＬＯとＩＰＰＦから出された諸々の政策声明や計画に焦点を据える。この二機関は、バース・コントロール〔第四章を参照〕と労働立法という特定の機能的関心を有した制度として西洋が創ったものである。例えば、健康や環境の諸問題に関連する諸制度の分析がそうであるように、西洋で創設されたものでない諸制度に関する考察は、ジェンダーに関するかなり異なった諸想定を政策の定式化に見るだろう。諸制度に関する考察の中には、私が本書で行っている以上に、特定の諸組織の内部で行われている諸々の議論や、その組織が取り組む諸々の特定のプロジェクトに焦点を据えるものもあるかもしれない。

ここで私が主張したいのは、ジェンダー分析の適用方法にはさまざまなものがあるということであり、国際諸制度と国際的な諸実践がジェンダー諸関係を包含し、ジェンダー諸関係と影響を及ぼしあうさまざまな仕方を説明するに際しては、そのすべてが有用だということである。私見では、本書が行う重要な貢献は、次のような点を強調することである。すなわち、国際的な諸関係を構成する諸実践の中に実際の女性が存在していることを確認することができない場合でも、女性が占めるにふさわしい場や女性が担うにふさわしい役割、そして女性が行うにふさわしいふるまいに関する諸想定が実際には流布しているのであり、それればかりか、女性であることの意味に関する諸想定さえも実際には流布しているという点を強調することなのである。そのような諸想定は、それらの想定を支える物質的諸条件とともに、女性の——そして男性の——諸生活のいたるところに根源的な影響を及ぼすのであり、家族における諸実践やローカルな諸実践、社会的および国内の諸実践を通じて伝えられるのと同じくらい、国際的な諸実践を通じても伝えられるのである。本書で直接触れない他の諸問題も、このような分析に役立つ。例えば、アンペイド・ワーク（unpaid work）の問題は現在重要なものであるが、この問題に関する分析も、本書で示されるような諸方法を用いて展開することができる。アンペイド・ワークに関する議論が、「労働」に関連する支配的な諸想定や、「労働」と女性との適切な関係性および「労働」と男性との適切な関係性に関連する支配的な諸想定によってどう制限されているかを描きだすことによって、そのような分析を展開することができるだろう。「アンペイド・ワーク」なるものの理解の仕方が、議論される特定の時間や場に応じていかに異なるかに留意することは、この問題に中心的な関心を向ける学者たちや活動家たちが、この問題での漸進的な変革を妨げる諸々の障害と、そのような変革を促進する諸条件の双方を明らかにする助けとなる。

　最後に触れられるべき点は、国際関係論の研究に組み入れられる諸争点がいかなるものであっても、排除されつづけている他の多くの争点があるということである。フェミニズムの研究に対する抵抗があるとはいえ、とりわけ、反人種主義の立場をとる学者たちによる諸々の分析や諸々の性的マイノリティによる研究に対する継続的な諸抵抗は、フェミニズムに対するそれをはるかにしのぐものとなっている。多くのフェミニストが自分たちの研究に人種主義やセクシュアリティへの関心を組み入れようとはしているが、これらのパースペクティヴのいずれかから国際的な諸関係に関する持続的な分析を行う試みは存在していない。フェミニズムが展開する諸闘争は、他の多くの中の一つにすぎない。われわれが結成する諸々の政治的かつ知的な同盟は、つねにこのことを認識していかなければならないのである。

本書の執筆、そして翻訳にあたり、私を援助してくれた多くの人々のうちの何人かに感謝の意を表したい。ジェイン・ジェンソン（Jane Jenson）、シンシア・エンロー、マーク・ニューフェルド（Mark Neufeld）、そしてロバート・コックス各氏には、最も多くの示唆や励ましを受けた。本書が彼／彼女らの影響を受けていることは、彼／彼女らの著作に通じている方ならすぐにお分かりいただけるだろう。家族のエイデン・ウィットワース（Aidan Whitworth）とリン・アンドリュース（Lynn Andrews）は、私が自宅から遠く離れて仕事をしなければならないときでもつねに支えとなってくれている。そして、もちろん、本書の翻訳にかかわった方々に格別の感謝を表する。言語やネーション、そして文化の壁を乗り越えて、私の著書が初めて日本の読者の方々にも読んでいただけるようになり、たいへんうれしく思っている。本書の翻訳出版に関しては、まず、私が以前からたいへん尊敬している武者小路公秀教授が本書の監訳を快諾してくださったことに、心から感謝する。

私の恩師であるロバート・コックス教授と武者小路教授が、学問的に深く影響を及ぼしあう友人であったこと、さらに武者小路教授が藤原書店の藤原良雄社長とも懇意であったことから、今回の翻訳出版の企画がスムーズに実現したことは言うまでもない。また、藤原社長には、出版前に東京でお会いすることができ、本書やフェミニズムについて長時間議論し、興味深い示唆を与えてくださったことに感謝したい。

そして、それぞれの章を担当、翻訳してくださった中原美香、大川桐絵、庄山則子、富永浩央、野崎孝弘、田中香、栗原（志田）充代、髙橋（清滝）園子、小西道子、都丸千恵子、また、事務局を担当してくださった伊藤衆子、文献検索を手伝ってくださった岸田早希子の諸氏に感謝する。本書の出版までの約二年間、Eメールなどのやりとりを通じて、最後までがんばって翻訳作業を仕あげてくださり、ご苦労さまでした。

そして最後に、このプロジェクトのまとめ役として、オタワの農園の自宅まで私を訪ねてくれ、翻訳原稿を吟味し、私の考えにじっと耳を傾け、長時間にわたる議論を積み重ね、私の理論や考えを理解し、本書が研究と実践の双方において日本の国際関係・国際政治学界やフェミニズムの思想・運動に果たし得る影響や役割について、優れた分析やコメントを与えてくれた羽後静子氏に感謝する。

オンタリオ州トロントにて

サンドラ・ウィットワース

監訳者代表のまえがき

武者小路公秀

国際関係論もしくは国際政治学は、冷戦の終結とともに大きく変容しようとしている。本書は、このような学問状況の中で、国際政治や国際関係の研究にジェンダーの視点をしっかり確立することが、この学問分野の健全な発展のために必要不可欠であることを示す入門書として、日本の読者の皆さんに提供するねらいで訳出したものである。もちろん、ジェンダーに敏感な市民のみなさんにも、国際関係がどのようなジェンダーについての歪みをもって構築されているのかについて考える手がかりとして、本書を活用していただきたいと思っている。

国際関係論というと、国家の間、特に大国の間の権力闘争だけを研究する学問のように思われがちである。実はこのような権力関係も、ジェンダー的に作りだされているのではあるが、ジェンダー的な観点以外の立場で研究できるかもしれない。しかし、国家の他、さまざまな国際組織、市民運動、経済主体や社会集団を含む複雑な国際システムは、ジェンダーの観点抜きでは理解できない。その意味で、ジェンダー的な視点の国際関係論が台頭してきているのは、グローバル化にともなって国際システムが複雑化している、いわゆるポスト冷戦時代の新現象であると言えるかもしれない。冷戦時代には、核兵器を前提にしての米ソ双極システムが、いわゆる現実主義の立場からも、また平和研究的な立場からも研究の中心課題と見なされ、その他の国際関係の諸分野は、例えば、ハイ・ポリティクス（高等外交）に対するロー・ポリティクス（実務外交）として軽視されていた。確かに、一九七〇年代には、米欧日経済関係が注目されたり、新国際経済秩序をめぐる南北問題が台頭して、政治経済学的なアプローチを採用する学問傾向が現れた。また、環境問題などのトランスナショナルないしはグローバルな問題群が国際的な市民運動によって取りあげられて、国連などでの国家間外交に圧力をかけることになって、いわゆる民際関係への関心も生まれていた。しかしながら、このような傾向は、あくまでも現実主義国際政治学のかげで少数派の学問であったのである。

だが、冷戦の終結とともに、ロー・ポリティクスの研究が、国際政治学・国際関係論の中で俄然注目されるようになっている。その結果、九〇年代の初頭に既に指摘されていたように、従来核戦略論に没頭していた国際関係論の研究者の中に、環境問題などと並んでジェンダー関係研究への転向現象が見られたことに注目する必要がある。このような関心は次第に広がって、北米国際関係論の中では、その対象としてきた諸問題について、ジェンダー的な視点を持った分析を加える必要性が少しずつ認識されるようになってきた。

本書は、特に国際家族計画連盟（ＩＰＰＦ）という国際非政府組織と国際労働機関（ＩＬＯ）という政府間国際組織を取りあげて、その成立以来の歴史的な展開がどのようにジェンダー化されたものであったか、ジェンダーをめぐる関係諸勢力間の権力関係の中でこの両組織がどのような変質を遂げてきたかを克明に分析している。国際諸組織についての記述的な研究は日本でも多くなってきているが、本書は、それぞれの組織がどのような利害関係や観念によって制度化されているのかを、特にジェンダーの角度から分析することによって、このような研究を単なる記述から、歴史的に変化・発展する制度の理解に大きく前進させていると言えよう。

われわれは、かねがね日本の国際関係論が、あまりにも北米における学問傾向に追随してきたことを嘆かわしく思ってきたので、北米の学界での研究動向を真似ることを主張したいとは思わない。それにしても、国際政治学・国際関係論においてジェンダーの視点を持とうとする動きが日本ではほとんど見られないことに、北米学界に対するいささかの遅れを感じざるを得ない。そう思っていた矢先に、国際政治学会の紀要に本書の紹介が掲載された。[*] おそらく、日本における国際政治学・国際関係論の学界でもジェンダーに無関心ではいられなくなってきていることの現れとして、歓迎すべきであろう。

本書を訳出することになったのは、この書評がきっかけだった。明治学院大学の卒業生を中心にして「フェミニズムと国際関係論」研究会を立ちあげ、みなで本書を読みながら訳出することになったのである。この研究会で提出された下記の疑問点は、読者の皆さんにとっても疑問となると思われるので、特にこれについて説明しておきたい。

その疑問とは、日本で常識になっているフェミニズムの分類や、国際関係論の学派についての代表的な学者の選び方と、かなり違った分類や選択が本書の中で行われているのはなぜか、ということであった。まず明らかにしておきたいことは、日本の学界では、何か公認の学派の分類や代表的な研究者の選び方がある、かのような意見がある。それは、社会科学を導入・紹介する日本の学界の特殊事情からくる見解で、北米学界では必ずしもそうは考えられていない。北米学界の中でも開拓者精神の旺盛な著者などは、むしろ研究者ひとりひとりが、その主張を学界の諸潮流の中に位置づけるのに、最も分かりやすい説得力のあるかたちで自分なりの分類と選択をすることが、学問の進歩につながると考えている。そのため、著者はあえて独自のフェミニズムの分類をし、国際関係論の諸学派の代表的な学者を選んでいる。

そこには、本書の著者と日本のフェミニストや国際関係論研究者の間に見解の相違がある、ということでは片づけられない事情がある。まず、読者にとって念頭に置く必要があることは、本書の著者が、「批判理論」をもってジェンダー分析と国際関係分析とを結びつけようとしている、ということである。フェミニズムの中でも、ジェンダーの歪みの根底には、男性の立場であらゆる社会的な現実を表す諸観念が「社会的に構築されている」というのが、「批判理論フェミニスト」の主張である。一方、国際関係論においても、「国家」をはじめとするすべての国際政治経済の諸観念が社会的に構築されたものであるということが、「批判理論国際政治経済理論」の主張である。

このように、男女の関係にせよ、国家間の関係にせよ、権力関係を背景にしていろいろな「社会によって構築された」観念によって「客観的な」現実が関係諸主体によって理解されるばかりでなく、現実に操作される。したがって、ジェンダー問題にせよ、国家間関係にせよ、ただそれが客観的に存在するという「存在論」では捉えきれず、諸々の現実がどう認識されるように作られているかという「認識論」の立場から、批判的な捉え方をしなければならない、と考える。著者は、ジェンダー分析と国際関係論分析において、全く同じ「認識論」の立場をとる「批判理論フェミニズム」と「批判理論国際政治経済理論」との間に本来存在している共通性を活用して、ジェンダーの立場からの国際関係論の構築をしようとしているのである。

そのような理論を構成するために、著者はフェミニズムを、政策レベルでの現実の改革をめざすリベラル・フェミニズム、ジェンダー関係を本質的な存在論上の違いと見なすラディカル・フェミニズム、認識論的な立場からジェンダーが社会的な構築物と見るポストモダンならびに「批判理論」フェミニズムに分類しているのである。日本では特に注目されている「マルクス主義フェミニズム（マルフェミ）」も著者の分類では、この「批判理論フェミニズム」に含まれていること、そして、ポストモダニズムが現状否定に終始している点で「批判理論」とは一線を画する場合、「マルフェミ」は著者が高く評価する「批判理論」の側にあることも付記しよう。しかし著者は、いわゆる「マルフェミ」学派に属しているのではなく、本書巻末の「解説」にあるとおり、政治経済学「批判理論」を拠り所にしたい、という念願も手伝って、ジェンダーの社会的な構築を重視する「批判理論」フェミニズムの流れに身を置いている。

他面、国際関係論においても、主権国家の国益・国力の政策論的な立場に立つ「現実主義」と、市民社会などとの関連の中で国家などを相対化しながらも、これらの現実がどのような権力関係の中で社会的に構築されたかを問題にしない「多元主義」の立場の二つがある。これをいずれも乗り越えて、やはり「認識論」を根底においた「批判理論」的な国際政治経済論の立場をとるべきだと主張しているのが、本書の著者の立場である。なお、日本で知られている北米の国際関係論の学界についての知識をもってしても、著者の多元主義について選んでいる学派・学者だけが必ずしも多元主義を代表していない、という疑問が生まれる。

著者は、多元主義について論評する際に、ジェンダー問題にも敏感であってよい「平和研究」・「平和学」を特に選びだし、これに一定の共感を示している。その関係で、特にその中から、ジョン・バートンのような研究者やＷＯＭＰ（世界秩序モデル・プロジェクト）という、最もジェンダー問題に対して開かれているはずの論者を取りあげる。彼らも、ジェンダー化されている国際関係の歪みに十分に肉薄できなかった。著者はそう指摘することで、ありのままの国際関係を「存在」として認めてしまう「存在論」ではジェンダー化の真の姿を捉えることはできない、ということを論証しようとしているのである。そこに、「批判理論」を駆使してジェンダー化現象に迫る政治経済学の出番があるからである。

いずれにしても、そのようなねらいがあるために、著者はフェミニズムを先のように分類し、国際関係論の学派を選択的に紹介しているのである。そのことの背景になっている著者の問題意識を読者の皆さんに読みとっていただきたい。訳者一同の願うところは、本書を通じて、ジェンダー的視点からの国際関係論が日本でも研究されはじめること、そして国際関係を構成する「国家」をはじめとする諸々の現実が、実は「普通」に存在するのではなく、ジェンダーを含む一定の権力関係の下に構築されたものであることを認識することでもある。

このことを記すことは、訳書のまえがきとしていささか異例のことであろう。しかし、本書の訳出にあたった「フェミニズムと国際関係論」研究会としては、本書がきっかけになって、国際関係論の研究者とジェンダーに敏感な市民の皆さんの間に私たちの研究会を拡大していただきたい、という念願があり、このまえがきは、これを読者の皆さんにお伝えする手がかりにさせていただいたわけである。そして、この研究会のまとめ役として、特に次のみなさんに感謝の気持ちを表明させていただきたい。それぞれの章を担当・翻訳してくれた中原美香さん、大川桐絵さん、庄山則子さん、富永浩央さん、田中香さん、栗原（志田）充代さん、髙橋（清滝）園子さん、小西道子さん、都丸千恵子さん、また事務局を担当してくれた伊藤衆子さん、文献検索を手伝ってくれた岸田早希子さん、監訳者として最後まで作業してくれた、羽後静子さん、野崎孝弘さんに感謝する。最後に本書の出版を快く引き受けられた藤原書店の藤原良雄社長、編集・校正を担当された清藤洋氏に心から感謝を表したい。

＊　羽後静子「書評『フェミニズムと国際関係論——国家間組織と非政府組織におけるジェンダー政治経済学に向けて』」日本国際政治学会編『国際政治——安全保障の理論と政策』一一七号、一九九八年、二三四—二三六頁。

国際ジェンダー関係論／目次

国際ジェンダー関係論

——批判理論的政治経済学に向けて

わたくしを支えてくれる息子エイデンと、　わたくしを包みこんでくれるパートナーのリンに捧げる

凡例

一　原文中太字で表記されている部分は、太字で表した。

一　原文中イタリックで表記されている部分は、書籍・紙誌名の場合は『　』で表し、その他の場合は傍点を付した。ただし後者の場合、訳者の判断で、原文より長く傍点を付した箇所がある。

一　翻訳上の工夫の一つとして、訳者の判断で（　）を付した箇所がある。

一　以下の場合は、「　」で表した。(1)論文名の表記、(2)原文中の〝〟の部分を明示する、(3)翻訳上の工夫の一つとして、訳者の責任で、訳出にあたって特別な配慮（例えば強調）を行う。

一　原文中で頻出する組織や団体、プロジェクト名は、略語で表した。「略語リスト」を参照されたい。略語を用いるに際しては、訳者は以下の原則に従っている。(1)著者が原文中で使用している略語であること、(2)各章初出の箇所に、訳語と原語表記を併記し、以下略語のみで表記することを明らかにするため、略語も合わせて付記する。

一　以下の場合は、〔　〕で表した。(1)巻末訳注参照の指示、(2)指示語の内容や文のつながりを明確にするため、訳者の責任で補足する、(3)訳者の責任で説明的な文章を補足する。

一　長めの訳注は段落末に小活字で挿入した。

謝辞

この本の一部は、次の出版物に掲載されたものです。これらの原稿を違ったかたちで議論できること、そして修正したものを再び掲載できることを、私はうれしく思います。

'Gender in the Inter-Paradigm Debate', *Millennium*, 18 (2), Summer 1989.

'What's So New About the New World Order? A Feminist Perspective', *Peace Magazine*, May-June 1991.

'Planned Parenthood and the New Right : Onslaught *and* Opportunity?', *Studies in Political Economy*, 35, Summer 1991.

'Feminist Theories : From Women to Gender and World Politics', in Francine D'Amico and Peter Beckman (eds) (1994) *Women, Gender and World Politics* (CT: Bergin and Garvey Ltd, an imprint of Greenwood Publishing Group, Inc., Westport, CT).

'Theory as Exclusion: Gender and International Political Economy', in R. Stubbs and G. Underhill (eds) (1994) *Political Economy and the Changing Global Order* (Toronto: McClelland and Stewart Ltd).

'Gender, International Relations and the Case of the ILO', *Review of International Studies*, 20 (4), October 1994.

略語リスト

日本語版作成にあたっては、各章の初出以外の箇所では略語を使用した。読者の便宜をはかるため、略語リストをここに付記する。

AID	米国国際開発庁	United States Agency for International Development
EPZ	輸出加工区	Export Processing Zone
FDA	米国食品医薬品局	American Food and Drug Administration
FPA	家族計画民間団体	Family Planning Association
IFWW	国際職業婦人連合	International Federation of Working Women
IGO	政府間国際組織	International Governmental Organisation
ILC	国際労働総会	International Labour Conference
ILO	国際労働機関	International Labour Organisation
IMF	国際通貨基金	International Monetary Fund
INGO	国際非政府組織（国際NGO）	International Non-Governmental Organisation
IPPF	国際家族計画連盟	International Planned Parenthood Federation
LWV	女性有権者同盟	League of Women Voters
NGO	非政府組織	Non-Governmental Organisation

NWP 全米女性党……National Woman's Party
PPFA 米国計画出産連盟……Planned Parenthood Federation of America
PPWD 計画出産と女性の開発プログラム……Planned Parenthood and Women's Development
SIDA スウェーデン国際開発庁……Swedish International Development Agency
WHO 世界保健機関……World Health Organisation
WID 開発における女性……Women in Development
WOMP 世界秩序モデル・プロジェクト……World Order Modelling Project
WPEC 世界人口危機キャンペーン……World Population Emergency Campaign

序章　国際関係論の変革に向けて

「女性研究においては、優れた常識的な知恵が次のように主張している。『女性を加え、かきまぜる』だけでは全く十分ではない、と。他方、政治学においては、まさしく今、女性は加えられようとしているが、政治学はいっこうに動きはじめたようには見えない。」

ナネール・コヘーン（Nannerl Keohane）(1)

ナネール・コヘーンのこの言明が政治学について妥当なものであるなら、それはおそらく国際関係論（International Relations）(2)という領域について、よりいっそう妥当なものであるだろう。一九六〇年代後半に新しい女性運動が出現してから二〇年以上の月日が流れるなかで、少なくとも何人かのフェミニズム研究者らが、学術的な研究の伝統的な諸領域に、女性とジェンダー諸関係に関する諸々の分析を組みこむという前進を示してきた。しかしながら、フェミニズム国際関係理論が姿を現すまでには、さらに多くの月日を要した。女性と国際的な諸関係に関してこれまで行われてきた研究作業は、次のような所見を共有している。すなわち、社会科学のあらゆる学問領域の中でも国際関係論は、女性とジェンダー諸関係に関するフェミニズムの諸分析を組みこむことに最も抵抗する学問領域の一つであったという所見を、共有しているのである(3)。

これにはさまざまな理由があるが、最も明白な理由は、国際関係論の関心とフェミニズムの関心とが全く異なるということである。国際関係論は、政治学を構成する一つの下位領域であり、自らを生みだした政治学ほどの歴史をまだ有していない。二〇世紀の産物として国際関係論の主流は、戦間期に生まれ、自らが拠って立つ位置を主としてアメリカ合衆国に見出してきた(4)。総じて国際関係論の主流は、政府の（とりわけアメリカ合衆国政府の）ニーズを満たすために創られた学問であった。国際関係論の主流は、外交官や政府職員を訓練するとともに、その時点での重要な外交的・戦略的諸問題に対して「何をなすべきか」に関するさまざまな質問に答えていった。国際関係論の主流は、こうした過程を経て創られていったのである。そして国際関係論の主流は、（政府による）国際関係研究機関への資金援助と、学者と政府職員の恒常化した人員交換の双方を通じて、政府と密接な関係を築いてきた。政府と密接な関係を築こうとするこのような動きには、社会科学を構成する他の多くの学問領域をしのぐものがある。スタンレー・ホフマン（Stanley Hoffmann）が述べているように、国際関係論の学者や研究者は「単に権力の回廊でのみならず、権力を生みだす場において[5]」活動しているのである。

政府に奉仕するというこのような目標によって特徴づけられる主流の国際関係論の研究者たちは、戦争の諸原因や、平和、秩序、そして安全保障の諸条件に中心的な関心を向けてきた[6]。このような研究は、女性研究とは正反対のものであるように思われる。J・アン・ティックナー（J.Ann Tickner）が述べているように、国際的な安全保障政策という「ハイ・ポリティクス」は、「男の世界であり、戦闘行為が特権的な活動であるような、権力と対立の世界」であり、女性がこれまで伝統的に排除されてきた世界である[7]。

さらに、国際的な諸関係に関する理論化の多くは、内部と外部との、コミュニティと〔中心的権威の不在という意味での〕アナーキーとの分離を措定している。市民社会の内部での諸関係を考察するに際しては、倫理と政治をめぐる諸問題を提起することは適切であるかもしれない。だが、このような諸問題は、外部においては、すなわち、諸々のネーションからなる社会においては不適切であり、そこでは、合理的な諸国家はアナーキー的なシステムの中でどのようにして自らのパワーを強化していくのかと問うことのみが適切なものであると論じられる[8]。事実上、あるいは定義からして、国際関係論の特定の本質的関心には、女性やジェンダー諸関係が明らかに欠けている。女性やジェンダー諸関係が国際関係論において吟味されるべきであるとの主張は、せいぜい懐疑的なまなざしを受けるか、あるいは最悪の場合、敵意を受けるかのどちらかである。

国際関係論という領域とは対照的に、現代のフェミニズムは、女性解放運動という一つの社会運動にそのルーツを有している。それは、ジェンダーに基づく支配的な権力諸構造への異議申し立てを表現するものであり、女性と男性にかかわる、広く受容された社会の諸規範と諸価値への異議申し立てを表現するものである。フェミニストたちはこの異議申し立てを、多様な方法で表明してきた。フェミニストたちの中には、歴史的に男性のみが許されてきた諸々の圏域への参加を女性は認められるべきだと要求する者もいれば、より劇的で根源的な社会変革を要求した者もいた。しかしながら、その提言の違いがいかなるものであれ、フェミニズムとは、男性と女性の間にある歴史的に不平等な権力諸関係の変容をめざす、異議申し立ての政治の一つなのである(9)。

一つの異議申し立ての政治として明らかにフェミニズムは、国際関係論の道とは異なった道をたどっている。国際的な諸関係に関する研究にとって不適切なものであるとしばしば規定されてしまう「内部」の諸問題に、フェミニズムは関心を示している。だが、国際関係論とフェミニズムとが対極に位置するものであるのは、それぞれの本質的な関心事が明らかに異なっていることに単に由来するものではない。より重要なことに、それぞれの規範的かつ政治的な立場にそれは由来するものなのである。つまり、主流の国際関係論は、(国際的な)現状の維持におもに関心を示してきた一方で、フェミニズムは、まさにその対極にある目標をめざすのである。フェミニズムと国際的な諸関係に関する研究が増加しないのも、不思議なことではないのである。

国際関係論についてフェミニストたちが提起した争点の多くは、国際政治経済学(International Political Economy)の専門家たちによって以前に提起されたり、目下提起されているものであるということは、以上の簡潔な描写から明らかであろう。その政治的な動機は、たいていはフェミニズムと非常に異なるものの、政治経済学者たちは、国際関係論の主流が(とりわけ)「ハイ・ポリティクス」の諸問題に重点を置き、国内政治と国際政治との間の関係性に関する理論化を欠いていること、政治と経済の分離という不適切で、ほとんど擁護しがたい考え方をとっていること、そして、アナーキーと同程度に協力と相互依存を評価することができないことに対する不満を、フェエミニストたちと共有しているのである[10]。

国際政治経済学者たちは、さまざまな方法で国際関係論の批判に取り組んできた。企業や国際組織、時には諸々の社会運動までも、通常考えられている国家行動とその諸帰結に付けくわえることで、適切なアクターの数を拡大しようとしてきた国際政治経済学者もいれば、むしろ貿易問題と金融問題はそれ自体、軍事問題や戦略的問題と同じくらい重要なものであると主張しつつ、新たな諸争点を付けくわえることに焦点を据えた国際政治経済学者もいる。また、協力の具体例としてであれ、あるいは、数々のレジームと結びついた間主観的に共有された諸規範、および、国際的な諸関係における、規則に制御された諸活動としてであれ、行動の新たな諸形態を考察する国際政治経済学者もいる[11]。

近年では国際政治経済学のいくつかの作業と、より一般的に、批判理論的な〔巻末訳注＊1を参照〕国際関係理論の理論家たちの作業が、諸々のアクターや諸争点を単に「付けくわえる」ことをはるかに超えて、国際関係論という学問領域に対するより根源的な、存在論的かつ認識論的な挑戦を行うようになってきた[12]。社会科学一般、とりわけ国際関係論において支配的な正統派学説に対するこうした挑戦は多くの形態をとってきたが、おもにそれは、大部分の社会科学がこれまでそのまわりに組織化されてきた啓蒙主義の認識論を拒絶することをともなっている。このことが意味しているのは、知はどのように構築されるのかについての、これまで問題化されることのなかった諸前提の多くが、放棄されつつあるということである。すなわち、科学的方法の優位は、知の絶対的な基盤を発見しようとする試みであるとして拒絶されつつあるのである。科学的方法に取って代わりつつあるのは、より解釈的な諸々の方法論を求める要求であり、知のモデルには多くのものがあり、それゆえ多くの真理が存在するとの主張である[13]。

このような挑戦は多くの意味合いを孕んでいるが、最低限それは「多くの声に声を[14]」与える。ジム・ジョー

ジ（Jim George）が述べているように、

「……近代西洋の理論の内部に何らかの空間を［開く］ことで、さもなければ周縁化されていた諸々の声に耳を傾けることができるようにし、さもなければ抑圧されていた諸々の問いを問うことができるようにし、分析が閉止させられた地点が討論に開かれたものになることを可能にし、主流から効果的に退けられた諸々の争点と議論が真摯に再考され、評価しなおされるものとなることを可能にしようとするのである(15)。」

戦争や平和、安全保障に関する国際関係論の既成の問題設定は、多くの新たな問題と、こうした諸問題に解答する多くの新たな方法とを包含するために拡張されつつあり、国際政治経済学の研究者らや批判理論の理論家たち、そしてフェミニストらが、このような試みの中心的な位置を占めてきた。このようなコンテクストにおいては、女性とジェンダーが国際的な諸関係に関与しているとの主張は、かつてのように歓迎されない考え方ではないかもしれない。

さらに、フェミニズム分析も変わってきた。すなわち、フェミニズム分析は、社会科学に「女性を加え」ようとする初期の試みから、男女間の社会的な関係性として理解される「ジェンダー」が経済的・政治的・社会的・制度的な諸実践からどのように構築されるのかを明らかにする、より洗練された説明へと変化してきたのである。国際的な諸関係において女性が従事する諸活動を単に明らかにしようとするフェミニストたちは、こうした諸々の圏域において女性の過少代表が解決されることなく続いていることに失望し、悲しむことしかできないであろう。それとは対照的に、国際的な諸制度は、どのようにして特定のジェンダー諸関係の創造と維持に手を貸しているのかを明らかにしようとするフェミニストたちは、現実に生きている人間としての女性がしばしばいかなる場にも見出されない一方で、彼女たちが位置づけられるにふさわしい諸々の関係性や、彼女たちが行うにふさわしい行動に関する諸々の理解の仕方が、国際的な諸関係を構成する諸実践には多く含まれているということを発見するであろう。それゆえ、ジェンダー諸関係に関するこのような諸想定と諸実践が及ぼす影響とは、国際関係論によって分析されなければならないものなのである。

だが、このような分析を発展させることは、いかなることを意味するのだろうか。これまで長きにわたって国際関係論の理論家らは、ビリヤード・ボール風の諸国家が絶えず断続的に衝突するというイメージで国際的な諸関係を描きだしてきたか、あるいは逆に、国家と国家以外のアクターとが互いに交差しあいながら織りなしている諸関係から構成された蜘蛛の巣として国際的な諸関係を描きだしてきた⒃。しかしながら、こうした描写のどちらも、国際的な諸関係におけるジェンダーを分析するにあたって必要なものを捉えてはいない。ジェンダーとは、部分的には、性的差異に関する知を意味する。男女間の適切な関係性に関する諸々の理解の仕方や男性と女性が担う諸々の役割に関するさまざまな理解の仕方は、時間や場、文化の差異に応じて異なるものであるということを、しかも、「女らしさ」や「男らしさ」とは何かについての諸々の理解の仕方でさえ、時間や場、文化の差異に応じて異なるものであるということを、このことは意味している。つまり、こうした諸々の理解の仕方は、社会的に構築されたものなのである。ジェンダー諸関係を分析するには、こうした諸々の理解の仕方はローカルな場において、ナショナルな場において、そしてグローバルな規模で、どのようにして構築され維持されるのかを探究することが必要である⒄。それゆえ、国際的な諸関係に関するジェンダーに敏感な説明を創造するということは、性的差異に関する知が諸々の国際制度によってどのように維持され、再生産され、操作されるのかを探究することである。国際的な諸関係に関するジェンダーに敏感な説明を創造するということは、異なった国際的な諸活動を形成する、性的差異についての諸々の観念を明らかにし、こうした諸観念が国際的な諸実践に及ぼす影響を捉えることである。そして、そのような説明を創造するということは、他の理解の仕方に対して何らかの理解の仕方が採用されるのを、物質的諸条件が促進したり妨げたりする仕方に目を向けながら、国際的な諸活動がその下で生じる物質的諸条件に注意することである。それはまた、何らかの特定の時間や場において、われわれがジェンダーに関して抱いている諸々の特定の理解の仕方に国際的な諸実践そのものが寄与しているという点を評価することでもある。

このような焦点の据え方は、ビリヤード・ボールとも蜘蛛の巣とも非常に異なったものである。それは、この分析が国際的な諸関係の諸構造だけに関心を向けるのみならず、こうした諸構造の内部で、こうした諸構造を通じて、こうした諸構造のまわりで、どのように行為はなされるのかという問題に関心を向けているからである。性的差異に関するジェンダー化された説明によって、われわれは行為を探究することができる。国際的な諸関係に関する知が、研究対象となっている諸制度へとさまざまなエージェントによって伝播されるのはどのようにしてなのか。この問いこそ、国際的な諸関係に関するジェンダー化された説明を通じてわれわれが吟味するものに他ならないのであり、だからこそわれわれは、そのような説明によって行為を探究することができるのである。諸々の国際制度を創りだす活動家たちも、それらの制度を運営する官僚たちも、そして、それらに対抗する人々も、他の多くの事柄に関する観念を有しているのと同様に、ジェンダー諸関係についての観念を有している。彼／彼女らは、自分たちが行う諸闘争や諸実践を通じて、何らかの観念をそれ以外の観念に対して特権化させ、他の意味ではなく特定の意味を、政治的な、あるいは重要なものとする。しかし同時に、彼／彼女らは、自分たちが望むように歴史を作るわけではない。彼／彼女らは、自分たちがその下で行動している特定の物質的かつ歴史的な諸条件によって条件づけられ、制約されているのであり、時にはそれら諸条件によって、解放されさえもするのである(18)。ジェンダーに敏感な国際関係理論は、性的差異に関する知が国際的な諸関係に顕在化する仕方を理解するために、こうしたすべての諸要因の連節関係に目を向けなければならない。性的差異に関する知はどのようにして国際諸制度によって維持されるのかの分析と、こうした諸々の理解の仕方を変化させることができる道に関する分析との双方を、このような説明は提示するのである。

このような類の分析こそ、本書が発展させようとするものなのである。国際的な諸関係を研究するにあたってジェンダーに焦点を据えることの価値を明らかにするために、本書では国際家族計画連盟(International Planned Parenthood Federation, IPPF)と国際労働機関(International Labour Organisation, ILO)という二つの国際制度を取りあげることにする。IPPFとILOは多くの理由から有用であるが、最も重要なのは両者の違いを比較することである。これら二つの組織が異なるのは、一方が国際非政府組織(International Non-Governmental Organisation, INGO)であるのに対して他方が政府間国際組織(International Governmental Organisation, IGO)であるというかぎりにおいてのことだけではない。むしろ、ジェンダーの捉え方の違いにおいて、双方の組織は異なるのである。

IPPFは第二次大戦後の時期に、おもにアメリカ合衆国と西欧のバース・コントロール〔第四章を参照〕活動家たちの努力から生まれた。こうした活動家たちがバース・コントロールを普及させるために行った諸々の政治的妥協の多くは、IPPFの政策にも反映されている。バース・コントロールという、男性と女性の双方にとって明らかに重要な争点に関心を向けているものの、IPPFにはこれまで、諸々の政策提言を行うにあたって生殖が孕むジェンダー化された性格は重要ではないとする傾向があった。このようにIPPFにはこれまで、生殖において女性が担う役割を不可視のものにする傾向があったのであり、さらにIPPFは、女性のリプロダクティブ・フリーダム〔巻末訳注＊2を参照〕においてバース・コントロールが担う役割を無視してきたのである。しかしながら、制度的な諸政策は、いかなる変化もない静的なものではない。最近のIPPFの政策は、女性の平等とリプロダクティブ・フリーダムとの間の密接な関係性を認めようと当該組織の内外で活動している諸個人の試みを、反映するものとなっている。

ＩＰＰＦとは対照的にＩＬＯは、一九一九年のヴェルサイユ講和会議において、主として諸国政府の催促を受けて創られたものであり、第一次大戦直後の時期に噴出する可能性があった労働争議を抑制することをおもな目的としていた。ＩＬＯはその歴史を通じて女性労働者に明白に言及してきたが、それは、絶えず特殊なかたちでなされたものであった。ＩＬＯによれば女性は、保護立法のかたちであれ、さまざまな啓発政策を通じてであれ、特別な注意を必要としてきた。これまでそれらの手段は、時には女性のためになることもあったが、男性労働者を「標準」として想定することから始まっているために、労働力における女性についての諸々の特殊な見解を補強してしまうことにもなった。この特殊な見方は、女性労働者たちは標準とは異なるものである以上、彼女たちは「本物の労働者」ではない、それゆえ、男性と同じ権利や報酬、義務を与えられない、との想定を再生産するのである。しかしながら、ＩＰＰＦと同様にＩＬＯの諸政策も、女性の平等に関心を抱いた人々の諸々の努力を反映しはじめてきており、家庭・労働力・社会において彼女たちが担う役割に対してこれまでの女性政策が及ぼしてきた影響を再評価しはじめてきている。

そういうわけで、ＩＬＯとＩＰＰＦは、女性に対する諸政策の面ではきわめて異なっているにせよ、それぞれの仕方でジェンダー諸関係に関心を向けてきたのである。それゆえ本書のねらいは、それら諸政策を探究することとなろう。しかしながら本書は、これらの制度に関する古き資料を、新しく、興味深い方法で提示するにすぎないような作業以上のものでありたい。第一、本書は、一つの挑戦を意味するものなのである。女性を従属的な地位に置いている自らの性格と基盤そのものが女性の従属の一つの源泉であるということを、国際関係論の学術的なコミュニティはいまだに認めることができず、ましてや分析することもできていない[19]。本書はまっさきに、このような国際関係論の学術的なコミュニティに対する一つの挑戦なのである。国際関係論の研究者たちが女性に関して見せる沈黙は、過去においては、次の二つのいずれかを意味していると受け取られてきた。すなわち、国際的な諸関係はジェンダーについて中立的なものであるということか、女性は結局のところ国際的な諸関係の主題の一部を構成していないということのいずれかを、意味していると考えられてきたのである。しかしながら対照的に、ここで論じられているのは、国際的な経済・政治組織は、ジェンダー諸関係に関する諸々の理解の仕方とそれら理解の仕方から生まれる諸実践を包含し、それらに影響を及ぼすとともに、それらによって影響を及ぼされるということなのである。それらは、国際関係論におけるこのような沈黙に埋めこまれた権力諸関係を維持するのに役立つだけではないということを、本書で示すことにしよう。国際関係論における女性の不在は、それが自然なものと考えられているかぎりにおいて、グラムシ的な意味でヘゲモニックなものである[20]。それゆえ、このプロジェクトは、国際的な諸関係には女性は明らかに存在しないということを嘆き悲しむ試みではなく、サラ・ブラウン（Sarah Brown）が行ったように、このような外観を維持する理論や歴史が広く受容されているのはなぜなのかを問う[21]一つの試みなのである。

また、国際関係論におけるフェミニズム研究を批判的な吟味にさらすことも重要である。しかし、女性やジェンダーを理論化し探究するいかなる試みも、自らに先行する諸々の沈黙に改良を加えるものとされてしまうような知的かつ政治的な環境の下で、このような作業を行うのは容易ではない。さらに、すべてのフェミニズム的なアプローチは、女性が従事する諸活動とジェンダー諸関係を「可視的にすること（unveiling）」への関与をまさしく共有している。それゆえ、それぞれのアプローチは、各々の方法で主流を「転覆させる」ものであるということもまた確かである[22]。ジョアン・ヴァラク・スコット（Joan Wallach Scott）が述べているように、

「相異なる学派に属すこうした研究者たちの企図には、ある一つの共通の次元がある。それは、女性を研究の

焦点とし、ストーリーの主題とし、ナラティヴのエージェントとすることである——たとえ、そのナラティヴが、政治的事件（フランス革命、スウィング暴動（The Swing riots）、第一次世界大戦、第二次世界大戦）や政治運動（チャーティスト運動、空想的社会主義、フェミニズム、婦人参政権運動）に関するありふれた話であるにせよ、もしくは、より新しく、分析的な観点からなされた、大規模な社会変動（産業化、資本主義、近代化、都市化、国民国家建設）の諸過程の動きや展開を説明するものであるにせよ[23]。」

しかしわれわれは、国際的な諸関係に関するフェミニズム研究を斟酌するにあたって、自分たちの批判的な能力を失わせてしまうような衝動に抵抗しなければならない。それに先行する諸々の沈黙と比較すれば、いかなるフェミニズム的な試みにも価値があるとはいえ、こうしたフェミニズムの諸分析もまた、それ自体吟味されなければならない理論的かつ政治的な諸帰結をもたらす。主流の国際関係理論の存在論と認識論を複製したフェミニズム研究は、フェミニズム理論に対しても国際関係理論に対してもほとんど何も貢献しない。さらに言えば、フェミニスト研究者たちは、主流の国際関係理論の存在論と認識論を複製してしまうことで、諸々の知的陥穽に陥っているばかりか、より重要なことに、フェミニズムを形成する政治的な規範命令を見失っている。フェミニズム国際関係理論は、これまでのフェミニズム研究とは異なった方法で世界を見るだけでなく、その世界の変革に貢献することを目標とするがゆえに、これまでの諸々のフェミニズム研究とは異なるものなのである。リベラリズムの政治的中立性やポストモダニズムの政治的無気力といった誤った考え方に屈服する理論には、このような目標を促進させることはできないのである。

それゆえ本書には、多くの異なった目的がある。第一に本書は、次の二つのことを示すことにする。それはすなわち、国際的な諸関係は、ジェンダーをこれまで絶えず付随させてきたのであり、ジェンダー諸関係に影響を及ぼしてきたということ、そして、ジェンダーとジェンダー諸関係の分析は、国際関係論の学術的な探究として正当な焦点であるということの二つである。第二に本書は、このような分析が最もよくなしとげられる方法を、フェミニズム理論と国際関係理論の双方を吟味することを通じて示すことにする。第三に本書は、IPPFとILOに関するいまだ試されていない分析を、本書の前半において発展させられるジェンダーという考え方を活用して提示することにする。そして最後の、しかも、おそらく最も重要な本書の目的は、次のことである。すなわち、現行の不平等なジェンダー諸関係を諸々の国際制度が維持する仕方を変容させようと志す人々の諸活動を促進させるうえで、どうすればここで示される分析が有用なものとなるのかを明らかにすることである。

第一章　フェミニズム理論と国際関係論

序章でも述べたように、女性やジェンダー諸関係についての諸研究と国際関係論を総合することに対しては、これまでかなりの抵抗があった。ほとんどの女性は、国際関係論の研究者にはならないし、ましてやフェミニズム国際関係論の研究者になろうとする女性や男性などほとんどいない。国際関係論を一つの学術的な研究領域と見なすことに反対意見や諸々の構造的な障害があるにもかかわらず、フェミニストたちは、国際関係論の研究者たちにとって中心的な問題の多くを長年にわたって議論してきた。戦争・平和・開発に関してフェミニストが行った諸々の分析は、女性と国際的な諸関係の研究に取り組んだ多くの文献を提供している。さらに、国際的な諸関係の研究と実践の双方において女性やジェンダーの問題を直接考察するような文献も、まだ少数ではあるが着実に増えてきている。この章では、このような諸問題についてこれまでフェミニストたちが論じてきたさまざまな方法のいくつかを概説し、それらのアプローチを批判的に再検討する作業を通じて、ジェンダー諸関係を考慮に入れた、国際的な諸関係のフェミニズム的な説明を構築していくことにする(1)。

フェミニズムの理論家とフェミニズム理論を分類しようとするいかなる試みも、そのさまざまなアプローチが持つ豊かさや多様性を損なうことになるのだという指摘は、重要なものである。その意味では、この章で行われる試みもまた例外ではない。国際関係論という学問領域において（さらに、その外部で）フェミニストたちがこれまで行ってきた作業の基礎となるようなフェミニズムの文献をすべてカバーするなどということは、本稿のような短い解説には期待できない。だが、それぞれのアプローチの底流には異なった方向性と想定があるということの理解を深め、そのような想定が帯びているさまざまな意味合いの理解を深める作業を行うことには、意義がある。

しかしながら、そのような作業を進めていくにしても、いったいどの想定や方向性を強調すべきかを判断するのも、また厄介な問題である。フェミニズム理論を分類するにあたって、その理論の持つ政治的な意味合いに注目し、リベラルか、ラディカルか、社会主義的かといった観点から判断する試みもある(2)。また、存在論的かつ認識論的な諸前提に目を向け、フェミニズム経験主義、フェミニズム的見地(feminist standpoint)、フェミニスト・ポストモダニズムなどといった分類を行う試みもある(3)。そこで、さまざまなフェミニズム理論がともなっている政治的な諸想定にも、それら諸理論が孕んでいる存在論的／認識論的な諸前提にも敏感でありつづけるために、この章では、それらの理論の政治的な目的に応じて分類はするが、政治的な諸想定と認識論的／存在論的な諸前提の双方を論じていくことにする。

リベラル・フェミニズム——女性を組み入れる

リベラル・フェミニストらは、近代の社会的・政治的・経済的な生活を構成する最も重要で公的な諸々の圏域からこれまで女性は排除されてきたと論じる。アリソン・ジャガー(Alison Jaggar)が述べているように、リベラル・フェミニストらは「現代社会の主流に女性を組み入れること(4)」をめざしている。女性と世界政治を考察するリベラル・フェミニストらはたいてい、以下の二つの研究戦略のうちのいずれかを追求する。第一の戦略は、国際的な諸関係の活動の伝統的な諸領域では女性としての立場がほとんど代表されていないという点を明確にし、女性の参加を妨げる諸々の障害をいかに克服していけばよいのかを示すものである。このような研究は、例えば、安全保障と軍備管理に関する政策立案や国際組織全般における女性の過少代表を描きだす。

第一の戦略に続けて、リベラル・フェミニストらが追求する第二の戦略は、実際にはそういった場に女性たちは存在したという点を明らかにしようとするものである。つまり、伝統的な国際関係論の研究者たちが言うように、もし女性が国際組織において自らの立場を代表されておらず、戦時下において戦場にもほとんどいなかったのだとしたら、女性たちはいったいどこにいたというのだろうか。実際、彼女らは、工場に、病院に、平和行動の中に、武器工場に、そして時には戦場にいたのだ。リベラル・フェミニズムのこうした二つの形態が結果としてもたらす意味合いは異なるので、ここではそれぞれ別々に論じていくことにする。

国際的な諸関係における女性の過少代表を明示することをめざすリベラル・フェミニズムの研究は、女性の参加を拒む諸々の障害をいかに克服するかを示そうとする。したがってその目的は、国際的な諸関係に「女性を組み入れる」ことである。例えば、モード・バーロウ（Maude Barlow）とシャノン・セリン（Shannon Selin）は、カナダおよび世界中の軍事管理政策の立案過程における女性の過少代表を報告した。カナダでは軍備管理および軍縮局、または外務省国防関係局のいずれにしても、女性が局長または次長クラスになったことはない。しかも、カナダ政府が軍縮大使に女性を任命したのは、つい最近のことにすぎない(5)。国際的に見てもこの状況は似たりよったりで、核兵器に関して意思決定を行う重要な地位は世界中に約八〇〇あるというのに、女性はわずか五人しか、それらの地位を占めていないということが、オックスフォード研究グループ（Oxford Research Group）の調査で確認されている(6)。

このような地位における女性の過少代表に関しては、さまざまな理由が挙げられている。まずよく言われるのが、女性が社会化される過程においてこれらの活動に触れる機会がない、という説明である。この見解に従えば、銃や兵器のおもちゃで遊ぶようにしむけられるのは男の子であって女の子ではない、ということになる。ここから話を広げて言えば、軍備管理および安全保障の諸問題は「男の話題」であり、女性はこれらの問題に関して関心も専門知識も持たないと想定されているということである(7)。ロナルド・レーガン大統領のホワイトハウス首席補佐官だったドナルド・T・リーガン（Donald T. Regan）が一九八五年に述べたコメントは、このような考え方の好例である。その際に彼は次のように述べた。すなわち、アイスランドのレイキャビクでの米ソ首脳会談に女性が関心を持つわけがない。なぜなら「ミサイルの投射重量や、それ以外のえたいの知れない専門用語（unfathomables）(8)」など女性には分かるわけがないから、と。

この社会化説は、より一般的に、国際的な意思決定組織における女性の過少代表を説明するにあたっても引き合いにだされる。ベッツイ・トム（Betsy Thom）は、意思決定を行う地位にはふさわしくないという社会の諸々の価値観を内面化してきたために、国連機関で働く多くの女性は男性に比べて出世志向が弱いと指摘している(9)。さらに女性は、キャリアとしての生活と家庭における責務とをいかにバランスよく両立させるかという「二重労働日（double-day）」にしばしば直面するため、職場での昇進の諸機会が制限されているとも言う(10)。

この他に、女性の過少代表を説明するにあたって、彼女らの参加を妨げる、システム上の諸々の障害に目を向ける考え方もある(11)。この見解によれば、問題は、国際的な諸関係の諸活動における一歩上の段階に足を踏み入れる意志が女性にはないというような単純なものではない。むしろ、権力の座にあり、女性を昇進させることを拒む男たちによって、そして、女性の雇用や研修などの諸機会を制限している立法によって、女性が組織だった差別を受けているということが問題なのである(12)。成功している女性にしても、同僚たちから真面目な評価を受けようと思えば、男性たちよりも一生懸命に働く他はないのである。例えば、ジーン・カークパトリック（Jeane Kirkpatrick）は、自分は女性であるがゆえに、対外政策問題を論じても同僚男性からは尊敬も注意も払われなかったと述べている(13)。このようなリベラル・フェミニズムの見解から出てくる変革への提案は、より多くの女性が国際的な意思決定を行う諸々の地位に就くようになる前に、社会の姿勢や家庭での分業、教育およびキャリアの諸機会のすべてが変わらなければならないということになろう。

国際的な諸関係の伝統的な諸領域における女性の活動を詳細に報じることは、明らかに重要である。われわれにとってそのような情報は、世界政治の諸活動における女性の過少代表を明らかにするデータと情報の豊かな源となる。しかしながら、このような形態のリベラル・フェミニズムにはさまざまな問題がある。一つには、国際的な諸関係に女性を「組み入れろ」との要求は、そもそも、国際的な諸関係の場には女性が存在しなかったということを想定することになる[14]。つまりそれは、国際関係論の主流の考え方に従って、国際関係論にとって適切な主題は、安全保障と平和をめぐる諸問題からなる、いわゆる「ハイ・ポリティクス」、すなわち、政策立案・戦争・平和などといった公的領域であるということを受け入れることになってしまうのだ。このような想定の下では、「私的な」圏域を歴史的にあてがわれてきた女性は、政治の舞台から、そして国際的な諸関係の舞台から体よく排除されてしまうことになる。ジョニ・ロヴェンドゥスキー（Joni Lovenduski）が述べているように、

「この場合に厄介なのは、政治に関する近代的な研究は、性差別的なものとしての性格を免れることができないということなのである。その経験論的な関心のほとんどは、公的権力の行使や政治的エリートの形勢、政府機関の形勢をめぐる問題のみに向けられていたのである。そのような諸研究は、女性を排除せざるを得ない。なぜなら、政治的エリートの一員であったり、政府機関の影響力ある地位に就いていたり、女性が公的権力を手にしていたりすることなど、たいていは考えられないからである[15]。」

公的／私的、政治的／非政治的なる区別を受け入れてしまうことによって、「女性を組み入れ」ようとするフェミニズム国際関係論の研究者たちは、次のような見解を受け入れることになってしまう。すなわち、戦争や外交、ハイ・ポリティクスはこれまで、女性の、とりわけ子どもや家族の関心事ではなかったがゆえに、女性は伝統的に国際的な諸関係から排除されてきたとのリベラルな見解を受け入れることになってしまうのだ。

さらに言えば、女性が国際的な諸関係の公的・政治的領域に多く参加するようになればなるほど、この分野に

おける性的不平等が解消していくことになるだろうとのリベラルな主張は、社会的かつ政治的な行為が帯びている諸々の構造的な性格を無視するものである。つまり、そのような主張は、支配的な権力構造を正統なものとして受容することにつながってしまうのだ。この見解に基づけば、政治や国際的な諸関係には（あるいは、教育制度、科学、医療、そして企業資本主義においてさえも）、こうした諸々の圏域から女性が歴史的に排除されてきたという事実以外には、本質的に不公正な、あるいは、本質的に不平等なものは何一つ存在しないことになる[16]。リベラル・フェミニストらにとっては、女性がいったん総人口対比において数の上で十分に代表されてしまうと平等が達成されたことになるのだ。このように「女性」という静的で非歴史的なカテゴリーにしか目を向けないことによって、リベラル・フェミニズムは「男性」を問題にすることができないばかりか、職場や教育制度、その他の諸制度などにおいて女性と男性が互いに巻きこまれているさまざまな関係性の在り方を問題にすることもできないのである[17]。

それとは対照的に、国際的な諸関係の場において女性はどのように存在していたのかを示そうと試みるリベラル・フェミニストらは、異なった多くの想定を胸に抱きながら自らの作業を開始する。一つには、国際的な諸関係に「女性を組み入れ」ようとする一派とは違って、当初からそこに女性がいなかったとは考えない。現に、このようなパースペクティヴに依拠する論者らは、次のような主張を行っている。すなわち、伝統的な国際関係論の研究者らは、自らが孕む性差別主義や男性中心的なバイアス[18]によって、さまざまな国際的活動に女性が積極的に従事してきたという点を視野に入れることができなかった、と。このような見解に基づけば、国際的な諸関係の場に女性を単に加えるだけでは不十分だ、ということになる。なぜなら、国際的な諸関係の場に女性を単に加えるだけでは、次の点が無視されてしまうからである。すなわち、国際的な諸関係の研究と実践の双方は、女性が従事してきた諸活動を不可視的なものにすることによってこれまで女性を体系的に差別してきたという点が、無視されてしまうのである。したがって、この形態のリベラル・フェミニズムの目標は、従来においては不可視的なものにされてきた女性の諸活動を視野に入れることができるよう、国際的な諸関係を研究するにあたっての諸々のカテゴリーを拡張することとなる。

このようなパースペクティヴに依拠した研究の多くは歴史家たちが行ってきたが、こうした歴史家たちは、戦時において女性が軍隊や医療、そして工場で果たしてきた役割を描きだしてきた。例えば、戦時における戦場での女性の諸活動を詳細に描写することで、戦争は男だけの問題だという伝統的な主張に挑戦する見解が数多く示されている[19]。シンシア・エンロー（Cynthia Enloe）が述べているように、

「軍隊に、女性部隊や家族宿舎、性病教室、文民事務員の部隊ができるずっと以前から、軍隊は女性を『ともなって』いた。一七世紀の半ばごろ、あるヨーロッパの軍隊には、四万の男性兵士に対して、兵士の妻や売春婦、従者、メイド、その他の非戦闘従軍者が一〇万人いたという報告がある[20]。」

これらの女性は、たいていは軍隊に「卑俗な売春婦」と侮辱されていたが、調理や軍隊生活用品の支給と購入、洗濯、看護などの多くの不可欠な支援サービスを提供していた[21]。制限が多く、同様の階級や身分にある男性従事者に比べると相変わらず低い地位にあるものの、今日では女性が「合法的に」軍務をともにすることも多く見受けられる[22]。

また、戦時中に銃後で女性が果たしていた役割を詳細に明らかにする諸研究もある。それらの研究によれば、女性は、男性が徴集されて欠員が生じた工場で作業の穴埋めをするか、あるいは、ネーションの持続的な力を確保するために子どもを産むかのどちらかの役割を果たすよう、政府に命令された[23]。そのような要請に抵抗し、

かわりに平和行動に積極的に身を投じることを選んだ女性たちが歩んできた諸々の歴史を分析している研究者もいる。こうした研究の多くは今日にいたるまで、あらゆる局面で軍国主義に一貫して抵抗してきた女性たちの姿を描きだしている(24)。

このように、戦時において女性が従事してきた諸活動に関するリベラル・フェミニズムの諸々の探究は、戦場で、国内の工場で、平和行動において、ネーションの再生産において女性が従事してきた諸活動を詳細に明らかにする。女性と開発に関するリベラル・フェミニズムの説明は、多くの一般的な点で同様のものとなっている。つまり、女性と開発に関する初期の研究の多くは、女性と戦争に関する研究と同様に、開発の過程に女性がどのようにかかわってきたのか、そして、女性がかかわってきたという事実はどのようにして開発の立案者らによってこれまで無視されてきたのかを明らかにすることをめざしていたのである。エスター・ボズラップ（Ester Boserup）は、その先駆的著作『経済発展における女性の役割(25)』（*Women's Role in Economic Development*）の中で、第三世界において女性が果たしてきたさまざまな経済的貢献について詳細に明らかにしている。またボズラップ自身の研究や後の研究からいまや知られていることは、アフリカとアジアでは農業労働力の六〇％から八〇％を、ラテンアメリカでは四〇％以上を女性が占めているということである(26)。このような事実を開発立案者たちが無視していたのは、発展途上国の女性たちはおもに家庭内の雑事に追われていると思いこんでいたからである。開発立案者らが作りあげた諸政策はそれ自体、女性労働者を無視する傾向にあり、自分たちが分析していると想定している経済的諸過程を根本的に誤って理解し、女性がこうむっている不平等を多少とも解消するというよりは、むしろ悪化させていたのである(27)。発展途上社会において女性が担う役割をより詳細に説明することによって、ボズラップとその同僚たちは、ほぼすべての主要な開発機関に「開発における女性（Women in Development, WID）」〔引用符は訳者〕プログラムやＷＩＤ関連部門の基礎を創った。ＷＩＤアジェンダによって、いまや世界中の開発政策の定式化と履行において女性が考慮に入れられるようになった(28)。

国際的な諸関係の場に女性がどのように存在していたのかを示すことは、国際関係論の諸々の伝統的な関心領域において女性が従事する諸活動を既成の学術的な探究がこれまで無視してきたことを批判するものとなる。このような試みは、当該研究の伝統的なパラメーターから自らを引き離すこととなるが、それは、根本的な、あるいはラディカルな方法で自らを引き離す試みとはならない傾向がある。女性が国際的な諸関係の場にどのように存在していたのかを示す試みは、国際関係論の伝統的なアプローチが内包する経験主義的な諸想定を受容し、国際関係論という学問領域においてこれまで支配的なものとなってきた諸々の概念化から性差別主義的なバイアスを単に除去しようとするだけである。その場合そのような試みは、「特定の［男性の］観察者の〔事実を〕歪めるレンズ(29)」を通さないかぎり実証主義的方法論は潜在的に価値中立的なものであるという想定を受容している。このような考え方によればリベラル・フェミニストは、社会科学的な探究の方法論的な諸規範をより厳密に適用する(30)ことによって、国際的な諸関係の研究と実践の双方から女性が歴史的かつ体系的に排除されてきた結果生じたジェンダーへの無知を矯正しようとしていることになる(31)。

このようなリベラル・フェミニズムに対してなされた諸々の批判は、より一般的には、リベラル政治経済学に対するさまざまな批判と同様のものである。女性に関する経験主義的な情報――女性はいかなる場において過少代表されているのか、あるいは、女性はどこで最も活発に活動しており、どのように活動しているのかについての経験主義的な情報――の収集は、男女間の不平等な諸関係が帯びている構造的な性格のいかなる評価も犠牲にして行われていると論じられている。批判者らが論じているように、リベラルな分析には、以前は女性を拒絶していた諸領域に女性が参加するようになればジェンダーの不平等は除去されることになるだろうとの想定が、暗に含まれているのである。これとは対照的に、階級あるいは家父長制に関する諸分析を導入しようとするフェミニストらは、不平等は、女性が参加する当の諸構造それ自体の明確な特徴であり、女性の参加だけではこの根本的な事実を変革することができないと論じている。さらに、リベラル・フェミニズムが主張するような方法で女性がいったん国際関係論に同化されてしまったら、批判は結果として沈黙させられてしまうことになろう。つまり、「フェミニズム的」なアプローチというものは、伝統的な国際関係論の探究を構成する適切なカテゴリーや、国際的な諸関係の諸活動を研究する適切な方法についての現行の諸想定を根本的に変容させることのないまま取りこまれてしまう可能性があるのである。アン・シッソン・ランヤン（Anne Sisson Runyan）とV・スパイク（V. Spike）が述べているように、〔その場合〕「……理論的なカテゴリーとしてのジェンダーが有する諸々の意味合いは、認識できない[32]」ことになるのだ。

ラディカル・フェミニズム――育児者としての女性

ラディカル・フェミニストらは、男女間における従属と支配の諸関係は、抑圧の最も基本的な諸形態のうちの一つであると論じている[33]。男性は、セクシュアリティや生殖において女性が担う諸々の役割と、より一般的には、社会において女性が担う諸々の役割をコントロールすることによって、女性を支配しようとする。さらに、社会の組織構造の多くが家父長制を支えており、このことは、世界が実際に作動する仕方だけではなく、われわれが世界について考える方法にも影響を及ぼしている。そこでラディカル・フェミニストらは、リベラル・フェミニストたちとは対照的に、あらゆる見解にはバイアスがかかっており、社会科学はこれまで、男性のバイアスという著しく偏った一つの見解によって支配されてきたと主張する。ラディカル・フェミニストらによると、女性が従事してきた諸活動を視野に入れることができるように研究上の諸々のカテゴリーを単に拡張するだけでは、社会科学を「浄化する」ことはできない。なぜなら、このような拡張された諸々のカテゴリーを構成するためにも利用される、社会科学的な探究の諸規範や諸規則そのものが、男性的な思考法の影響を受けてきたからである。事実と価値、主体と客体、合理性と非合理性の区別――それらすべては、伝統的な社会科学的思考にとって中心的なものである――は、男性の精神が生みだしたものなのであり、フェミニストたちによって超えられなければならないものなのである(34)。

同様に、このような見解に基づけば、国際的な諸関係の伝統的な主題や、国際関係論の研究者がそうした主題を調査する方法、そして、そのような分析の結果もたらされる諸々の政策提言 (policy prescription) はすべて、男性的な世界観に由来するものとなる。この世界観は、国際的な諸関係の闘争的な側面を優越するものとして扱い、その実証主義的な方法論において主体と客体の分離を措定し、パワーとして定義されたナショナル・インタレストを理解することで政策を形成しなければならないと主張する。男性的な世界観を反映するこのような一連の考え方を定式化しなおすフェミニズムの企図は、「女性的パースペクティヴ」に基づいてパワーをエンパワーメントとして規定し、安全保障を、開発やエコロジーへの諸々の関心を包含するものとして規定する。こうした企図を展開する論者たちによれば、それは、女性と国際的な諸関係のよりよい理解に向けての重要な第一歩なのである(35)。

ラディカル・フェミニズムのパースペクティヴに依拠した国際関係論の文献の多くはこれまで、女性と戦争、および平和の研究に専念してきた(36)。しかしながら、リベラル・フェミニストたちとは異なり、ラディカル・フェミニズムの論者らの関心は、戦争や平和の下で女性が従事していた諸活動を詳細に明らかにすることにはなく、むしろ、戦争や平和に直面して女性がとったさまざまな態度を概説することにある。ラディカル・フェミニズムの論者らは、国際的な諸関係の研究と実践の双方を支配していたのが男性でなく女性であったなら、戦争と平和の双方とも、全く異なる仕方で理解されていたことだろうと論じる。

概してこれらの論者たちは、女性の方が平和愛好的で、子どもを育てる立場により強く立ち、生活により強く結びついているがゆえに、女性こそが核時代における救済の唯一の希望であると主張する(37)。この見解に従えば、戦争一般、とりわけ核軍拡競争の根本原理は男性的な心的習性である、ということになる。このような見解に依拠するある論者たちにとっては、男の方が攻撃的で、序列を好み、なわばり意識が強いのは生物学的に不可避的なことである。また、いかなる生物学的決定論も否定して、むしろ、女性の労働の価値を低く見る社会で育てられた年若い少年こそが、女性と最も密接に結びつく諸々の属性――すなわち、自分たちの母親から会得した、子を育てる、感情的で情緒的な諸価値――を低く見るようになるのだと指摘している文献もある。少年たちは、自分の母親から自身を差異化するために、自分の中の攻撃的で闘争的な諸性向をいっそう強調していくのである(38)。

少年とは対照的に少女は、自分の母親から自らを差異化する必要がないので、母親の、子を育てる親としての諸特性の多くをそのまま受け入れる。サラ・ラディック(Sara Ruddick)が指摘しているように、

「女性と平和を結びつける、世間に通用している想定には、もっともな根拠がある。女性とは、〔過度に世話を焼くという〕保護的な愛情の営みや、その営みから生じる母性的な考え方を自分の母親から学びとる、娘のことに他ならない。たとえ娘が、保護的な愛情の営みや母性的な考え方を拒絶し、あるいは、それゆえ母親自身を拒絶することになっても、こうした『母親の家での教え』は娘の知的・感情的な生活を形づくることができる。保護的な愛情は、その根本的な諸価値において、軍事戦略とは対極に位置する……娘は、軍人らしくならないようしつけられてきたとも言えるだろう(39)。」

このような見解に基づけば、戦争を生みだしてきたのが男性的な諸価値であるなら、女性的な諸価値こそが戦争

の終結をもたらすことができるということになる。女性は、子を育てる立場により強く立つ自らの諸価値を強調するばかりでなく、自分自身、性差別主義の犠牲者として、戦争や軍国主義が内包する諸々の意味合いを男性よりも深く理解している。ラディカル・フェミニストたちは、この点ではリベラル・フェミニストたちに同調し、核と軍備管理をめぐる意思決定に女性を組み入れるよう要求する。しかしながら、ラディカル・フェミニストらは、女性の不在という歴史的な不正を正すためにそう要求するわけではない。むしろ、より平和主義的な女性の見解を国際的な意思決定に反映させるために、要求するのである。

ラディカル・フェミニズムは、リベラルなアプローチに比べて多くの点で前進している。一例としては、ラディカル・フェミニズムは、「個人的なものは政治的なものである」という、新しい女性運動の最も重要な政治的スローガンを採用しているがゆえに、公的領域と私的領域との区別を拒絶するという点が挙げられよう。このようにラディカル・フェミニズムは、政治的なものと公的なものとを同一視するリベラル・フェミニズムの発想を引きついではいない。少なくともラディカル・フェミニズムは、国際的な諸関係は安全保障と戦争をめぐる諸問題からなる「ハイ・ポリティクス」にのみ関係しているとの考え方を拒絶しているように思われる。

さらに重要なことに、ラディカル・フェミニズムは、国際関係論の主流派に対して、リベラル・フェミニズム以上に深い認識論的な批判を行っている。ラディカル・フェミニズムは、男性によって国際関係論の研究にもたらされた、とりわけ男性的なバイアスを吟味するよう要求するにあたって、「理論はつねに誰かのためのものであり、何らかの目的のためのものである[40]」という点を強調している。メアリ・ホークスワース（Mary Hawkesworth）が述べているように、

「……［ラディカル・フェミニストらは］『媒介されていない真実』という考え方を拒絶し、知は、歴史上の

特定の時点における特定の社会政治的な編成の中で個人が占める特定の位置に関連する多くの要因によって、つねに媒介されていると論じる。個人が現実を理解する仕方は、階級や人種、ジェンダーによって必然的に構築されているのであり、それゆえ、自らは知であると自称する諸々の主張（knowledge claims）のすべては、それらによって形成されているのである(41)。」

このようにラディカル・フェミニストらは、社会科学の方法論はつねに価値中立的なものであるはずであるとの想定を拒絶し、すべての研究者は最低限、自分たちが一連の企図を展開するにあたってともなっている諸々の特定のバイアスについてはっきりさせておくべきであると主張するのである。

しかしながら、女性的パースペクティヴに関するラディカル・フェミニズムの考え方には、多くの限界もある。一例としては、ラディカル・フェミニズムは国際関係論の正当な研究の範囲を、単に安全保障や戦争にかかわる諸問題を超えて拡大しようとしているように思われるが、まさしく、このような諸問題こそ、多くのラディカル・フェミニストたちが専念する争点の典型的な事例である、という点が挙げられよう。この節で論じてきたような、個人的な領域を視野に入れた分析方法を提起しているがゆえに、ラディカル・フェミニストらは、伝統的な国際関係論の研究者たちとはかなり異なった方法でこうした諸争点を探究してはいる。だが、これまでラディカル・フェミニストらが本質的な焦点を据えてきた諸問題は、批判対象たる、より伝統的な国際関係論の研究者たちが焦点を据えてきたものとまさしく同じものであり、ラディカル・フェミニストらが国際関係論の探究を構成する諸々のパラメーターをどれだけ拡張しはじめたのかは、今のところ明確ではないのだ。

さらに言えば、ラディカル・フェミニストらが展開する認識論的な批判は、最初の印象ほどはラディカルなものではない。というのも、物質的かつ歴史的な諸条件の差異に応じて相異なる「パースペクティヴ」が生じることを認めていながら、女性的パースペクティヴを男性的パースペクティヴよりも優越するものとして扱ってしまっているからである。このような見解によれば、女性は抑圧されているという事実によって、女性の「女性的パースペクティヴ」は、男性の「男性的パースペクティヴ」よりも歪曲されておらず、より真実に近い、世界に関する説明を女性に提供してくれることになる[42]。そのような主張は、よくて根拠が不明瞭であり、事実、「媒介されていない真実」という考え方を最終的には拒絶しないことになってしまう。というのも、それ以外の人々が近づける以上に真理に近づくことができる人々がいるということを示唆してしまうことになるからだ。

また、より重要なことは、「女性的パースペクティヴ」という観念は、子を育てる立場に立ち、高潔で、自然にふるまう「女性」を、攻撃的で、権力志向が強く、傲慢な「男性」と対比させる本質主義的な考え方である。そのような見解は、女性の間に存在する（そして、男性の間に存在する）重要な諸々の差異を無視しているので、経験的に立証できないものであるばかりでなく、危険なほど非政治的なものでもある[43]。この点に関してリン・シーガル（Lynne Segal）は、以下のように述べている。

「内的本性や自然の衝動、世界の経験をめぐる男女間の本質的な諸差異を強調するフェミニズムには、男女間の諸関係を変容させる余地がほとんど残されていないか、全く残されていない[44]。」

生物学的に決定された男女の関係は、時間や場、文化の諸差異を超越しつつ、男女間の諸関係を確固としたものとして固定化してしまう。このようなコンテクストにおいてフェミニズム政治は、避けることのできない損害を軽減させ、悪しき世界の下で最善をつくし、そしていつの日か、より平和愛好的な「女性」の諸規範が国際的な意思決定者の諸実践を形成するようになることを願う、節度のある努力となる。

ラディカル・フェミニストたちの中には、いかなる生物学的決定論も主張することなく、母親として世話をすること(mothering)のような社会的諸実践が男女間の基本的な諸々の差異を作りだすのだと主張している者もいる。しかしながら、このような主張を展開するラディカル・フェミニストらは、こうした社会的諸実践を普遍化してしまい、女らしさと男らしさの諸特性をめぐる本質主義的な考え方を再び生みだすことになってしまう。このような見解に基づけば、母親として世話をすることのような単一の行動が、時間や場、文化、階級、人種、性的指向をめぐる諸々の差異を超越して女性と男性に同一の諸特性を作りだすことになる(45)。男性が女性と同じように子育てに参加したらどういうことが起こるかを想像する若干の不完全な試みを除けば、男らしさと女らしさに関するこのような諸々の考え方は事実上不可侵のものとなり、ラディカル・フェミニストたちに残された唯一の政治は、以前においては従属的な地位に甘んじてきたもの――すなわち、いつくしみ、忍耐、平和愛好的性格という「女性的」な諸価値――を他に優越するものとして扱うことでしかない。

母親として世話をすることそれ自体には関心を向けていない場合でも、国際関係論におけるラディカル・フェミニズムが描きだす政治の多くは、女性的パースペクティヴから「考えなおすこと」に依存するものである。これまでとは異なった観点から考えるだけでどうやって男女間の支配の諸関係の物質的な現実を変えるのかという問題に関しては、いまだに説明がなされていない(46)。構造的な(家父長制の)諸関係は確かに認識されてはいるが、ラディカル・フェミニズムは「女性」の諸々の経験や行動、知覚をあてにしている以上、分析されてはいない。サンドラ・ハーディング(Sandra Harding)が述べているように、ラディカル・フェミニズムにおいては、長い間フェミニストたちの批判の焦点となってきた本質主義的で普遍的な「男性」は、本質主義的で普遍的な「女性」に取って代わられたにすぎないのである(47)。

しかもそれどころか、「女性」に関するそのような考え方は、女性たちの間にある諸々の重要な差異を無視するだけでなく、家父長制の下で作りあげられてきた、男性と女性、男らしさと女らしさに関するステレオタイプな見方をまさに再生産してしまうことになる(48)。そして、その型に適合しない女性——例えば、軍事闘争において武器を手にした女性——は、「否定的な」あるいは「本物ではない」女性的な諸価値を発現させているとして即座に放逐されてしまう（同様の非難が男性の身に起こるのは、きわめてまれである）(49)。この点で、ロバート・コヘーン（Robert Keohane）のような国際関係論の主流派の理論家がラディカル・フェミニズムの主張を手際よく採用したとしても、そのような事態は何ら驚くべきことではない(50)。広く一般的に受容された心地よい諸想定とステレオタイプを考えなおしたり、それらから離れるに際しては、ほとんど何も要求されない。ラディカル・フェミニストらは、子を育てる立場に立ち、平和愛好的で、従順な母親としての女性という、家父長制の下にある男性やフェミニズムに反対する人々、新右翼が行うのと同じ説明を、いつのまにか自らが擁護してしまっていることに気づくことになる。何人かの論者たちが述べているように、ラディカル・フェミニストらが直面しているこのような事態は、ちょっと立ち止まってこの立場を再考する機会をフェミニストたちに与えるべきであろう(51)。

フェミニスト・ポストモダニズム——「女性」を脱構築する

フェミニズムの研究者たちの中には、主としてラディカル・フェミニズムが内包する本質主義への返答として、ポストモダニズム的な、あるいは、ポスト構造主義的なアプローチを追求している者もいる。このようなアプローチに対しては多くの論者が、フェミニズム国際関係理論を発展させていくにあたって最も有望な道であるとの評価を与えており、フェミニズム国際関係理論をしっかりと定位させることができる唯一の場であると述べる論者もいる(52)。マリシア・ザレヴスキー（Marysia Zalewski）が述べているように、「現実主義的で実証主義的な言説を置換させる必要に迫られた結果、多くのフェミニストたちが、専制的な、自らは真理であると自称する諸々の主張（truth claims）をやりこめることを確約しているとされる、ポストモダニズムという勝算のありそうな主義を支持するようになっていった[53]」のである。

フェミニスト・ポストモダニズムの研究者たちは、ラディカル・フェミニストらによってなされた女性を規定する試みを自らの出発点とする。ジェーン・フラックス（Jane Flax）が述べているように、

「いかなるフェミニズムの見地であれ、必然的に部分的なものとならざるを得ないであろう。女性について思考することで、支配的な見解によって以前は抑圧されてきた社会のいくつかの諸側面が明らかになるかもしれない。しかし、（既にジェンダー化された）一連の特定の諸関係——『男性』との関係と、多くの具体的で互いに異なった女性たちとの関係——の内部以外には誰も存在しない以上、われわれのうちのいかなる者も『女性』を代弁することはできない[54]。」

このように、ポストモダニストたちと、より一般的には、フェミニズムに対するポスト・コロニアルな批判者たちは、ラディカル・フェミニスト（および、それ以外のフェミニスト）たちが論じる「女性」像は、女性が（階級や人種、文化、セクシュアリティ、歴史などによってはいかなる影響も受けない）一つの同質的な集団であるということを示唆してしまっていると主張するのである[55]。

ポストモダニストたちは、主体は真正な中核を、言い換えれば、本質的なアイデンティティを有しているとの想定を拒絶し、諸個人をそのように規定するいかなる試みも「個人を彼自身に押しつけ、強制的なやり方で彼を彼自身のアイデンティティに縛りつける[56]」ことになると論じる。ラディカル・フェミニストらは、男性によっ

て行われる女性の規定を（あるいは、少なくともそのような規定に結びついた諸価値を）拒絶するが、規定の過程そのものは否定しない。ポストモダニストたちによれば、この点でラディカル・フェミニストらは、性差別主義を克服する諸々の努力を行うなかで、性差別主義を永続させるために利用される、抑圧的権力の根元的なメカニズムを、再び引き合いにだしてしまっている[57]。

フェミニスト・ポストモダニズムの企図がめざすのは、女性というカテゴリーの虚構を脱構築することである。脱構築には、諸々の特定の理解の仕方と関係性は自然なものであるとの想定を探究し、解明し、そして拒絶することが必然的にともなわれる。ジュリア・クリステヴァ（Julia Kristeva）が述べているように、

「女性は存在し得ない。つまり、女性とは、存在（being）の秩序に属することさえないものなのである。したがって、フェミニストの実践は否定的なものでしかあり得ず、『そうではない』と述べるために、そして『やはり、そうではない』と述べるために、既に実在するものと対立するものであるということになる[58]。」

フェミニスト・ポストモダニズムの研究者たちにとって政治闘争とは「現行の社会状況において、有限で、確定的で、構造化されていて、意味を負わされたすべてのもの[59]」を拒絶することである。

ポストモダニズムの諸々の洞察は、多くの点で有益である。リンダ・アルコフ（Linda Alcoff）が述べているように、第一にそれらの洞察は、男性あるいは女性のどちらかによって決定されたものとして前もって想像されたジェンダー・アイデンティティのいかなるものもともなわないかたちで、女性のために自由を増進させることを約束するように思われる。この点で、特定の階級や人種、性的指向の、単一的で総称的な「女性」が存在するわけではなく、こうした差異やそれ以外の諸々の差異によって多くの女性が交差される可能性があるのである。第二の、

より重要な点であるが、ポストモダニズムは、意味は偶発的なものであり、社会的に構築されるものであるという点を強調しながら、諸々のジェンダー化されたアイデンティティの構築を理論化しはじめている[60]。ジェンダー諸関係に関する知が組織化される方法は、この種の分析にとっては重要な焦点となっており、それゆえ少なくとも、このような知が国際諸制度や国際関係論それ自体によって組織化される方法を吟味する可能性が開かれることになる。

しかしながら、このような一連の前進を示しているにもかかわらず、フェミニスト・ポストモダニズムにも多くの問題点がある。こうした問題点の中でも主要なものは、フェミニスト・ポストモダニズムが生じさせることになる政治的無気力（paralysis）である。批判者らによれば、もし「女性」というカテゴリーが根源的に不確定なものであるとするならば、積極的なオルタナティヴや代替的な世界秩序の構想を提起するいろいろな試みは、それ自体脱構築され得る（それも、ポストモダニストたちによれば、脱構築されるべき）ものであるので、そういった構想が提起され得る理性的な方法など存在しないことになってしまう[61]。さらに言えば、フェミニズムという観念そのものが非常に問題性を孕んだものとなってしまうのである。

「ジェンダーが単に社会的な構築物でしかないなら、フェミニズム政治の必要性が、そしてその可能性までもが、即座に問題性を孕んだものとなってしまう。もし『女性』が存在せず、『女性』の名の下になされる諸要求は『女性』が存在するという神話を単に補強してしまうだけであるなら、女性の名において何が要求できるであろうか。もし『女性』というカテゴリーが虚構であるなら、どうして女性の諸利益に有害なものとして性差別主義に反対することができるのであろうか。どのようにすれば『女性』という概念を引き合いにださずに、合法的な中絶や適切な児童保護、あるいは同一価値賃金を要求することができるのであろうか。[62]」

このことはまた、フェミニスト・ポストモダニズムの「社会的構築」に関する理解の仕方につきまとう深刻な限界を明らかにする。諸々のアイデンティティや意味は、決して自然なものでも普遍的なものでもないということを認識しておきながら、概してポストモダニストたちは、こうしたさまざまな意味の構築を、言説を通じて組織化される、あいまいに規定された権力の作動の中にのみ位置づける。このことが意味しているのは、アイデンティティや意味は認識する行為者(knowing actors)が存在しなくても構築されるということであり、より重要なことには、そのような意味やアイデンティティに挑戦するために、認識する行為者にできることはほとんどないということである。権力が自らを顕在化させ、特定の意味やアイデンティティが出現するさまざまな仕方は、ほとんどどうにもならないものであるかのように思われる。それらは、支配的な物質的諸条件や、諸々のエージェントが展開する諸活動、および諸制度の動きとは、何ら関係がない。同様に批判者たちは、権力の作動を通じて意味が構築されるということを描きだすかもしれないが、権力の作動を変える作業に参加することはできない(63)。この点に関してマリシア・ザレヴスキーは、以下のように述べている。

「支配的な諸言説を混乱させるなかで当該諸言説の権力に挑戦しようとするポストモダニズムの意図は、一見したところ魅力的なものに思われるが、その代わりになるものがいかなるものかを問う必要がある。すべてが偶発的なものであり、自らは真理へと到達することができると自称する諸々の主張(claims to truth)に基礎を与えることができるいかなる基盤も存在しないと考えられるのであれば、『自らは真理であると自称する諸々の主張が競合しあった結果いかなる帰結がもたらされるかは、権力によってのみ決定されることになる』。ポストモダニズムの言説は、競合するさまざまな説明の中から選択を行うためのいかなる判断規準も提示しないがゆえに、ニヒリズムへと向かう傾向がある――ニヒリズムは、ポストモダニズムの信奉者たちにしばしば向けられる非難であるが、そのような非難に対しては、ポストモダニズムに依拠するある研究者が言った『ニヒリズムのいったいどこが悪いんだ』という発言を除いては、いかなる解答もポストモダニストは示すことができないように思われる(64)。」

ポストモダニストたちは、同時にポスト - フェミニストでもある。ポスト - フェミニストという肩書きは、しばしばポストモダニストが用いるものであるが、それは、ポストモダニストの分析が、男女間の不平等を暴露し変革するという、フェミニズムを形成する政治的な規範命令を見失っているからである。アン・マリー・ゲーツ（Ann Marie Goetz）が述べているように、女性と国際的な諸関係を取り巻いている争点の多くが女性の生存そのものにかかわる問題であるときに、ポストモダニズムが絶えざる後退と棄権の態度を垣間見せているということは、政治的に受け入れがたいばかりか、より重大なことに、政治的に無責任である(65)。

「批判理論」的なフェミニズム国際関係論――女性からジェンダーへ

そういうわけで、リベラル・フェミニズムにも、ラディカル・フェミニズムにも、そしてフェミニスト・ポストモダニズムにも、多くの重要な問題があるということが分かった。しかしながら、国際的な諸関係に関するフェミニズム理論を生みだそうとするこうした諸々の試みには、全く価値がないと言っているわけではない。どの試みも、女性は国際的な諸関係に存在しなかったわけではないという点を、そして、世界政治はこれまで絶えずジェンダー化されてきたという点を明らかにすることに貢献するものなのである。

リベラル・フェミニストたちは、国際的な諸関係の実践と研究の双方の場に女性が存在しなかったという点をこれまで強調してきた。女性の不在は過去において、国際的な諸関係の研究はジェンダーについて中立的なものであるという想定を擁護するために利用されてきた。それゆえ、そのような想定を批判することは、重要なことである。リベラル・フェミニストたちはその主張に挑戦し、国際関係論という学問領域の諸境界を拡張するのみならず、これまで沈黙させられていた、国際的な諸関係を研究する女性の研究者や国際的な諸関係の実務者たちに、実効的に声を与える。

同様に、ラディカル・フェミニズムは、国際関係論の古典的な理論は価値中立的な方法で生みだされてきたという想定に挑戦するとともに、国際関係論の古典的な理論が取り組んできた諸々の伝統的な関心事を超えて、国際関係論の正当な研究がなされる舞台を拡張することの重要性を指摘する。このような伝統的な思考法を批判する他の企図とともに、ラディカル・フェミニズムは、現実主義を通じてこれまで優越するものとして扱われてきた、国家間の競合という表面的な外観だけでなく、すべての国際的な活動を構成する諸要素を探究するよう強く主張する。

そして最後に、フェミニスト・ポストモダニズムの研究者たちは、アイデンティティと意味は偶発的なものであり、社会的に構築されるものであるという点を強調してきた。このような主張は、国際関係論において重要である。なぜなら、重要なものと考えられる諸々の主題や、問題を提起する諸方法、および、問題を研究するにあたっての諸々のアプローチのすべては、何らかの意味で自然なものではなく創りだされたものであるという点を、それは強調するからである。

しかしながら、われわれが活用できるのはこれら三つの試みしかないのかというと、そうではない。というのも、いずれの試みも、先述の点を明らかにすることに貢献するものであるにもかかわらず、男性と女性の社会的構築に言及しないか、歴史的に条件づけられ歴史的に変化する（しかしながら、物質的に実在する）男女間の不平等な関係に言及しないという点で、非歴史的で、しばしば本質主義的な諸々のカテゴリーへと向かってしまう傾向があるからである。ここでは、社会主義フェミニストたちと、より一般的には「批判理論」〔巻末訳注＊1を参照〕の研究者たちが行った作業に依拠することで次のように主張したい。ジェンダーとジェンダー諸関係に敏感な、国際的な諸関係に関する説明を展開することはできる。いやむしろ、そのような説明を展開することによってこそ、前述のタイプのフェミニズムの理論化に潜む諸限界を克服すると同時に、そうした理論化がもたらす多くの洞察を組みこむことができるのである、と。

リベラル・フェミニストたちと同様に、われわれは、諸々の特定の圏域での女性の過少代表を明らかにしたり、特定の法的な諸実践の結果、女性が不当な負担を強いられているということを描きだしたりすることに関心を抱いている。しかしながら、ジェンダーに敏感な分析が求めるものは、単に、女性に閉ざされた諸領域に女性を参入させることでもなければ、かつては不公平だった立法を正すことでもない。というのも、われわれは、女性（と男性）は国際的な諸関係にどのように現れるのかという問題に関心があるだけではなく、なぜそのような現れ方で彼／彼女らは現れるのかという問題にも関心があるからである。

ジェンダーは部分的には、性的差異に関する知を意味する(66)。性的差異としてジェンダーを吟味することで、われわれは、ラディカル・フェミニストたちがもたらしたいくつかの洞察を取り入れはじめることになる。われわれは、例えば、男らしさや女らしさの捉え方に関心を抱いているが、女性的パースペクティヴの単一的で本質主義化されたいかなる見解も退ける。かわりにわれわれは、次のような一連の問いを投げかける。ジェンダーに関するいかなる観念と実践が、われわれが明らかにしてきた女性の過少代表や不公平な境遇を創出し、維持し、正当化するためにこれまで活用されてきたのか、そして、こうした観念は何によってもたらされるのか。男女間の適切な関係性についての、社会において女性が担うにふさわしい役割についての、男性であることや女性であることについての、また、男らしさや女らしさとはいったい何かについてのいかなる観念が、特定の諸々の行為者や諸制度の諸実践を形成しているのか。そして、いかなる物質的諸条件と社会的諸勢力が、そのような諸実践の再生産に貢献しているのか。最後に、物質的諸条件はどのようにして、そのような諸々の理解の仕方や実践を変えようとするさまざまな試みを促進したり妨げたりするのか。

こうした諸々の問いをわれわれが投げかけるのは、ジェンダーは女性そのものを、あるいは男性そのものを指し示すものではなく、男女間のイデオロギー的で物質的な関係を、歴史的に不平等な関係性となってきたそのような関係を指し示すものであるからである。さらに言えば、ジェンダーとは、女性あるいは男性の性的な諸特性の結果として生物学的に付与されるものではなく、社会的に構築されるものである。キャサリン・マッキノン(Catherine MacKinnon)が述べているように、

「……ジェンダーとは、ひたすら肉体に帰せられ、肉体に結びつけられてしまう、従属の社会過程の一つの結果なのであり、具体的な形態が変わろうとも自らの意味の特殊性を失わないものなのである。女らしさとは、劣位にあること(lowering)を課せられているということである。劣位にあることが課せられる事態はいかなる者にも起こり得るが、劣位にあることこそ女らしさそのものであると、いまだに考えられている。劣位にあることを女性が課せられるという事態は、自然なことと考えられているのである(67)。」

そういうわけで、「批判理論」的なフェミニズム国際関係理論はまた、ジェンダーとは男女間の社会的に構築された不平等な関係であるというポストモダニズムの考え方を採用する。しかしながら、「批判理論」的なフェミニズ

ム国際関係理論は、ポストモダニズムとは異なり、男女間の適切な関係性と考えられるものをめぐる諸々の理解の仕方は、特定の物質的諸条件を吟味することを通じて、そして、特定の国際的な諸々の行為者や諸制度の慣習・実践・言説を吟味することを通じて理解され得ると論じる。したがって諸々の意味は、単に権力の作動によって「立ち現れる」のではなく、特定の諸状況の中で活動する諸々の行為者が行う行為によって「立ち現れる」のである。そして同時に、しかも、まさにそれゆえに、こうした諸々の理解の仕方は流動的で、歴史的に可変的なものなのである。こうした諸々の理解の仕方は、絶えず新たに創りだされるものであるがゆえに、そして、より重要なことには、自らが挑戦を受ける事態を多くの場合免れないものであるがゆえに、普遍化され得ない[8]。それゆえ、ポストモダニズムを特徴づける際限なき後退や政治的無気力へと滑り落ちることなく、「社会的構築」なるものを理解することができるのである。

しかしながらここで、一つの重要な断り書きがなされるべきであろう。ジェンダーという用語は、女性に関する議論を国際関係論の学術的なコミュニティにとって、より「受け入れやすい」ものにするために、あるいは「のみこみやすい」ものにするために用いているのではない。以下のような指摘も、かなり鋭く当を得ている場合がある。

「……『ジェンダー』という用語を使用すると、ある研究が学究的に真摯なものであるということを示すことになっている。というのも『ジェンダー』という用語には、『女性』に比べると、より中立的で客観的な印象があるからだ。『ジェンダー』という用語は、社会科学の科学的な用法に適合するように思われるので、(耳触りとされる)フェミニズムの政治から自らを引き離すのである[8]。」

これとは対照的に、本書で用いられているジェンダーという考え方は、男女間の歴史的な不平等性をあいまいにすることを意図するものではなく、むしろ、そのような不平等性を強調することを意図したものである。

国際関係論におけるジェンダー——その適用

「批判理論」的なフェミニズム分析は、男性と女性が担うにふさわしい諸々の役割や、男性と女性の間での諸々の適切な関係性、そして、男性と女性が行うにふさわしい諸々のふるまいについての考え方が、どのようにして国際諸制度によって創出され、維持され、正当化されるのかを探究しなければならない。ジェンダー諸関係は、いきなり出現するものではない。むしろ、ジェンダー諸関係とは、ジェンダーをめぐる諸々の社会的な規定を通じて社会的に構築されるものである。女性と男性が作りだしたものであり、（特に）国際的な経済的・政治的諸制度において構築され、それら諸制度の影響を受けたものであるそのような規定を通じて、社会的に構築されるものなのだ[70]。ロバート・コックス（Robert Cox）はこの点に関して、次のように述べた。

「……人間の諸制度は、人々によって作りあげられたものである——それも、『諸々の行為者』の個々のジェスチャーによってではなく、ある一定の諸実践を生みだす、集合的に知覚された問題群への集合的な反応によって作りあげられたものなのである。したがって、諸々の制度や実践は、それらの創造者たちの、絶えず変化していく心的な諸過程を通じて理解されなければならないものなのである[71]。」

このような主張に付言するとすれば、こうした諸々の制度や実践、集合的な反応、絶えず変化していく心的諸過程には、ジェンダー諸関係に関する諸々の理解の仕方も含まれるということが挙げられよう。シンシア・エンローが述べているように、現代の権力諸関係は、男性と女性、男らしさと女らしさ、そして、男性と女性のそれぞれに結びつけられている諸々の適切な役割についての特定の捉え方を維持することに依存している[72]。この主張こそ、ここでわれわれが問う諸問題を特徴づけるものなのである。

女性と戦争についての「批判理論」的でフェミニズム的な説明は、既に提出されている。こうした説明は、リベラル・フェミニストたちが行うように、戦時において女性が従事してきた諸活動を詳細に明らかにしようとするものでもなければ、ラディカル・フェミニズムが行うように、戦争に対する女性のさまざまな感情を詳細に明らかにしようとするものでもない。むしろ、女性と戦争についての「批判理論」的でフェミニズム的な説明が明らかにしようとするのは、政府や軍部が自らの目的のために、ジェンダーに関する支配的な諸言説を利用し、部分的に変容させているという点なのである。この問題に携わる研究は、戦時におけるさまざまな役目を果たすよう女性と男性の双方を動員する点で、軍国主義のレトリックと女嫌いの（mysogynist）レトリックが一致を見るということを明らかにしている[73]。軍が人的資源を獲得する諸過程は、男性と女性が担う、階層化された相異なる諸々の役割についてのイデオロギー的な信念を前提としている。例えば、「前線」と「銃後」の区別は、男性を戦闘へと動員し、国内の生産過程において自らに割り当てられた諸位置を占めるよう女性を動員するために利用されてきた。さらに言えば、女性は、本来はその生産過程の一部でなく、「戦争が終わるまで」それらの場にいるにすぎないのだという想定は、戦争が終結し帰還してきた英雄たちに女たちがそれらの位置を確実に譲り渡すようにするために、戦争中一貫して維持されるのだ[74]。

女性と開発に関する研究は、ジェンダーを吟味することでその焦点を移行させはじめている。例えば、ニュケット・カルダム（Nüket Kardam）は、過去二〇年間の間にＷＩＤプログラムが主要な開発機関のすべてに広がっていったにもかかわらず、これまで実行に移されたＷＩＤの政策提言はほとんどないと記している。その理由について彼女は、ＷＩＤの言説は〔それ以外には、いかなる言説も実践も存在していない〕真空の中に存在しているわけではなく、開発をめぐる他の支配的な諸言説や諸実践と並存していて、それらと衝突することもあるからだと述べている。ＷＩＤの言説以外のこうした諸言説や諸実践に含まれるのは、発展途上国において女性が担うにふさわしい役割についての諸言説（ＷＩＤが挑戦しているまさにそのもの）や、開発一般が果たす適切な役割についての諸言説である。こうした諸々の言説が一致を見る場合に、政策が出現する。したがって、例えば、ＷＩＤの政策が、開発における最近の優先事項（一九七〇年代における「ベーシック・ヒューマン・ニーズ」）と一致する場合には、女性が開発のアジェンダの一部となるのはかなり容易となる。同様に、女性を包含する開発プロジェクトが、女性が担う諸々の役割に関して想定されている考え方を脅かさない場合には、そうしたプロジェクトもまた、かなり容易に受け入れられることになる。裁縫や料理、編物、庭仕事を教練する諸々のプロジェクトが増加しているのは、まさしくこのことに起因しているのである[75]。マリア・ミース（Maria Mies）やギータ・セン（Gita Sen）、カレン・グラウン（Caren Grown）といった研究者が行った諸分析は、絶えず変化する国際分業が女性に及ぼす影響と、女性の従属が相異なる歴史的な生産様式の下で維持されることについて検討を加えてきた。階級諸関係と結びついた支配の諸形態は、以前から存在する男女間の支配の諸関係を利用するとともに、そのような男女間の支配の諸関係に基づいている[76]。例えば、植民地時代において私的所有が導入されたことによって、伝統的な土地使用権に対する自らのアクセスを完全に失ってしまったがゆえに、男性以上に苦しむ傾向があったのは、他でもない女性たちだったのである[77]。同様に、今日われわれが目撃しているさまざまな形態の構造的調整の時期において、生産の重点が輸出部門へと移っていくにつれて、賃金や手当てを改善し、あくまでも短期でしかない、制限された雇用の見通しを改善する機会がほとんどないか全くない低収入の地位へと追いやられていくのは、やはり女性なのである[78]。ここで言いたいのはもちろん、階級的な抑圧とジェンダーをめぐる抑圧は別個に作動するわけではなく、むしろ、ともに作動するということである。

シンシア・エンローは、国際関係論と国際政治経済学の双方においてジェンダーはどのように立ち現れてくるのかという問題に取り組んだ、最も支持できる考え方の一つを提供してくれている。彼女は、ツーリズムや外国人の家事使用人、および輸出加工区（Export Processing Zones, EPZ）を含む一連の争点を考察し、男らしいふるまいと女らしいふるまいと結びついた諸々の特定の「期待のパッケージ」が、国際関係論におけるある特定の諸実践を支え、正当化するためにどのように活用されるのかを考察している。例えば彼女は、外貨獲得源として発展途上国がますますツーリズムに頼っている状況や、ツーリズム産業の根深くジェンダー化された性格に注目する。彼女が述べているように、「洋上でも空の上でも、国際的に活動する商用利用客たちは男性で、サービス提供者たちは女性である[79]」。これには、飛行接客員や客室係のメイドのみならず、セックス・ツーリズム産業において急速に成長している売買春市場も含まれるのである。

だが、エンローの試みは、女性が存在する諸々の場を単に列挙するものではなく、むしろ、このような事態がこれまで生じてきたのは「いかにしてなのか」という問題を考えるにあたっていくつかの洞察を提供するものである。以下の一節には、特定の物質的諸条件が男性と女性についての現行の諸想定や観念とどのように結びついているのかが明確に示されている。

「セックス・ツーリズムが成功するためには、売買春へと追いやられるほどに第三世界の女性たちが経済的に絶望的な状況にあることが必要である。というのも、そういう状況であれば、なかなか抜けだせないからだ。この等式の他方の側面は、裕福な社会からやってくる男性が、ある特定の女性（たいていは有色人種の女性である）を、自分たちの国の女性に比べて手に入りやすく従順だと勝手に思いこんでいることが必要である。そして最後に、外貨獲得を求める地元政府と、セックスがからんだ旅行にお金を使いたがる地元と外国のビジネスマンとの間の提携関係があれば、セックス・ツーリズム産業には好都合である[80]。」

このように理解すれば、女性が従事する諸活動は、国際的な諸関係の領域の内部に位置づけられるばかりではないことになる。むしろ、そのような活動は、特定の物質的諸条件や諸観念が結びついているがゆえに、独特な方法で理解されるものとなる。つまり、この場合、女性の絶望的な経済状況は、諸々の人種主義的なステレオタイプのエロティシズム化と結びついているのである。これらの要因のすべてが別個にではなく一括して考慮される場合のみ、そのシナリオ全体が作動するのである。

外貨を求める発展途上諸国に関する考察を通じてエンローは、多国籍企業とＥＰＺを考察する方向へと進んでもいる。彼女は最初に、若い女性をＥＰＺの組み立てラインに雇い入れるために用いられるさまざまな実践を詳細に概説し、続いて、そのような職から解雇されるときまで彼女らの一貫した従順さが確保されていくさまを詳しく描きだしている[81]。このような事態が達成されるのは、多国籍企業がまず魅力を感じる、女性の「安価な」労働力（実際に安いことは安いが、安いと思いこまれている）にまつわる諸想定を通じてだけではない。さらに重要なことに、女性労働者を、父親や兄弟、または監督官や管理者によって支配された大家族の一員と見なす考え方を維持することによっても、このような事態は達成される。さらに言えば、これらの女性たちは、ほんの短い年限しか雇用されず、解雇された後には、田舎の実家に戻るか、大都市の中心部での売買春産業へと身を投じて生きていくことになるのである。

最後にエンローは、国際通貨基金（International Monetary Fund, IMF）の緊縮財政措置（austerity measures）の採用と、それ

に応える女性の能力との間にある一連の関連性を指摘している。彼女は、政府が自らの正統性を維持できる能力は、少なくともいくぶんかは、こうした諸々の措置を許容する家族の能力に、とりわけ、家計をやりくりし、衣食などの面で家族の世話をしつづける女性の能力に依存すると論じる。これにはおそらく、きびしい家計管理や、また多くの場合、外国人の家事使用人として外国へと働きに行き、自分たちが得る給与のかなりの部分を本国に送金するようしばしば要求されることも含まれるだろう。エンローが論じているように、ＩＭＦの緊縮財政措置は、こういった女性たちや、彼女らが選ぶよう強いられる選択に依存しているのである。

「したがって、国際的な債務をめぐる政治は、単に、債務国の女性たちに影響を及ぼすだけではない。不安定な政権が自らの政治的正統性を失わずにコスト削減の措置を採用することができるような仕方で母親と妻たちがふるまってくれないかぎり、国際的な債務をめぐる政治は、現行の形態では機能しないのである(8)。」

女性はいかなることをし、いかなることをしないかについての諸々の観念と、彼女たちがおくる諸生活の実際の物質的諸条件、そして、諸々の国際組織や外国政府によって提示される諸政策の間には、動態的な関係が見られる。これは、特定の時間や場に存在する女性や特定の人種の女性が担うにふさわしい諸々の役割についての諸想定と、彼女たちが身につけておくべき「ふさわしい資質」〔引用符は訳者〕と考えられるものについての諸想定を支えるとともに、そうした諸想定に依存するものである。

ジェンダーと国際的な諸関係に関心を向けるこのような研究は、その数を増やしつつあるが、本書は、このようなアプローチの洞察を国際家族計画連盟（International Planned Parenthood Federation, IPPF）と国際労働機関（International Labour Organisation, ILO）という二つの多国間組織に適用することによって、こうした諸研究に貢献するものである。序章で既に述べたように、ＩＰＰＦは、他の多くの国際組織とともに第二次世界大戦の直後の時期に誕生し、少なくとも経済社会開発と人口増加との関係性に対して明白な関心をよせていた。事実、当然のことながらＩＰＰＦはこれまで、女性の生殖行動についての研究と操作にほぼ専念してきたのである(83)。ＩＰＰＦは、バース・コントロール〔第四章を参照〕の性質と、女性と男性が生殖において担う役割に関する諸々の特殊な理解の仕方を用いてきたのであり、その結果、時には、女性の健康とリプロダクティブ・フリーダム〔巻末訳注＊２を参照〕を直接損なうような諸政策を促進する効果をもたらすにいたったのである。

同様に、ＩＬＯもまた、その歴史を通じて、ジェンダーに関する諸々の理解の仕方を展開してきた。ＩＬＯが展開したジェンダーに関する諸々の理解の仕方は、ＩＬＯ創設初期のころに見られた、一定の諸条件の下で女性を雇用することを禁止したり制限したりする特別保護措置を通じた、女性に対する父権主義的な(paternalistic)アプローチから、労働力における女性のサービスを有効に活用することを目的とする諸々の措置や、職業訓練・雇用・賃金の面で女性と男性に認められる機会および待遇の平等を促進する措置までの、多岐にわたっている(84)。職場において女性が担うにふさわしい諸々の役割についてＩＬＯが用いたジェンダー・イデオロギーは、ＩＬＯがとった諸政策に影響を及ぼしてきたが、そうした一連の政策の中には、「特別な」（つまり、「標準」ではない）労働者として女性を規定することによって職場における女性の諸機会を損なう効果をもたらしたものもあった。

ＩＰＰＦとＩＬＯの双方がこれまで示してきた、ジェンダーをめぐる理解の仕方を完全に解明するためには、双方の組織がその下で作動する特定の物質的諸条件を吟味する必要がある。ＩＰＰＦの場合には、このような作業は、国内に基盤を置いたバース・コントロールの活動家らが行った諸活動や、バース・コントロールを普及させるために活動家たちが行った政治的かつイデオロギー的な諸々の妥協を概説することを意味するものとなろう。ＩＬＯの場合には、このような作業は、次の三つを関連づけることを意味するものとなろう。それはすなわち、国際労働立法の制定をめざすさまざまな努力であり、女性の労働経験を取り巻く、絶えず変化していく現実の諸条件であり、ＩＬＯの歴史を通してその諸政策にジェンダーをめぐる先述の理解の仕方が反映されてきた一連の様相である。これについては、第四章と第五章で取りあげる。

結び

国際的な諸関係に関するフェミニズム分析はこれまで、リベラル・フェミニズムやラディカル・フェミニズム、フェミニスト・ポストモダニズムといったさまざまな立場に則って展開されてきた。この章では、それぞれの立場は、国際的な諸関係に関するフェミニズム理論を発展させるにあたってのいくつかの洞察を与えてくれるものの、深刻な諸限界を含んでもいるということを論じた。例えば、リベラル・フェミニストらは、女性が従事する諸活動を詳細に明らかにし、女性はいくつかの圏域で過少代表されており、それ以外の圏域へと追いやられているという点を明らかにすることはできるかもしれない。だが、こうした諸現象は支配の諸関係と権力の不平等性がもたらした結果であるという点を、リベラル・フェミニストらは理論化することができない。リベラル・フェミニストらは、自らの認識論的立場も、国際的な諸関係の実践も、潜在的に価値中立的なものであると思いこんでいる。女性たちが「過少代表されている事実」や女性たちが「追いやられている事実」そのものは、不幸な逸脱としてしか説明され得ず、きわめて現実的で、絶えず創出されている支配と権力の諸システムがもたらす効果であるとは説明されないのである。

ラディカル・フェミニストらは、理論と実践は決して価値中立的なものなどではなく、ある特定の諸集団の諸利害を、とりわけラディカル・フェミニストらにとっては男性の諸利害を、代表するものであるということを理解している。このことが意味しているのは、国際関係理論に特有の焦点は、国際関係理論を創りだした者たちがさいなまれている男性的なバイアスを受けて構築されてきたものであり、さらに言えば、国際関係論において考察される特定の諸争点は、このようなバイアスを反映してもいるということである。したがって、戦争や安全保障をめぐる諸問題が強調され、しかも、諸々の軍事的な反応を促すような方法でそれらの問題が理解されることになる。ラディカル・フェミニストらは、国際的な諸関係の研究や実践において想定されている、いかなる価値中立性も超えてはいるが、このような洞察を、政治を犠牲にすることで手にしているにすぎない。ラディカル・フェミニストらが想定している、女性と男性に関する本質主義的な見解には、変化を導き入れる余地などほとんど残されていない。さらに言えば、これまでラディカル・フェミニストらは、国際的な諸関係に関する研究を拡張するというよりは、国際関係論が伝統的に行ってきた平和と安全保障をめぐる諸問題の強調を再生産するのに一役買ってきたのである。

フェミニスト・ポストモダニズムの研究者らは、ラディカル・フェミニストらの本質主義を超え、諸々の意味とアイデンティティは自然なものではなく社会的に構築されたものであるということに、いくぶんかは言及している。しかしながら、フェミニスト・ポストモダニズムの研究者らは、アイデンティティや意味の創出を、権力のあいまいな作動以外のいかなるものにも基づかせない。それゆえ、フェミニスト・ポストモダニズムの研究者らもまた、政治的に麻痺しており、変化をどうやって導き入れるかという最も切迫したフェミニズムの関心に解答を示すことができないのである。

フェミニズム国際関係理論にとって最も有用な出発点は、社会主義フェミニズムが示した数々の洞察に依拠して、より一般的には「批判理論」に依拠して、ジェンダー諸関係を考慮に入れることである。われわれは、そのような分析によって、女性と男性の諸生活に影響を及ぼす特定の制度的かつ政策的な諸々のバイアスだけでなく、そのようなバイアスが創りだされる仕方や、こうしたバイアスが及ぼす諸効果、そして、変化の可能性を評価することができるのである。

ジェンダーをとっかかりとすることによって、われわれは、国際関係理論のジェンダー化された性格を考察することもできる。この章で議論してきたように、これまでフェミニストたちは、国際関係理論が関心を示す諸問題を取りあげてはきたが、最近までフェミニストたちはそうした問題を、国際関係論という学問領域のおもに外部からしか取りあげてこなかったのである。当該学問領域の外部にこそ、フェミニズム国際関係理論を発展させることができる唯一の場があるかもしれない。それゆえ、フェミニストたちは自らの研究を、つねに周縁において行おうとするのである(8)。しかしながら、そのような態度は、国際的な諸関係に関する適切な問いを形成する、国際関係論という学問領域の甚大な権力を、当該学問領域の伝統的な勢力に委ねたままにしておくことを意味する。国際関係論の研究者であれ、なにげなく国際関係論の雑誌を手にした人であれ、「国際関係の専門家」による最新の分析を見ているテレビの視聴者であれ、国際的な諸関係をめぐってさまざまな問いを投げかける大多数の人々は、ジェンダーに関する問いをこれまで歴史的に無視してきた諸々のアプローチをもとにして、それらの問いを発することになるのである。

そういうわけで、国際関係論という学問領域を問題にすることができないのは、政治的にも知的にも大きな誤りであると言えよう。しかも序章で論じたように、国際関係論という学問領域は目下、流動的な状態にあるということを考えれば、かつてわれわれが目にしていたよりも、フェミニズム国際関係理論の発展に資するような空間が現れはじめていると言えるかもしれない。そこで次の章では、国際関係論という学問領域への伝統的なアプローチの中に開かれた、フェミニズム国際関係理論が発展するための空間――そのような空間があるとすればのことであるが――を、吟味することにする。

第二章　国際関係理論におけるジェンダー

これまで論じてきたことから明らかなように、長きにわたって、ラディカル・フェミニストたちが呼ぶところの「男性主流の（male-stream）」現実主義思想家[1]が我がもの顔でふるまう領分と化してきた国際関係理論の領域には、ジェンダーに関する研究がほとんど見受けられない。一方では、国際関係理論におけるこのような欠如は、驚くにはあたらないと言える。というのも、現実主義はこれまで、さまざまな「欠落」を抱えている点で、とりわけ、自らの中心的な分析単位である国家を理論化できていない点で非難されてきたからである。変化やエージェンシー〔巻末訳注＊3を参照〕、人種に関する分析はたいてい、現実主義の研究者には手の届かないものである[2]。このようなコンテクストにおいては、ジェンダーに関して理論化できないことや、ジェンダーに関して理論化したがらないことは、それほど珍奇なものではないように思われる。

他方で、国際関係論という学問領域は、流動的な状態にある。国際関係論における最近の理論的革命においては、多種多様な理論が、「戦後の伝統的現実主義によって国際関係論という学問がその内部に閉じこめられてきた知的な檻（cage）[3]」から同学問を解放するものとして賞揚されているのである。〔この点に関して〕ジェイムス・デリアン（James Der Derian）は、次のように述べている。

「国際関係論は、自らの領域における思考の『伝統』を構成し制御する言語・概念・方法・歴史（つまり、支配的な言説）それ自体を問題化するような、認識論的な批判を経験している[4]。」

この論争においてわれわれは多様な批判を目にするが、それらすべてが現実主義の中心的な諸前提の多くに挑戦している。しかしながら、このようなコンテクストにおいて、おそらくよりいっそうの驚きを感じざるを得ないのは、いわゆる現実主義批判を行う者でさえも、国際的な諸関係の実践と研究の双方の中に、女性が従属的地位に置かれていることの特徴と、女性の従属を支えている諸々の根拠とを確認することができなかったし、ましてや、何らかの持続的な仕方で分析することもできなかったということなのである(5)。

だが、国際関係理論にはジェンダーに目を向けようとする企図は存在しないということに言及するだけでは、われわれはさほど前進しない。本章の残りの部分は、国際関係理論の内部からジェンダーに関して理論化することははたして可能なのかどうかを吟味する作業にあてることにする。つまり、本章の残りの部分では、国際関係理論において実際に書き述べられていることから、書き述べられていないことを類推することによって、少なくとも、ジェンダーを考慮することができる、国際的な諸関係のフェミニズム理論の可能性を構成することにしようと思う。

国際関係論の領域

国際関係理論の「危機」、「第三の論争」、あるいは「パラダイム間論争」のいずれの言葉で表現されようと、「国際関係論という学問領域は近年、継続的な理論的活性化を経験してきた(6)」と一般的に認められている。このような理論的再構造化の新時代は、一九五〇年までの時代を特徴づけた現実主義者と理想主義者との論争や、一九六〇年代の行動論革命といった同学問領域内でのこれまでの論争を、しのぐものである。前者は諸価値や政策提言に焦点を据えたのに対して、後者は研究方法を中心的な関心事としたが、双方とも、現実主義において決定的に重要な国家中心的諸前提に対して根源的に挑戦することはなかった(7)。この新しい論争、あるいは「第三の論争」は、そうではない。この論争には、国際的な諸関係に関するさまざまな代替的説明が見受けられるのである。

このような挑戦を生んだ原因は、過去数年間における世界政治の劇的な変化から、漸進的ではあるが、より深刻な影響を及ぼす、過去二〇年間にわたるヘゲモニーの危機——もちろんのことながら、前者は後者の一部である——までと、さまざまである。スティーブン・ギル（Stephen Gill）が述べているように、この危機は、最も一般的に言われるところのアメリカ合衆国のヘゲモニーの危機と混同されるべきものではなく、むしろ、「その世界秩序システムの社会的かつ政治的な諸側面における危機なのである。資本と労働、資本と国家、そして、より全般的には、当該システムの政治的諸側面と経済的諸側面との諸関係が不均衡になるなかで、合意に基づくものとは言いがたい秩序が現出しつつあるように思われる(8)」。この危機によって提起される要求には多くのものがあるが、とりわけ、国際的な諸関係やグローバル政治、そして世界秩序をめぐる多くの基礎的な教義を考えなおし、評価しなおすべきであるとの要求が存在する。こうしたコンテクストにおいて、新しく異なった知的諸伝統を組みこもうとする試みが次第に広がりつつあるのである。

われわれの目的にとって「第三の論争」は、多くの意味で有益なものである。第一に、国際関係理論における相異なるアプローチやパラダイムに焦点を据えながら、「第三の論争」は、国際的な諸関係をめぐるメタ理論的な諸説明が競合しあう可能性のみならず、その不可避性をも受け入れている(9)。このことは、さまざまなアプローチの代表的な研究者が互いに意見交換を現に行っているということを意味しない（実際には、こうした意見交換などほとんど行われていないように思われる(10)）。むしろ、それが意味しているのは、国際関係論のさまざまなパラダイムのそれぞれが、何が政治的なものなのかに関する互いに異なった捉え方を主要なものと見なしあう仕方に、注目がよせられているということなのである。さまざまなアプローチの代表的な研究者は、国際関係論にとって適切な問いはいかなるものであるべきか、こうした問いが解答されるべき適切な方法はいかなるものであるべきかを規定するのである。

時には、ある特定のパラダイムがヘゲモニックなものとなることがあり、学問領域上適切な問いや解答はいかなるものであるべきかをめぐって競合しあう諸々の解釈を、効果的に沈黙させてしまう。ジェイン・ジェンソン（Jane Jenson）が述べているように、「いかなる理由からであれ、『政治的な』ものとしての地位にまでは決して高められないそうした諸々の問いが、不可視的になることがあり得る[11]」のである。このことは、戦後北米の国際関係論における現実主義に関して、確かに言えることであった。しかしながら、最近われわれが目にしているように、論争や危機の時代においては、以前は問題化されなかった当該領域をめぐる諸前提が挑戦される。「第三の論争」は、まさしくこのような類の「解釈をめぐる闘争」〔引用符は訳者〕を意味するのであり、（フェミニストが関心を持つ問いや解答を含む）新たなタイプの問いや解答が提起される可能性を孕んだ空間が、こうして創出されるのである。このような「理論的活性化」の新時代は、国際関係理論を規定しなおそうとするフェミニスト（および、フェミニストではない研究者）の不可視性の可能性を排除する。

第二に、当該論争の内部で提起されている数々の問いの性質ゆえに、「第三の論争」は有益なものである。国際的な諸関係に関する諸々のパラダイムにおいて、批判に最も効果的に焦点を据えることができる仕方に、すなわち、国際関係論の相異なる理論的アプローチの間で比較を行い判断を下すことができる規準に、われわれは目を向けさせられることになる[12]。ヨセフ・ラピッド（Yosef Lapid）によれば、第三の論争における転換点は、特定のパラダイムの基底にある存在論的で認識論的な、価値論的な諸前提を考察することができたことである[13]。あるいは、リチャード・アシュレイ（Richard Ashley）が述べているように、特定のパラダイムの世界観において当然視されてきた諸前提を問題化することができたことである[14]。このようなコンテクストでは、ジェンダーのパースペクティヴに依拠してフェミニストが、国際的な諸関係に関する諸々のパラダイムを問題にすることは可能である。若干の例を挙げるとすれば、例えば国家や主権性、安全保障、自然状態といった概念のジェンダー化された意味合いを検証する文献が既に存在しており、その数は増えつづけている[15]。こうした作業のすべては、国際関係理論を形成するジェンダー化された諸前提に関して、次のような問いを投げかけている。すなわち、国際関係論のどこにジェンダー分析は存在するのか、あるいは存在しないのか、そしてさらに、ジェンダーに目を向けることが国際関係論の中で可能なのかとの問いを、投げかけているのである。

ジェンダーと第三の論争

ジェンダーに関して序章と第一章で示したことを考えれば、「第三の論争」における各々のパラダイムの中にフェミニズム国際関係理論のための空間を発見しようとするに際してのいくつかの規準が、明らかになるはずである。これまでのところで論じてきたことは、ジェンダーと国際的な諸関係を考察することは、女性と男性、男らしさと女らしさの適切な関係性をめぐる諸観念や、社会と労働力において女性と男性が担う役割をめぐる諸観念がどのようにして国際的な諸関係の諸活動を形成するのかを吟味することに他ならないということである。また、ジェンダーを考察することは、ジェンダーをめぐる諸々の理解の仕方や諸実践を変容させる試みを促進するとともに制約する、物質的諸条件や社会的諸力を吟味することも意味する。このことから、いくつかの論点が導きだされてくる。第一に、ジェンダーに敏感な国際関係理論は、観念や意味の社会的構築に関してわれわれが語ることを可能にさせるものでなければならない。ジェンダー諸関係それ自体は構築されたものなので(ジェンダー諸関係には、いかなる本質主義的なものも存在しない)、国際関係理論の内部には観念や意味の社会的構築に関して語る余地がなければならないのである。

第二に、このような理論は、歴史的可変性をわれわれが論じることを可能にさせるものでなければならない。というのもジェンダーは、ある時点において一度に構築されるものではなく、変化していく物質的諸条件と、諸々の行為者が従事するさまざまな闘争に応じて〔それ自体〕変化してきた、諸々の観念や実践の集合であるからである。男女間の適切な諸関係や、社会や経済において彼／彼女らが担う役割などについての諸々の理解の仕方は、一定不変のものではない。むしろそれらは、流動的なものなのである。それどころか、ジェンダーは時間や場に関係なく固定化されていると述べることは、ジェンダーに接近しようとする運動が一つのアプローチとして解消しようとしてきたものと同じ類の、非歴史的な分析に訴えることになるのである。

第三に、このような理論は、われわれが権力を理論化することを可能にさせるものでなければならない。というのも、ジェンダーという考え方には、権力を権力の不平等性として捉える理解の仕方が暗に含まれているからである。こうした観点から権力を論じるに際しては、国際関係理論の大部分においてそうであるように、強制力のあからさまな発現だけに焦点が据えられるべきではなく、女性と男性の間での権力諸関係が、時には一見したところ合意に基づいたものであるかのように思わせ、別のときには競合的なものとなるのはどのようにしてなのかに、焦点が据えられるべきである。また、国際的な諸関係の実践と研究の双方において、ジェンダーに関して問いを提起することそのものがこれまでどれだけ黙殺されてきたかを強調すべきであろう⒃。

したがって、国際関係理論を評価するにあたっては三つの規準があるのである。その規準とはすなわち、その理論は、意味の社会的構築をわれわれが論じることを可能にさせるものであるかどうか、その理論は、歴史的可変性をわれわれが論じることを可能にさせるものであるかどうか、そして、女性と男性の間での権力諸関係の競合性のみならず、そうした権力諸関係の隠蔽それ自体をも明らかにするような方法で、権力に関して理論化することをわれわれに可能にさせるものであるかどうかという三つである。これら各々の規準を、国際関係理論の相異なるパラダイムである現実主義と多元主義、および批判理論的な〔巻末訳注＊1を参照〕国際関係理論に適用することにしよう。

〔ところで〕さまざまなフェミニズム理論について第一章で行った分析の場合と同じ断り書きが、この議論に対してもなされる。それはすなわち、多様で膨大な国際関係理論を完全に論じつくすことなどできるものではなく、むしろ、いくつかの一般的なテーマと諸々の傾向性、諸前提を概説することになるという断り書きである[17]。このように概観するなかで、国際的な諸関係に関するジェンダー化された分析の認識論的かつ存在論的な諸要件を明らかにしていくことにしよう。

現実主義とジェンダー[18]

現実主義は、北米の国際関係理論における中心的な伝統であり、少なくとも一瞥したところでは、ジェンダーに関する理論化に最も適さないものであるように思われるかもしれない。現実主義はおもに、戦争の諸原因や、平和、秩序、そして安全保障の諸条件に関心を抱くが、現実主義を表明する者のすべて(トゥキュディデス(Thucydides)からモーゲンソー(H. J. Morgenthau)を経てウォルツ(Kenneth N. Waltz)に、そして、ギルピン(Robert Gilpin)のような現実主義的な政治経済学者にまでいたる)において、現実主義は次の三つの中心的前提を包含している。すなわち、国家は世界政治において最も重要なアクターであるという前提であり、国家行動は合理的に説明され得るものであるという前提であり、そして、諸国家はパワーを追求し、パワーとして定義したうえで自らのインタレストを計算するという前提である[19]。

現実主義についてのこの簡潔な要約の中には、ジェンダーに関する理論化に資するように思われるものはほとんど存在しない。そして現に、大部分の現実主義者は、ジェンダーに関して理論化したいと望みそうもない。モーゲンソーはパワーを、一方のネーションの国家代表者が他方のネーションの代表者の精神と行動を支配する能力として規定したうえで、国際政治を権力闘争と規定する[20]。さらに彼は、パワーを追求することに関係のない国際的な諸関係は、簡単に言って、国際政治に関連するものではないと論じている[21]。この規定に従う場合、国際政治ではない国際的な諸関係の例には、国際諸組織の諸活動や、ネーション間での財とサービスの取り引き、あるいは、自然災害に対する救援活動を行うに際してのネーション間での協力が含まれよう[22]。

より最近のことに関して言えば、カル・ホルスティ（Kal Holsti）は、彼によれば国際関係論という学問領域を近年特徴づけている動向である断片化と過度の専門化の増大、すなわち、あくまでも周辺的な、取るにたらない問題（例えば、スカンディナヴィア諸国間での労働政策調整）にこだわる姿勢と彼が表現する作業に反対する議論をこれまで展開してきたが、彼は当該学問領域の生来の目標に、つまり、戦争の諸原因や、平和、秩序、そして安全保障の諸条件の研究に立ち返ることを要求している[23]。明らかに、このようなパースペクティヴに基づけば、債務管理や輸出加工区（Export Processing Zones）、国際的な人口調節を行う諸機関などのような、先の章で例証された、国際的な諸関係のジェンダー化された性格を示す多くの事例が、国際関係論という学問領域の内部に含まれないことになってしまうであろう。もちろん、国際組織や国際政治経済といった下位分野も、同学問領域に含まれないことになってしまうであろう。

現実主義者自身、ジェンダーについて理論化したいと思ってはいないかもしれないし、自らの存在論的な諸前提に基づいて〔ジェンダーに関する理論化をめざす〕このような企図に反対の議論を展開することになるだろうが、ここでは以下のことを示唆することにしたい。それはすなわち、現実主義理論には、〔ジェンダーに関する理論化を行う〕このような可能性を少なくとも排除しないであろう、いくつかの余地が存在するということである。このような主張は、古典的現実主義者の研究作業や、後のレジーム論や覇権安定論の貢献を具体的に考察することによって探究されるであろう。〔確かに〕古典的現実主義もレジーム論も、国際関係論におけるフェミニズム理論にとって十分な空間を開くものではないし、実際のところ、古典的現実主義やレジーム論の存在論的態度は必然的に、先述の成果を排除するものである。しかしながら双方とも、その内部でこのような企図を開始することができるために必要な認識論的空間が存在することを、現に示唆しているのである。なぜなら、これまでのところで概説されてきた、国際的な諸関係に関するフェミニズム理論にとって必要な要素のいくつかを、古典的現実主義とレジーム論も現に包含しているからである。

リチャード・アシュレイは、実践に（外交官の実践に）役立とうとする立場から作業を行っているハンス・モーゲンソーの古典的現実主義は、その後に続く新現実主義的思考の大部分においてなされた「反歴史的囲いこみ」を拒絶していると論じる(24)。アシュレイによれば、勢力均衡を一つの道徳的な合意として理解し、政治をめぐる研究に無関心でいることはできないと論じ、知は行為から切り離されるものではないと論じる者こそ他でもない、モーゲンソーという研究者なのである(25)。例えば、ナショナル・インタレストやパワー、国家システムなどの概念は（何人かの新現実主義者によって主張されているように）現実主義者によって明確に規定されていないわけではないが、むしろモーゲンソーのような現実主義者は、このような概念は、諸個人（諸々の外交官）が行う諸実践や諸闘争を通じて、歴史的なコンテクストの内部でのみ意味を付与されるということを認めているのである。モーゲンソーに関するアシュレイの解釈によれば、ナショナル・インタレストなるものにはいかなる本質主義的なものも存在しない。むしろ、ナショナル・インタレストなるものの意味は、相異なる歴史的時期において、相異なる物質的かつイデオロギー的な制約の中で、国際的な外交の実務者の、多くの場合「戦略的な技巧（strategic artistry）」を通じて付与されるのだ(26)。

古典的現実主義に関するこのような解釈は、意味は偶発的なものであり、社会的に構築されるものであるということを認め、さらに、歴史的可変性をも認める。もちろんのことながら、モーゲンソーの著作にはジェンダーに関するいかなる言及もなされていないとはいえ、このように評価することによって、先に論じられた、ジェンダーと国際関係論に関する分析のための空間が創出されることになる。この分析が少なくとも示すことは、そのような諸々の意味がどのように構築されるのかは、特定の歴史的諸状況の内部で行為し、特定の物質的諸条件によって制約される諸個人や諸集団が行う諸活動と諸闘争に依存しているということである。言い換えれば、このように解釈されたモーゲンソーの現実主義は、エージェンシーを認め、国際的な諸関係における特定の諸構造の内部で諸々のエージェントは行為するという点を明らかにしようとするのである。

しかしながら、モーゲンソーの古典的現実主義は、フェミニズム国際関係論のための認識論的な空間を開いているにもかかわらず、国家や政治家（*statesmen*）に対するその存在論的傾倒は、いかなるかたちであれ、自らの分析の中へのジェンダーの組みこみを最終的に排除してしまう。さらに、モーゲンソーの古典的現実主義におけるパワーの捉え方は、力や強制、あるいは、巧妙な心理的諸手段を通じて行為を支配する明示的な能力のみをパワーに見出すような捉え方なのである[27]。その結果、ヘゲモニーの作動の一部として、権力諸関係の管理は意識の背景へと後退していく傾向がある[28]という点を、認知することができなくなってしまうのである。

最後に、現実主義には、フェミニズム国際関係理論が発展していく可能性を孕んだわずかな余地があるとはいえ、その余地は、かなり限られたものである。アシュレイが述べているように、彼によるモーゲンソーの読解は、現実主義の単なる一つの側面にすぎない。インタレストやパワーといった概念は完全に固定化された意味を付与され得ないとのモーゲンソーの主張は、単なる選好や願望的思考を通じては克服され得ないような客観的で不変の諸法則によって政治は支配されているとの、彼自身の、これまた断定的な主張に対立する。現実主義が呈するこの第二の容貌、いまだに支配的なこの第二の容貌をアシュレイは技術的現実主義（technical realism）と表現しており、パワーが卓越したものとされ、すべての形態の理想主義が否定されるような現実主義の「真の伝統」と見なされる(29)。

同様に、他の現実主義者においても、現実主義が孕むこのような二つの側面が示されている。例えば、カー(E. H. Carr)は、現実主義は、歴史過程が孕む決定論的諸側面と、思考と観念の歴史的偶発性の双方を表現すると論じる。彼は、現実主義は「現行の諸力の抵抗しがたい強さと、現行の諸傾向の不可避的な性格を強調し、こうした諸力や諸傾向を受け入れ、自らをそれらに適応させていくことに最高の叡智があると主張する傾向がある(30)」と述べている。しかしながら、同時にカーは、現実主義の最大の強みの一つは、理想主義の歴史的な性格を評価するその能力であると述べる。

「こうして現実主義者は、ユートピアニズムの知的諸理論と倫理的諸規準は、絶対的でアプリオリな諸原理の表出などではなく歴史的に条件づけられたものであり、諸々の状況と利害の産物であるとともに、諸利害を増進するにあたって形成された武器でもあるということを示すことができたのである(31)。」

ロバート・コックス(Robert Cox)のような研究者にとって、カーの著作にあるこうした傾向性は、彼をして、「外観を額面どおりに受け入れず、内部にある意味へと入りこもうとする(32)」ような「批判理論」の理論家にさせるものである。より正確に言えば、カーが自らかかわろうとしているものは、諸事物の「単なる外観」を超えて、それらの本質にいたろうとする一つの現実主義的科学哲学なのである。カーにとってアプリオリな道徳原理とは、単なる見せかけのものであるにすぎず、その背後には、諸国家によって隠された「現実的な」(すなわち、パワーを最大化する)動機があるのである(33)。しかしながら、こうした見解が有する『批判理論』的な」かかわり方は、その政治的な利害関心(最終的には現状を維持しようとする)によってのみならず、実証主義へのその認識論的な傾倒によっても厳しく制約されてしまうのである(34)。したがって、歴史と意味を強調する、モーゲンソーとカーの古典的現実主義をめぐる解釈は、せいぜい論争的なものであるにすぎず、ジェンダー分析が組みこまれるための余地は予想したよりも限られたものであると言うことができよう(35)。

レジーム論と覇権安定論もまた、この点において同様である。すなわち、双方とも、自らの認識論的かつ存在論的な諸基盤によって〔ジェンダー諸関係に関する分析を組み入れるという〕成果を最終的に排除してしまう一方で、ジェンダー諸関係に関する分析の組みこみに資するものとなる可能性を孕んだ空間を示してもいる点で、古典的現実主義と同様のものなのである。〔まず、レジーム論に関して言えば〕レジームは「アクターのさまざまな期待が収斂するところの、諸々の原則や規範、ルール、意思決定手続き(36)」として定義される。数々のレジームがあるなかで、安全保障レジームや石油レジーム、通貨レジーム、環境レジーム、そして貿易レジームに関して語ることができるだろうが、レジーム論の分野での大部分の研究作業はこれまで、相異なるタイプの経済レジームに関心を抱いてきた。

覇権安定論を唱える研究者が主張するのは、諸国家の相対的能力の変化の結果、国際経済レジームは変化するということであり、国際経済レジームがこれまで最も秩序化がなされた、予測可能なものとなってきたのは、ヘゲモニックな世界システム――経済的能力やパワーが単一の国家に集中しているような世界システム――においてであるということである。この説明で言うところの「秩序化がなされた、予測可能なもの」〔引用符は訳者〕とは、低関税と貿易比率の増大、地域主義の低迷によって特徴づけられる、開かれた、あるいはリベラルな国際経済秩序を意味する(37)。それゆえ、一九世紀中葉のパックス・ブリタニカの時代と、第二次世界大戦後のパックス・アメリカーナの時代はそれぞれ、英国（Britain）とアメリカ合衆国という単一の覇権国によって支配された、強力な、もしくは開かれた経済秩序として描きだされることになる(38)。

覇権安定論はこれまでさまざまな批判にさらされてきたが、その中には、覇権安定論を支持する研究者からの批判もある(39)。例えば、スティーブン・クラスナー（Stephen Krasner）は、覇権安定論は若干の時期、すなわち一九〇〇年から一九一三年、一九一九年から一九三九年、そして一九六〇年から現在までの時期には「あてはまらない」と論じている。まず第一の時期においては、英国の相対的な経済的地位が低下した後でも、英国の開かれた経済への傾倒は長く続いた。他方で、アメリカ合衆国の開かれた経済への傾倒は、第一次世界大戦後に世界で最も強力な経済を有する国家として同国が登場した時点と時期的に一致したものではなかったし、一九六〇年代初頭に始まった同国経済の後退とともに自動的に衰えたわけでもなかった。クラスナーが述べているように、「反応の遅れを考慮に入れるために(40)」立論が修正される必要があるのである。

『覇権後の国際政治経済学』（*After Hegemony*）においてロバート・コヘーン（Robert Keohane）は、覇権国が創出した諸々のレジームは、それを創出した国家がたとえ消滅したとしても存在しつづけると論じた。諸国家は、さまざまなレジームを構成する諸々のルールや規範、手続きに従うことに利益を見出す。なぜなら、国際レジームは、次のような多くの価値ある機能を果たすからである。すなわち、国際レジームは、正当な交流のコストを縮減させ、不当な交流のコストを増大させる。国際レジームは、不確実性を弱める。国際レジームは、諸々の争点を連繋させることで、一方にある争点群に対する行動の影響が他方の争点群に及ぼされるようにする。そして国際レジームは、国家間でのさまざまな交渉を促進させるのである(41)。したがって、一九〇〇年から一九一三年の時期や、一九六〇年から現在までの時期におけるのと同様に、覇権国のパワーが衰退した後でさえも、国際レジームを構成する共有された諸々のルールや規範、手続きが維持されつづけているがゆえに、安定し、秩序づけられた諸関係が持続すると言えよう。

「経験的な対応」をめぐる諸問題を克服するにあたってレジーム分析が特権化するのは、共有された諸々の意味という考え方である[42]。ラギー（John Ruggie）とクラトチヴィル（Friedrich Kratochwil）が述べているように、「レジームが構成される基盤である収斂した諸期待が強調されることによって、レジームは不可避的に間主観的な性格を与えられる[43]」ことになる。こうして覇権安定論は、国際的な諸関係における適切な諸活動をめぐる諸々の観念は重要なものであるとともに、社会的に構築されるものであるという点を強調しはじめるようになる。共有されている諸々のルールや規範、手続きはまた、ある程度までは、諸々の国際的アクターが行う諸実践を通じて相互的に構成される。その場合レジーム分析は、国際的な諸関係に関する、それ以外の点では構造論的なものと言える理解の仕方の中に、エージェンシーという考え方を組み入れることになる[44]。

古典的現実主義と同様に、レジーム論は、より解釈理論的な認識論を、すなわち、意味は所与のものではなく、国際的なアクターの間主観的に共有された諸々の意味を通じて構成されるという認識論を提示する。このようにさまざまな観念や意味の社会的構築を強調することによって、ジェンダーと国際的な諸関係を論ずるための空間が創出されるように思われる。しかしながら、またしても、その空間は限定的なものである。ラギーとクラトチヴィルが論じているように、レジーム研究における支配的な分析様式は実証主義であり、実証主義は明示的な行動に焦点を据えるものであるために、明示的な行動につねに現れるとはかぎらない間主観的に共有された諸々の意味の影響力を理解することができないのである[45]。クレイグ・マーフィー（Craig Murphy）やロジャー・トゥーズ（Roger Tooze）が述べているように、「それ〔実証主義〕は、信念や価値そのものが、グローバル政治経済を構成する物質的諸構造と諸々のパワーと同じくらいに現実的なものであるという可能性を否定する[46]」のである。

同じように、レジーム論がおもに存在論的に関心を持っているのは、最も重要なアクターとしての国家である。その証拠に、例えば、「レジームは重要なものなのか」という問いについて定式化する際にスティーブン・ハガード（Stephan Haggard）とB・A・シモンズ（B. A. Simmons）は、「レジームは国家の行動に対する独立した影響力を有しているのか、もし有しているのであれば、それはどのようにして影響力を及ぼすのか[47]」と、問いを投げかけている。国際的な諸関係の諸構造へのこのような関心は、ジェンダーをめぐる問いを、国際関係論における探究として正当なものの範囲外に位置づけることによって、ジェンダーに関するいかなる分析も最終的に排除してしまうのである。

多元主義とジェンダー

現実主義とは対照的に、多元主義パラダイムは一見したところ、ジェンダーをめぐる理論化を行うにあたって非常に有益なものであるかのように思われる。このパースペクティヴから行われている大部分の研究作業――コヘーンとナイ (Joseph Nye) の初期の研究から、世界秩序モデル・プロジェクト (World Order Modelling Project, WOMP) を経て、バートン (John Burton) の世界社会パースペクティヴや、より一般的に言うところの、リベラル政治経済学者たちの研究作業にいたる――は、現実主義の、厳密に国家中心的な問題関心から距離を置くことによって、国際関係理論の視野を拡大しようとしてきた。新たなアクターを加えようとする研究者もいる一方で、現実主義によって提起されたものとは異なる価値や規範を組みこもうとする研究者もいる。

多元主義パラダイムにおいて現実主義からの最も劇的な離脱を試みた研究作業の一つは、世界社会パースペクティヴの試みであると言えよう[48]。世界社会パースペクティヴは、グローバル政治は現実主義者が提示する「ビリヤード・ボール」モデルに似たものであるというより、そこにおいて国際的な諸関係と諸々の交流の大部分がさまざまな非政府アクターの間で生じている「蜘蛛の巣 (cobweb)」に似たものであると、一九六〇年代後期にジョン・バートンが主張したことをもって創始されたものである[49]。さらに世界社会パースペクティヴは、国際関係理論における動機づけの原理、説明概念としてパワーは第一義的なものであるとの現実主義の前提に対して、根源的な挑戦を行うものであり、「パワーではなく、むしろ正統性こそが、政治学における基礎的な概念である[50]」と論じる。

このような見方に基づけば、戦争やテロリズム、軍拡競争、イデオロギー対立、飢餓といった国際政治をめぐる諸問題は、それ自体とは何ら明白な関連性を持っていないように思われる他の諸問題、例えば、アルコールや麻薬の濫用、強盗、人種紛争のような諸問題と共通の諸原因を持つものとして、ともに概念化されることになる。バートンによれば、あらゆる種類の紛争的諸関係の原因は、ヒューマン・ニーズの否定にある[51]。このような説明によれば、冷戦期における東西対立は、本質的にはアイデンティティの対立だったのであり、その場合、アメリカ合衆国とソ連はそれぞれ、自らのアイデンティティと文化を保持することに関心を抱いていたことになる。各々は、自らのアイデンティティを破壊するものとして他方を知覚する。こうしたベーシック・ヒューマン・ニーズの否定、あるいは、否定されているとの知覚ゆえに、結果として対立状況が生まれてくることになるのである[52]。

それゆえバートンは、こうした紛争は、共有され得ない物質的財や象徴をめぐって起こるものではなく、アイデンティティのような共有される諸目標や普遍的な諸目標をめぐって、起こるものなのであると論じる。紛争解決がめざすのは、稀少資源をめぐる紛争の観点から（バートンにとっては不適切にも）言い表されてしまう、さまざまな紛争の基底にある諸紛争を、明らかにすることである。紛争当事者は、当該紛争に関する「真の」理解が追求される問題解決的作業部会に集められる[53]。クリス・ブラウン（Chris Brown）がその特徴に関して述べているように、「問題解決的なアプローチが主張するのは、あらゆる紛争は、適切で、知に裏づけられた再定義と再認識によって調停され得るものであるということなのである[54]」。

世界社会パースペクティヴは、現実主義の、厳密に国家中心的な問題関心から距離を置くことによって、国際関係論における正当な研究〔として位置づけられる諸研究〕が行われる領域を拡大するに際して多くの貢献を行うとはいえ、その分析はひどく制限されている。このような説明は、紛争と不平等、権力の物質的諸基盤を実際に無視しているとともに、紛争は現実にある諸々の物質的不平等に起因するものではなく認知上の誤解に起因するものであると想定している点で、非歴史的なものである。そのような説明は、富やそれ以外の諸資源が世界全体において不均等に配分されるという点を、とりわけ出生国や人種、階級、ジェンダーに基づいて不均等に配分されるという点を認めていない。問題解決的作業部会がめざすのは、そのような諸々の構造的不平等を変容させることではなく、そうした構造的不平等を甘んじて受け入れるよう当事者に促すことなのである。

それにもかかわらず、国際関係理論の視野を広げることによってさまざまな非国家アクターや準国家アクターを包含するなかで、バートンは、ジェンダーと国際関係論に関して考察するために現実主義が開いたと言える存在論的空間よりも広い空間を、開いたように思われる。〔しかし〕このような印象もまた、人を誤らせるものである。というのも、世界社会パースペクティヴは、女性と国際関係論をめぐる一つの分析を発展させることができるとは言えようが、それ自体、まさしく非歴史的なパースペクティヴであるがゆえに、ジェンダーと国際関係論を論じるいかなる可能性も排除しているからである。バートンの問題解決的な問題設定においては他のいかなる利益集団も重要なものなので、女性は一つのカテゴリーとして、保証と再認をめぐる諸紛争の中に登場してくるかもしれない。この点でバートンの企図は、もしそれが女性に適用されるなら、リベラル・フェミニストの企図、すなわち、国際関係論に「女性を組み入れる」ための企図と何らかわらないものと化してしまうようなものなのである。しかしながら、紛争とヒューマン・ニーズに関するこのような、非歴史的で非物質的な理解の仕方は、リベラル・フェミニズムに固有の限界、すなわち、女性の抑圧における構造的な諸特性を分析することができないという限界と同じ限界にさいなまれている。バートンのアプローチは、不平等と紛争の構造的諸原因を無視しており、ブライアン・フェイ（Brian Fay）が述べているように、「あたかもあらゆる紛争は……社会的現実それ自体に内在する諸々の緊張関係と両立不可能性によって生じるのではなく、むしろ、社会的現実に関する誤解された観念によって生じるものであるかのように聞こえる(55)」のである。

このことは、世界社会パースペクティヴによって用いられている、正統性と権力政治との二分法を探究することによって明らかにされよう。このような見解に基づけば、権力政治は、国際的な行動の規範ではなく、「国内外の諸事象において正統性が失敗した結果もたらされる病理学的帰結(56)」を表現するものとなる。国際的な諸関係に関して現実主義が抱いている権力政治観を超えようとしつつも、同時に世界社会パースペクティヴは、力のあからさまな発現としてパワーを定義づける、視野の狭い現実主義の権力規定を再生産する役割を担っているにすぎないのである。このような見方では、正統化された諸関係はそれ自体、権力諸関係を隠蔽するのに役立つ場合があるという点が無視されてしまう。ロバート・コックスが述べているように、権力の行使は、強制と同意の不可欠な組み合わせを必然的にともなうのである(57)。特定の権力諸関係の執行は、力のあからさまな発現を通じて達成されるかもしれないが、さらに、

「……弱者が支配的な権力諸関係を正統なものとして受け入れているかぎりで、強者の支配を保証するために力が行使される必要はないだろう。強者が自らの任務をヘゲモニックなものとして、単なる支配や独裁ではないものとして見なすならば、つまり、強者が、自らのリーダーシップへの弱者の黙従を確保することになる譲歩を進んで行うならば、そして、強者が自らのリーダーシップを、自らの特殊な諸利益に役立つものとしてではなく、普遍的な、あるいは一般的な諸利益の観点から表明することができるならば、弱者は支配的な権力諸関係を正統なものとして受け入れるであろう(58)。」

正統性に対する諸個人の主観的な知覚にしかほとんど目を向けないことによって(59)、世界社会パースペクティヴは、正統性に対する構造的諸制約や、不平等と権力、そして抑圧を構成する物質的諸要素を理解することができない。このように、国際的な諸関係を構成する諸相において活動するアクターと見なすことで、女性について理論化することはできようが、ジェンダーの規定に固有の構造的諸特性を論じることはできないのである。

国際関係論における多元主義アプローチの第二のものは、ＷＯＭＰのアプローチである。リチャード・フォーク（Richard Falk）は、現実主義と新現実主義の根本的な欠点として以下の三つを挙げている。その欠点とはすなわち、人口増加や工業発展、暴力技術のような諸現象が、国際的な諸関係の領域に対して重要な意味のある違いをもたらすことを認めることができない点、現実主義と新現実主義が孕む国家主義（statism）が、こうした諸変化によって過去のものとなっていることを受け入れることができない点、そして、希望の真の拠り所を明らかにするいかなる規範的な立場も発展させることができない点の三つである(60)。フォークによれば、〔現実主義や新現実主義とは〕対照的に、ＷＯＭＰは一九六八年以来、追求されるべき諸目標を明示する、明らかに規範的な、国際的な諸関係の研究への一つの新しいアプローチを発展させてきた。それは、未来指向的で、諸々の代替的な世界秩序についての観念を発展させる試みであり、国家主義に反対するものという意味でシステム的な試みであり、政治学・経済学・社会学などを含んだ学際的な試みである(61)。

ＷＯＭＰは、国家システムの根本的な再構造化を示唆するものではないし、漸進的修正といった考えを示すものでもない(62)。むしろＷＯＭＰは、変革が起きるために最初に変革されなければならないのは、当該世界に関して人々が抱いている諸々の観念と価値であるとの理解に基づいて、現在のわれわれの世界秩序を評価し、将来の世界秩序を創造するにあたっての基礎として役立つであろう一連の諸価値を提供する(63)。世界秩序の五つの価値

――経済的公平、社会正義、生態系のバランス、政治的参加、平和――は、WOMPの研究作業の大部分を導いている(64)。しかしながら、世界社会パースペクティヴと同様にWOMPは、数々の争点をめぐる人々の観念にもな関心を向けており、不平等の構造的諸原因や、政治的行為に対する現実の物質的諸制約にも、そして歴史にも、分析的な焦点を据えていない(65)。この点でWOMPもまた、国際的な諸関係をめぐるジェンダー化された分析を行うにあたって特に有用な出発点ではないのである。

それゆえ、おそらく皮肉なことに、現実主義の内部にはジェンダーを論じることができる余地が存在しないのと同様に、多元主義の内部にもジェンダーを論じることができる余地は存在しないということが、この時点で示されることになるのである。現実主義には、エージェンシーをめぐる諸問題を論じることができるその能力の面で限界があるのと同様に、多元主義は、社会的・政治的な諸構造を理論化することができない。多元主義は、諸個人や諸々のアクターにのみ目を向けるなかで、国際的な諸関係に関するフェミニズム的な説明を発展させるにあたって中心的なものとなる、権力と不平等の構造的な諸特性を無視してしまうがゆえに、それらの構造を理論化することができないと言えるのである。

批判理論的な国際関係論とジェンダー

私は、ただ単に、国際的な諸関係の研究への最近のアプローチであるからだけではなく、その研究の大部分が、ジェンダー化された分析を国際関係論に組み入れるうえで最も有望なものであるがゆえに、批判理論〔を考察する作業〕を最後にまわすことにした。批判理論的な国際関係理論は、その最善の状態において、最も有望な研究作業であると言える。というのも、現実主義と多元主義の双方においてこれまでわれわれが目にしてきたように、〔構造とエージェンシーのどちらか〕一方を他方に対して優越するものとして扱うのではなく、むしろ、批判理論的な国際関係理論は、構造とエージェンシーとの連節を理論化しようとするからである。マーク・ホフマン（Mark Hoffman）が述べているように、批判理論的な国際関係理論は、支配的な秩序から離れたところに立ち、当該秩序はどのようにして生じてきたものなのかを問う。批判理論的な国際関係理論は、歴史の理論を必然的にともない、社会的かつ政治的な諸制度の諸々の起源や正統性を問題化するとともに、社会的かつ政治的な複合体を一つの全体として熟考する(66)。明らかに、このような見方は、ここで概説されるジェンダーと国際関係論の企図をほぼ正確に再現するものであり、双方とも、歴史的可変性と権力、および、意味の社会的構築に関して理論化しようとするものである。

現在における批判理論的な国際関係論の大部分は、ポストモダニズム的なパースペクティヴから行われており、その関心は、マイケル・J・シャピロ（Michael J. Shapiro）やジェイムス・デア・デリアンが評しているように、一般的に受容されている著者や諸々のテクスト、あるいは概念を「当たり前でないものにする」か、「自然に受け入れてしまわないようにする」ことにある。彼らが述べているように、「ある過程や、あるパースペクティヴ、あるいは概念、あるいは、ある事実は、どのようにして社会的に構築されるのかを示すにあたっての第一歩は、それを遠ざけ、それを当たり前でないものにさせることである(67)」。ポストモダニズムの研究者たちは、とりわけ、古い歴史を持つがゆえに尊重されている次のような主張にこれまで挑戦してきた。すなわち、現実主義の伝統とは、トゥキュディデスにまで遡り、トーマス・ホッブス（Thomas Hobbes）やマキャヴェリ（Machiavelli）、カー、モーゲンソー、ウォルツその他を含む、長く由緒ある伝統のことであるとの主張に挑戦してきたのである。国際関係論における古典的な諸テクストを読みかえる最近の批判理論的な作業には、そのような伝統は存在していないと示唆するものもあるし、「古典」は現代の現実主義や新現実主義を批判する際の一つの源泉としてさえも役立つと論じるものもある[68]。

例えばダニエル・ガルスト（Daniel Garst）は、トゥキュディデスの『戦史』（*Peloponnesian War*）を最初の偉大な現実主義的研究と見なす伝統的な解釈は間違った方向に導かれたものであり、むしろ、国際的な諸関係に関する批判理論の始まりを記すものであると論じる[69]。ガルストはトゥキュディデスという人物を、数々の利害がそれらを通じて表出される言語や諸実践に関心を抱き、諸々の規範や協定は時間とともに衰微していくものなのかどうかという問題に関心を抱いていた人物として描きだす[70]。さまざまなアクターによる歴史の形成に関心を持っていた人物こそ他でもない、トゥキュディデスという人物なのである。

「トゥキュディデスは、諸個人によって行われる慎重に考えられた諸選択を強調し、そうした諸選択と歴史を構成する諸事件との密接な関係性を強調する。トゥキュディデスは、諸個人が制御できない諸力によって操られるものとして、諸々の歴史的人物を見なさずに、諸事件の意識的な創始者と見なす[71]。」

同様に、アテネのパワーは、アテネが有する諸々の物質的な能力に依存するだけではなく、生活様式を擁護し、他の都市国家の同意を確保するその能力にも依存すると考えていた人物こそ他でもない、トゥキュディデスという人物なのである。パワーとヘゲモニーはそれ自体、条件的なものであり、何らかの形態の活動に依存している。つまり、パワーとヘゲモニーとは「偶発的で、あらかじめ方向の定まっていない過程[72]」なのである。そういうわけで、歴史的可変性や意味の社会的構築、そしてヘゲモニックなパワーという考え方に関心を抱いていた人物こそ他でもない、トゥキュディデスという人物なのである。

批判理論的な国際関係理論の理論家たちは、マキャヴェリをめぐる伝統的な解釈にもこれまで焦点を据えてきた。ロバート・ギルピンはマキャヴェリの名を、(トゥキュディデスとE・H・カーとともに)三人の偉大な現実主義著述家のうちの一人として挙げるし、アレックス・ハイベル(Alex Hybel)とトーマス・ジェイコブセン(Thomas Jacobsen)は、「彼の名は、日常的な道徳的熟慮に対する国家理性の第一義性を示すために賞賛や説諭を喚起する『レアル・ポリティーク』という考え方と、同義のものである」と述べている(73)。対照的に、R・B・J・ウォーカー(R. B. J. Walker)は、マキャヴェリはトゥキュディデスと同様に、政治的行為の歴史性に敏感な解釈理論家の一人であると論じる。ウォーカーによれば、マキャヴェリの課題とは、彼がその中で著述を行っている歴史的に特殊な諸状況を理解し、キリスト教的普遍主義によって支配されていた時代において政治的コミュニティの新しい形態である都市国家が出現するというコンテクストの中で、政治的行為を理解することであった(74)。マキャヴェリの作業はキリスト教的普遍を、国際的な諸関係の場合には現実主義的普遍に取りかえようとするモダニズム的な企図の一部であったと論じることは、ウォーカーにとっては、マキャヴェリの作業の不適切な操作に他ならない。

「というのも、皮肉なことにマキャヴェリは、彼の時代の静的な普遍が孕む普遍主義に異議を唱え、しかも、人間存在が時間に依存していることを根拠にそのような普遍主義に異議を唱えた一方で、マキャヴェリ的コミュニティたる国家それ自体が静的な普遍になってしまった、つまり、顕在的流転の世界の中で権力と正統性を主張する近代の英雄たちによってその世界がその場から支配される、固定点となってしまったのである(75)。」

ポストモダニズム的な国際関係論の中には、それこそ国際関係論の主流がこれまで構築されてきた仕方であったがゆえに、伝統的な国際関係理論の中で論争や対話がこれまでどのようにして排除されてきたのかに関心を抱く研究作業も存在する。このアプローチは、伝統的な国際関係理論を通じて創出されたその言説や、結果としてもたらされる諸実践に関心をよせる。例えば、ブラッドレイ・クライン（Bradley Klein）は、国家を強調し、〔中心的権威の不在という意味で〕アナーキー的な領域をより安全な場にするにあたって組織的暴力が担う役割を強調する戦略研究の分野において、こうした諸前提を共有しているとは言いきれない平和研究者によって提起される諸々の問いは、単に無意味なものであると論じる。代替的な諸見解を提起することさえも、その可能性は効果的に排除されているのである(76)。同じことは、主権性をめぐる諸前提や、国際関係論におけるアナーキーという問題設定をめぐる諸前提に関しても言えることである。国内政治にとって適切な問いは国際政治にとっては適切なものではないとの想定の下に、それらの前提は、国内政治と国際政治との境界を確定する。このように、倫理をめぐる問いを提起する可能性や、政治をめぐる問いを提起する可能性さえも、国際関係理論においてあらかじめ排除されるのである(77)。

国際関係理論におけるこうしたポストモダンの理論家たちは、明らかに、これまでのところで論じられてきた、国際的な諸関係に関するジェンダー化された説明にとって最も快適な空間を提供する。国際関係理論におけるポストモダンの理論家たちは、国際的な諸関係に関して理論化するにあたって中心的なものとして、歴史的可変性や権力、意味の社会的構築を挙げる。しかしながら、このような歓迎的な態度を見せているにもかかわらず、こうした特殊な批判理論的研究をフェミニズムが自らのものにするには、多くの限界が存在する。主として、こうした特殊な批判理論的研究は、第一章でフェミニスト・ポストモダニズムに対してなされた批判の多くにさらされている。例えば、リチャード・アシュレイの後期の研究は、政治的無気力のかどで、あるいは、自らの分析から生じるさまざまな評価を表現することができないという意図的な中立性のかどで、非難されてきた(78)。ラマシュレイ・ロイ（Ramashray Roy）が述べているように、

「もし歴史が、このように理解されなければならないというのであれば、ある特定の支配の構造が適切なものであるか、あるいは不適切なものであるかをわれわれはどのようにして判断すればよいのだろうか。そもそもそのような、一つの支配に次の支配が続く非情な過程は、価値判断と評価のいかなる規準ももたらすことができない(79)。」

現に、伝統的な国際関係理論が、異なる種類の諸々の問いを排除するのはどのようにしてなのかを明らかにする多くの分析は、われわれがこのような敗北のサイクルから離脱することができる方法を示すことができていないように思われる。例えば、主権性に関するロブ・ウォーカーの業績は、主権性をめぐる諸前提がいったん侵食されたならば、厳密に規制されてきた論争の在り方から離脱する動きが生じてくる可能性を明示することができない点で、究極的には絶望的なものである(80)。彼は、国家主権の原則は挑戦されなければならないと論じるが、このような挑戦がなされる仕方に関しては、いかなる理解もわれわれに示さない。事実、ウォーカーの説明によれば、国家主権の論理は人を動かさずにはおかないようなものなので、解決を見ることは不可能なものとなる。ウォーカーが述べているように、「われわれの眼前にあるディレンマは非常に明白なものであるが、解決不可能なものであるように思われる(81)」のである。

ポストモダニズムが開いたのと同じような、フェミニズム分析がなされる空間を開きつつも、ポストモダニズムが抱える多くの政治的な問題を回避している二つの研究の方向が存在する。第一の研究の方向は、クレイグ・マーフィーやロジャー・トゥーズ、スティーブン・ギル、そしてロバート・コックスといった、グラムシ的、あるいは史的唯物論的伝統の一員として研究を行っている国際政治経済学の研究者たちによるものである。第二の研究の方向は、マーク・ニューフェルド (Mark Neufeld) のメタ理論的研究を含むものである。彼らの研究をここで簡単に概観することにしよう。

クレイグ・マーフィーとロジャー・トゥーズは、たとえ正統な分析が国際政治経済学に対する学術的な貢献の大多数をこれまで構成してきたにせよ、異端的な分析もまた「興隆を極め」てきたと述べている[82]。これは部分的には、明らかに国際関係論という学問領域に対する批判となって、国際政治経済学が一九七〇年代初頭に再び現れたことを指していると言ってもよいであろう。国際政治経済学が展開する批判の大部分は、伝統的な国際関係理論における中心的諸潮流から大きく逸れてはこなかったが、この初期の批判的な姿勢は、ロバート・コックスが「批判理論」と呼んだものや、スティーブン・ギルが史的唯物論と呼んだもの、そして、マーフィーとトゥーズが「新たな」国際政治経済学と呼んだものを含む多様なパースペクティヴに対して、より開かれた態度をとることを可能にしてきた[83]。現に、女性とジェンダー諸関係を考察する章を含めようとしてきたのは他でもない、国際政治経済学のアンソロジーだったのである[84]。

国際政治経済学におけるこうした「批判理論」的なアプローチを定義づけることは容易な作業ではないが、これら「批判理論」的なアプローチが共有しているのは、国際政治経済学の「伝統的な問い」に対する拒絶である。つまり、貿易と開かれた貿易システムの管理をめぐる伝統的な諸々の問いは、問われるべき唯一の問いではないし、第一義的な問いでもないのである。同様に、こうした「批判理論」的なアプローチは、政治と経済の分離を拒絶する。つまり、こうした「批判理論」的なアプローチは、歴史的特殊性にねらいを定め、正統な、あるいは実証主義的な国際政治経済学の認識論的かつ存在論的な基盤に対峙し、これについて考察を加えるのである[85]。スティーブン・ギルが述べているように、

「……グローバル政治経済の裕福な中核における支配的な諸分子と結びついた視点から、システム的秩序や管

理を優先させる（アメリカにおける）研究の大部分に見受けられる傾向性とは対照的に、史的唯物論的なパースペクティヴは、ある特定の歴史的状況を弁証法的に評価するに際して、当該システムを上から下へと見るだけでなく、下から上へと目を向けもする。その場合、関心が向けられるのは運動に対してであって、管理に対してではない[86]。」

もちろん、ここで重要な点は、「批判理論」的な国際政治経済学の研究者たちが行う作業が、ジェンダーをめぐる議論を排除するものではないということである。しかしながら、こうした作業においてさえも、次のような問いがいまだ残されたままである。それはすなわち、その内部でフェミニズム分析が発展させられる可能性がある、重要な、知的かつ政治的な空間を提供しているにもかかわらず、こうした〔ジェンダーの〕諸関係に関する持続的な分析をそれ自体が提示していないのはなぜなのかという問いである。何らかの持続的な仕方でジェンダーをこれまで論じてきた「批判理論」的な国際関係理論の理論家がほとんどいないという事実は、「批判理論」的な国際関係理論に対してなされ得る批判としては、最も強くこれを断罪するものである[87]。ナンシー・フレーザー（Nancy Fraser）が述べているように、「批判理論」とは「その時代のさまざまな闘争と願望の自己明確化である」としたマルクスの規定は、ジェンダーを取りあげて論ずることを積極的に要求している[88]。もし、われわれの時代において最も重要な諸闘争のうちの一つが女性をめぐる闘争であるならば、そして私は、〔実際に〕そうであることを主張しようと思うのだが、その場合「批判理論」的な国際関係論は、ジェンダーに関する分析を展開することができて初めてその名に値するものとなるのである。

このように、ジェンダーに関する分析が不在であることの原因は、この研究の最大の強みにあり、またその最大の弱みにもあることになる。つまり、この章で述べてきたように、「批判理論」的な国際政治経済学がジェンダーに関する分析を提起することがこれまでできなかったのは、その最も洗練された形態においてでさえも、生産・労働・交換・分配をめぐる諸問題のみを強調する傾向が多分に見受けられてきたからである。言い換えれば、国際政治経済学においては、そして事実、より一般的に国際関係論においては、観念とイデオロギーに目を向けない傾向が見受けられるのである(89)。このことは、国家やそれ以外の制度的アクターの諸活動を考察する、国際政治経済学の伝統的なアプローチに関して言えることだったが、観念という概念を特別扱いにしていると自称する諸々のアプローチについても言えることなのである。例えばロバート・コックスは、自らの理論的作業において観念が有する重要性を一貫して強調してきたが、自らの経験的な作業においては、いっそう直接的な階級分析に後退したままである。マーク・ラフェイ (Mark Laffey) が述べているように、

「コックスと彼の同僚は、社会的諸主体が自分自身を理解し、自分と社会的諸構造との諸々の関係性を理解する仕方を、自分たちの分析の中に適切に組みこむことができない。こうした諸構造は、諸々の間主観的な理解の仕方によって形成される社会的諸実践を構成し、翻って、社会的諸実践によって構成されるということを、自分たちの分析の中に適切に組みこむことができないのである(90)。」

しかしながら、まさに、こうした諸々の社会的実践と自己理解こそが、ジェンダーに関するいかなる説明においても中心的なものなのである。ジェンダーに関する分析のこのような不在を正すものは、「批判理論」的かつフェミニズム的な国際関係論に見出される。マーク・ニューフェルドが述べているように、

「人間によって紡がれる『意味の網』は、人間行動の性質を規定するうえで根元的なものである。というの

も、その『意味の網』こそが、社会的世界において観察される諸々の行動上の規則性を、実際にそうであるようなものに――人間の実践に――させるのであり、そうした行動上の規則性を、自然的世界において観察される、人間のものではない規則性から区別するのである。そして、解釈理論家らが強く主張しているように、『意味の網』がそのようなものであるからこそ、人間が従事している諸実践は、『意味の網』から分離された状態では研究し得ないものなのである。『意味の網』は、それら諸実践の中に埋めこまれており、それらの実践を通じて例示されるが、根元的な意味でそれらを構成しているのである(91)。」

観念とイデオロギーに関する、より綿密な分析がなければ、これまでのところで論じてきたようなジェンダーという考え方を、「批判理論」的な国際政治経済学における現行の研究作業の中に組み入れることはできない。なぜなら、ジェンダーは物質的なレベルに存在するだけでなく、観念や制度のレベルにも存在するからである。このような分析を発展させるなかでこそ、国際政治経済学、そして、より一般的には「批判理論」的な国際関係論は、ジェンダーとジェンダー諸関係に関する分析を排除しつづける諸分析から離脱することになるのである。

結び

この章では、伝統的な国際関係理論の中には、フェミニズム国際関係理論の発展に資するような空間が存在するのかどうかという問題を考察してきた。歴史的可変性や意味の社会的構築、そして権力を論じる能力を含めて、ジェンダーの問題を受け入れることができるために必要な多くの特性を考察したのである。北米の国際関係研究においてヘゲモニックなアプローチである現実主義の中にさえ、ジェンダーに敏感な分析に役立ついくつかの余地がある。モーゲンソーやカー、現代の覇権安定論、レジーム論の大部分の議論は、このようなアプローチを包含することができるものであると言えよう。それら各々は、意味は社会的に構築され得るという点を論じており、歴史的可変性に関心を抱いている。しかしながら、最終的にはそれら各々は、諸国家や政治家(*statesmen*)に存在論的に傾倒してしまっており、その結果フェミニズム分析は、これまでのところ排除されているのである。

多元主義アプローチもまた、ジェンダーに敏感なフェミニズム国際関係理論を位置づけるにはふさわしくない場となっている。これは、多元主義アプローチが概して非歴史的であり、変化を説明することができないことによる。多元主義アプローチにおける権力の考え方は、リベラル・フェミニズムと同じ限界にさいなまれている。国際関係理論に対する多元主義アプローチは国際的な諸関係に「女性を組み入れる」ことはできると言えようが、ジェンダーなるものによって提起される、より挑戦的な形態の問題化を国際関係論のアプローチに組み入れることができない。

ジェンダーに敏感なフェミニズム国際関係理論を位置づけるうえでおそらく最も快適な場は、「批判理論」的な国際関係理論と近年の国際政治経済学研究であろう。多くの限界が例証されたが、「批判理論」的な国際関係論とフェミニズム国際関係論との関係性は相互に影響しあうものであり得るし、相互に影響しあうべきである。「批判理論」的な国際関係理論は、現時点のところでは十分な発展を見ているとは言えないが、フェミニズム理論の中には「批判理論」的な国際関係理論が引きだすことのできる多くのものが存在する。ジェイン・ジェンソンが述べているように、「女性は作られたものであって生まれたものではない」というフェミニズムの洞察は、「ジェンダー諸関係の社会的構築に関して考えるよう、われわれに要求するだけでなく、あらゆる社会的諸関係が構築される仕方に関しても考えるよう、われわれに要求する[92]」のである。フェミニズム分析によって示される、意味の社会的構築に関する考察は、国際組織や軍国主義、国家システムなどといった伝統的な国際関係論のさまざまな関心事に適用され得るものである。この章で論じたような諸問題を抱えているにもかかわらず、「批判理論」的な国際関係論は、国際的な諸関係においてフェミニズム的な諸々の問いを提起するにあたって最も適切な場を提供してくれる。それゆえ、国際関係理論の「次なる段階」は、単に『批判理論』的な」ものではなく、「批判理論」的であるとともにフェミニズム的でもあるものとなるだろう。

第三章　ジェンダーと国際組織

先の二つの章では、ジェンダーに敏感な国際関係理論が構築され得るのはいかなる道を通じてかを考察した。フェミニズム理論と国際関係理論の双方の強みと弱みが検証されてきたのであり、そして限界があるとはいえ、フェミニズム理論と国際関係理論の各々の内部には、このような分析を許容するだけの余地が少なからずあるということが論じられてきたのである。この章の目的は、ここで提起されるフェミニズム国際関係理論を、より完全に記述するとともに、ジェンダーと国際的な諸関係に関する研究を、国際組織に関する、より特殊な研究の中に位置づけることである。

社会的諸関係としてのジェンダー

これまでのところ、ジェンダーに関してはさまざまな議論がなされてきたが、まずここでは、国際組織に関する考察へと進む前に、こうした議論を概観し総合することが有益であろう。そもそも、これまでの議論を通じて論じられてきたこととは、ジェンダーに敏感なフェミニズム国際関係理論は、国際的な諸実践の中に広範に見受けられるジェンダー・バイアス〔巻末訳注＊4を参照〕を描きだすことだけに関心を抱いているのではないということであった。つまり、ジェンダーに敏感なフェミニズム国際関係理論は、国際的な諸関係の諸活動において女性が不平等な地位に置かれており、女性としての立場がほとんど代表されていないということや、女性がどの程度特定の諸圏域に追いやられてきたのかを記述することだけに関心を抱いているのではないのである。むしろフェミニズム国際関係理論は、そのようなジェンダー・バイアスを支えてきた諸々の観念や実践をも、そして、女性と男性が日々をすごしている諸生活において、そうした諸々の観念や実践がもたらす諸効果をも問題にするのだ(1)。

さらに、これまで論じてきたのは、ジェンダーに敏感な国際関係理論は少なくとも以下の三つの変数を論じることができなければならないということであった。その変数とはすなわち、観念と意味の社会的構築、歴史的可変性、そして権力の三つである。ジェンダー諸関係は、諸々の行為者の諸活動と、それら行為者が創りだした諸制度によって構成されるのであり、ジェンダー諸関係はそれ自体、変化の過程にさらされている。言い換えれば、ジェンダー諸関係は、歴史的に変化するのである。しかも、ジェンダー諸関係はこれまで、不平等な諸関係でありつづけてきた。現在までのところジェンダー諸関係は、男女間での従属と支配の諸関係を意味しているのである。最後に、ジェンダー諸関係の存在と変容の諸条件は、現行の権力諸関係と変化していく権力諸関係に、つまり、社会的行為の現行の諸形態や新たな諸形態を生じさせる物質的な諸条件に依存しているのである。

こうした論点のすべてが示唆していることは、ジェンダーという概念は社会的諸関係に関する分析の中に位置づけられるものであり、そうした分析は多様な方法を通じて発展されるということなのである。一方では、ジェンダーは、一つの社会関係である。その場合ジェンダーは、その現実の諸条件を指し示す概念であるとともに、女性と男性の間の諸関係に関する特定の理解の仕方や、社会や労働力において女性と男性が担うにふさわしい諸々の役割に関する特定の理解の仕方、さらには、女性であることとは何か、あるいは男性であることとは何かについての特定の理解の仕方さえ、指し示す概念である。それゆえ、ジェンダーに関して語ることが実質的に意味していることとは、このような特定の社会的諸関係にわれわれは関心を抱いているということなのである。

しかしながらジェンダーは、社会的諸関係を通じて構成されるものでもある。なぜなら、社会的諸関係や諸闘争を通じてのみ、ジェンダーに関する諸々の理解の仕方が生みだされ発見されるからである。つまりわれわれは、社会的諸関係を通じてのみ、ジェンダーとは何か、ジェンダーとはどのようにして存在するものなのかを理解するのである。この点に関してジェーン・フラックス（Jane Flax）は、次のように述べている。

『ジェンダー諸関係』は、社会的諸過程の複合体を把握するための一つのカテゴリーである。一つの分析的なカテゴリーであるとともに一つの社会過程でもあるジェンダーは、関係的なものである。つまり、ジェンダー諸関係とは、互いに相関しあう部分によって構成されるとともに、それらの部分を通じて構成される複合的かつ不安定な諸過程（あるいは、弁証法的に言えば、時々刻々変化する諸々の全体性）なのである。これらの部分は、相互依存的なものである。すなわち、各々の部分は、他の諸部分なくしてはいかなる意味も持てないか、あるいは存在できないものなのである(2)。」

したがって、ジェンダーは一つの社会関係であるが、ジェンダーが一つの社会関係として理解され得るのは、複合的な方法を通じてのみなのである。ジェンダーとは、そのような諸々の関係性の内容と、そうした諸々の関係性が構成される仕方との双方に言及する概念なのである。そのうえ、他方なくして一方を語ることはできない。というのも、双方とも、分離されては意味をなさないものであるからだ。

このように理解すると、ジェンダーについての諸々の意味は、相関的な関係性の中にあるさまざまな行為者が行う諸実践や諸闘争を通じて、そして、それら行為者を取り巻く諸制度を通じて維持され、競合しあうということになる。それゆえ、ジェンダーとはどのような関係のことであるのかというその内容には、いかなる静態的な方法によっても到達できないことになる。むしろ、現実の歴史的な諸状況の中で作動している、現実の生きた人間が行う諸活動を通じてこそ、ジェンダーなる関係性がどのようなものなのかに到達できるのである。こうした人々は、諸々の日常生活におけるありきたりの慣行（routines）となっているものに従事しているかもしれないし、他方では、劇的で、たいへんな努力を要する諸々の政治闘争に従事しているかもしれない。

ジェンダーがどのように見えるかは、伝統的な核家族における日常的な諸々のしきたりから、単親（single parent）

が行う個人的な闘争を通じた学校や職場での諸活動、そして、より平等主義的な諸政策を国家が採用するよう求める、性差別主義に反対する示威行動に取り組んでいる女性や男性までの、広範かつ多様な活動に起因するものである。さらに、このような諸々の経験は、関連する人々ごとに異なるものであり、また、いかなる場で、いかなる諸状況の下でそうした経験がなされるかによっても異なるものである。それゆえ、例えば、ジェンダーが構成され維持される仕方は、カナダで働いている「外国人の家事使用人」にとってと、クウェートやイタリア、あるいはフランスで働いている「外国人の家事使用人」にとってとは異なるものとなるのである(3)。また、政治運動や単親であること、家族、職場、学校での諸経験や、それらがもたらす諸効果は、歴史的・文化的・人種的・階級的な諸々のコンテクストに応じてかなり異なるものとなるのである。

ジェンダーは、国家やその多数の付属機関が打ちだす諸政策によっても塑形されるとともに、諸々の国際制度が提示する諸政策によっても塑形される。こうした諸活動はすべて、特定の物質的諸条件の内部で生じるがゆえに、ジェンダーに付与されるさまざまな特定の意味は、こうした諸状況にかなり依存するものなのである。人種、階級、文化、性的指向——および、それら各々を取り巻く有力な諸想定——は、ジェンダーがどのように理解されるかに根源的な影響を及ぼし、こうした諸々の場のすべてにおけるジェンダーの理解の仕方を再生産することに結びついた諸実践や、そのような理解の仕方に挑戦することと結びついた諸実践に、根源的な影響を及ぼすのである。

どの活動に目を向けるべきかを理解することを左右することになるのは、少なくとも部分的には、考察の対象となっている特定の歴史的諸状況の性格に対する敏感さであり、そして、その歴史的諸状況が相対的な安定の時期にあるのか、あるいは流動的な時期にあるのかどうかである。先の章で行われた、国際関係論の諸々のパラダイムに関する議論においてと全く同様に、ジェンダーに関するいくつかの意味は特定の時期にはヘゲモニックなものかもしれないが、論争や危機の時期においては、そのようなヘゲモニックな理解の仕方は問題化され、よりいっそう挑戦を受けるようになっていく。つまり、論争や危機は、ジェンダーをめぐってこれまで共有されていた合意が解体しはじめる物質的あるいは制度的な契機なのである。そうした契機においては、ヘゲモニックな理解の仕方を規定しなおしたり再構築したりする諸々の可能性が存在する(4)。たとえ挑戦されない場合でも、危機の時期においては、しばしば、それまで明白なものではなかったものが明らかにされ、支配の諸関係が暴露され、変革を切に望む人々に諸々の選択が示される(5)。

そのようなわけで、われわれは、危機の時期にあっては、ジェンダーをめぐる支配的な諸想定に対する闘争に従事している人々の諸活動を考察することに、より多くの関心を向けることになるだろう。それに対して、安定の時期においては、いかなるものであれ、常態化された慣行に従っている人々の諸活動を考察することに、より多くの関心を向けることになるだろう。ジェンダーを理解するためには、こうした諸活動と、それら諸活動を取り巻く特殊で可変的な歴史的諸状況を詳細に描きださなければならない。ジェンダーと国際的な諸関係を考えるにあたっては、こうした偶発性のすべてが考慮に入れられなければならないのである。

構造とエージェンシー

これまでのところで論じてきたように、ジェンダーに敏感な国際関係理論は、フィリップ・アブラム（Philip Abrams）が「人間のエージェンシー」〔巻末訳注＊3を参照〕をめぐるパラドックス」と評するものに取り組もうと試みる。彼は次のように述べている。

「エージェンシーの問題とは、歴史と社会は、多かれ少なかれ目的を持った不断の個人的行為によって形成されるということと、目的を持った行為であるとはいえ、個人的行為は歴史と社会によって形成されるということが同時に認められる、しかも、一方が他方よりも優越するものとして扱われることなく認められる、人間の経験を説明する方法を発見する問題のことなのである。一方では、諸々の客体からなる世界が、言わば、われわれを自らの客体にしてしまう主体となるにもかかわらず、他方ではわれわれが、積極的な主体として、諸々の客体からなる世界を形成するのは、どのようにしてなのだろうか(6)」

構造とエージェンシーとのこのような緊張関係は、重要なものである。なぜなら、構造とエージェンシーとのこうした緊張関係は、人間のエージェンシーは全面的に決定されているわけでもなければ完全に自由でもないという点を強調するからである。一つの関係であるとともに、諸関係を通じて構成されるものとしてジェンダーを理解することによって、このような緊張関係を強調することができよう。ジェンダーとは何かというその内容は、特定の諸構造の内部での意味の日常的な再生産と、特定の諸構造に抗して意味を変化させようとする諸闘争の双方を通じて生みだされるものとして、つねに理解されるであろう。

これまでの章で、フェミニズム理論や国際関係理論に対して行ってきた批判のいくつかは、構造とエージェンシーとのこのような緊張関係に関連するものである。リベラル・フェミニストやラディカル・フェミニスト、現実主義者、そして多元主義者らは、エージェンシーか構造のどちらか一方を優越するものとして扱うことによって、構造とエージェンシーが相互に構成しあう点を無視してしまう(7)。ラディカル・フェミニストや現実主義者のように、エージェンシーよりも構造を優越するものとして扱う人々は、変化を説明することができない。なぜなら、そのような人々は、行動を説明するにあたって、前もって確定された諸々のカテゴリーに依存しているからである。また、リベラル・フェミニストや多元主義者のように、構造よりもエージェンシーを優越するものとして扱う人々は、確かに変化を説明するかもしれないが、権力諸関係、すなわち、諸々のエージェントを制約するとともに促進させもする社会的かつ政治的な諸構造に関するいかなる分析も犠牲にしたうえで、変化を説明しているにすぎないのである。

「批判理論」的な〔巻末訳注＊1を参照〕フェミニズム国際関係理論は、構造とエージェンシーとのこのような緊張関係に取り組まなければならない。なぜならこの理論は、その内部で諸々のエージェントが活動している構造化された不平等性に関心を有するものだからである。さらに、「批判理論」的なフェミニズム国際関係理論は、ジェンダー化されたエージェントとしての諸々のエージェントが、自らが直面する諸構造を創りだすとともに、それらの構造によって創りだされる仕方にも注意を払う。女性と男性は、自分たちが行う諸行為を通じてジェンダー諸関係の構成に寄与するだけでなく、彼／彼女らが行う諸行為もまたジェンダー諸関係によって形成されるのである。社会において女性と男性が担うにふさわしい諸々の役割や、労働力において女性と男性が占める地位、そして、男らしさとは何か、女らしさとは何かをめぐる諸想定のすべてが、特定の女性や男性たちが行う諸実践を形成する。しかしながら、個人が行う諸実践であれ、諸々の社会運動における諸実践であれ、諸制度を通じた諸実践であれ、こうした実践は、ジェンダーをめぐる特定の諸想定を再生産する役割を担うこともあるし、そのような想定に挑戦する役割を担うこともある。さらに、こうした諸活動のすべては、〔いかなる諸条件もない〕真空の中で生じるのではなく、特定の歴史的かつ物質的な諸条件の中につねに存在する。ジェンダー諸関係が意味をなすのは、ただ、こうした要素のすべてがともに考慮されなければならないということを、われわれが忘れずにいる場合のみなのである。

観念、物質的条件、制度

いまだに問われつづけている最も重要な問いは、ジェンダーをめぐるこうした諸実践や諸闘争をわれわれはどのように記述し分析するのか、そして、どのようにしてわれわれは、このような記述・分析を国際的な諸関係に適用するのかという問いである。ここでのわれわれの関心は、先に述べた、ジェンダーに関する概念的な理解の仕方を、特定の諸現象、すなわち、多国間諸制度の一般的性格と多国間諸制度の特定の事例に関する研究に結びつけるために、いくつかの分析道具を発展させることにある。

こうした問題の双方を解決する一つの方策は、ロバート・コックス（Robert Cox）が「行為の枠組み、あるいは歴史的構造」として描きだしたものを発展させ、修正することである。コックスは次のように述べている。

「最も抽象的に言えば、行為の枠組み、あるいは歴史的構造という概念は、諸力の特定の配置を描きだしたものである。この配置は、いかなる直接的で機械的な意味でも諸行為を決定するものではないが、それら諸行為に圧力や制約を課すものである。諸個人や諸集団は、諸々の圧力に従って行動するかもしれないし、そうした圧力に抵抗したり反対したりするかもしれないが、諸個人や諸集団はそのような圧力を無視することができない。諸個人や諸集団が自らの諸行為を、代替的な、現出しつつある諸力の新しい配置である対抗構造によって支えている程度に応じて、それらの個人や集団は、支配的な歴史的構造にうまく抵抗することができるのである(8)。」

コックスが述べているように、諸力のこのような見取り図、あるいは配置は、限界のある全体性である。それは、世界全体を表現しているのではなく、「むしろ、その歴史的に位置づけられた全体性における人間活動の特定の圏域(9)」を表現しているのである。

コックスにとって歴史的構造は、物質的条件、観念、制度という諸力の三つのカテゴリーから構成されている。それら三つのカテゴリーの各々は自らの構造を創造するとともに、自らの構造の内部での変化の諸々の可能性を創りだす。ここでわれわれが行おうとしていることはジェンダーに敏感な国際関係理論を発展させることであるがゆえに、われわれは、ジェンダー諸関係に特に留意しながらそうした諸力に目を向けなければならない。

ジェンダーに関する諸々の理解の仕方は、部分的には、特定の時間と場における女性と男性の現実的で物質的な、生きた条件に依存している。それらは、行為者間の諸々の相互作用のうちで可能なものを構造化する諸条件である(10)。例えば、労働力において女性と男性が担うにふさわしい役割についての諸々の理解の仕方は、少なくとも部分的には、そうした諸々の役割の特定の物質的条件によって形成される。女性の労働参加がまだ低い水準にある時期においては、女性が労働力の一部分を構成するのはふさわしくないとの個人的かつ制度的な想定の中にその水準の低さという事実がしばしば反映されてきた。同様に、女性の労働参加が増大してくると、女性は労働力の一部分を構成するにふさわしいとの想定の中に、労働参加の増大という事実がしばしば反映されるのである。

しかしながら、物質的諸条件は、諸個人が占める単なる階級的位置以上のものである。諸個人の現実的な、生きた諸条件は、彼／彼女らの性や人種、性的指向、そして階級的位置から構成されているだけではなく、そこにおいて彼／彼女らが自分自身を理解する特定の歴史的諸状況からも構成されているのである。それゆえ、女性の労働参加に関する諸規範は、しばしば、彼女たちの労働参加の実際の水準に一致する一方で、それらの規範は、(先述のような) それ以外の諸条件や諸状況に応じて変化する傾向がある。例えば戦時期においては、女性の労働参加はたいてい、ふさわしいことと考えられるだけでなく、むしろ積極的に推進されるのである。そして、より重要なことは、女性の労働参加と結びついた「諸規範」は有色人種の女性にはたいてい適用されないということなのである。例えば、アフリカ系アメリカ人の女性は長きにわたって、白人女性の雇用と結びついた諸規範を無視したかたちで賃金労働力の一部を構成してきた。現に、ジェンダーに関する諸想定は、性差別主義と同じくらい人種主義の影響も受けているのである。

さらに、諸個人に利用可能な諸資源——富や技術、組織的能力(11)などの形態をとった、いかなるものであれ——はすべて、ジェンダーに関する支配的な諸想定を促進する諸活動や、それらの想定に反対する諸活動に諸個人が従事する仕方に影響を及ぼす傾向がある。したがって、物質的能力に目を向ける場合には、われわれは、こうしたさまざまな構成要素のすべてを明らかにしようとする歴史分析にかかわることになるのである。

だが、ジェンダーは、人々の諸生活を構成する実際の物質的諸条件以上のものに依存している。というのもジェンダーは、現実であるだけでなく、ジェンダーを構成しているその現実に付与された意味でもあるからである。その場合ジェンダーは、女性と男性がお互いの関係性に関して抱いている諸々の観念と、彼／彼女らが創りだす諸制度をも明らかに含むものとして使われている。この点に関してブラッドレイ・クライン（Bradley Klein）は、次のように述べている。

「解釈理論の観点から言えば、観念は実践の構成を手助けする。人々が受け入れている諸々の理解の仕方や解釈は、単に主観的なソフトデータにすぎないものとして却下されるべきものではない。むしろ、そうした理解の仕方や解釈は、その実践はいかなるものなのかを論じようとするどんな意味ある説明にとっても、不可欠なものとして考えられるべきものなのである。共有された諸規範に基づいてのみ、人間の活動は可能となる。ある共通の活動が、その活動に従事している人々にとって意味のあるものであるかぎりにおいて、彼／彼女らは広範な諸規範や解釈規準に結びつくようになる。『間主観的に』共有されたこのような諸規範がなかったならば、人間の活動は解体してしまうことになるだろう(12)。」

特定の現実的諸条件に付与された意味によってこそ、それらの条件は関連する人々にとって意味のあるものとなるのである。いかなる社会編成においても、年齢や人種、性、性的指向などのような多様な現実の差異が存在している。しかしながら、そうした差異は、必ずしも必然的に政治的なものではないし、必ずしも本来的に政治的なものでもない。むしろ、分析上の重要な問題は、これらの差異が政治化されるのはどのようにしてなのか、そもそもこうした差異は政治化されるものなのかどうかが、それぞれの特定の事例において探究されることなのである(13)。それゆえ、われわれの研究の焦点となるのは、そのような現実の差異それ自体であるだけでなく、こうした現実の差異に付与される諸々の意味でもあるのである。

われわれは、部分的には、女性と男性を作りあげている特殊な象徴的諸表象と、それらの象徴に付与されている規範的諸解釈を歴史的かつ文化的に考察することを通じて、このような観念や意味を発見することができる(14)。ジョアン・スコット (Joan Scott) が述べているように、政治学以外の知的諸伝統においては、女性の象徴としてのイヴと聖母マリアの表象や、光と闇、浄化と汚濁、清純と堕落の諸々の神話が、こうした観念や意味に含まれる。スコットが論じているように、ここで問われるべき重要な問いとは次のようなものである。すなわち、どの象徴がいかなるコンテクストにおいて引き合いにだされているのか、その象徴はどのように解釈されているのかという問いなのである(15)。

われわれはまた、さまざまな行為者が行う諸実践を通じても、ジェンダーに関して保持されている数々の観念を発見することがある。ロバート・コックスが述べているように、観念とは「行動習慣や行動期待を永続化させる傾向のある、社会的諸関係の性格に関する共有された捉え方(16)」なのである。こうした諸々の習慣や期待を形成する諸観念は、さまざまな行為者が行う諸活動や諸実践を通じてしばしば表出されるとともに、彼/彼女らが行う日々の諸活動や、彼/彼女らが遂行する社会的な運動の諸形態の双方においてしばしば表出される。それゆえ部分的には、諸個人が行う諸々の実践の考察こそが、それらの実践の背景にある諸々の観念へとわれわれを導いてくれるのである。

ジェンダーを考察するにあたって同様に問わなければならないことは、特定の物質的諸条件とジェンダーに関する諸々の観念が社会的かつ政治的な諸制度において取りあげられ表出されるのはどのようにしてなのかという問いである。特定の歴史的かつ物質的な諸状況において活動している諸個人は、諸々の制度を創りだす。こうした制度は、金を稼ぐことであれ、公共医療サービスを配分することであれ、保育サービスを提供することであれ、そういった何らかの集合的目的にかなうよう、意図的に組織化されたものである。さまざまな行為者が諸活動に付与する理由や自己理解が、こうした諸制度には具現されている(17)。そのうえ、こうした諸制度には、それらの制度を創造する者が利用することができる、特定の、しばしばヘゲモニックな権力諸関係が存在する。この点に関してコックスは、次のように論じている。

「諸制度は、それが創出された時点において支配的な権力諸関係を反映するものであり、少なくとも当初においては、そうした支配的な権力諸関係と矛盾しない諸々の集合的イメージを促進する傾向がある。そしてついには、諸制度は、それ自体の生命を持つようになる。それゆえ諸制度は、諸傾向が対立しあう戦場となり得るし、競合的な諸制度が異なる諸傾向を反映するかもしれない。諸制度は諸々の観念と物質的なパワーの特殊な混合物であるが、翻って諸制度は、諸々の観念や物質的能力の発展に影響を及ぼすのである[18]。」

もちろんコックスは、ジェンダー諸関係に関しては特に言及していない。しかしながら、ここで主張されていることは、（ジェンダーをめぐる権力諸関係を含む）権力諸関係の多くのタイプや形態と一貫した諸々の集合的イメージを、諸制度が促進するということなのである。さらに、それらの集合的イメージは、ジェンダーそれ自体と同様に、論争と闘争にさらされている。問題となっている諸制度の諸々の政策的指針（policy directives）や諸目標、諸目的、そして諸制度が行う諸々の試みを考察することを通じて、われわれは、諸制度が特定の集合的イメージを促進する仕方を明らかにすることになる。だが、ここで主張されていることは、ジェンダー諸関係の創出や維持にあたって諸制度が自律的な影響力を有していることではない。その点は、あえて強調すべきであろう。むしろここで主張されていることは、諸制度が示す諸政策は支配的な諸々の理解の仕方を正当化し、形成し、補強するのに役立つものであるということなのである。

観念、物質的条件、制度という三つの相関的な要素の観点からジェンダーに関して考えることによって、われわれは確実に、歴史的変化に関して敏感になることになるだろう。それら三つの要素のうちのいかなるものも固定化されず、それら各々の要素は、他の諸要素の内部での変化に応じて変容するのである。この点に関してコックスは、次のように論じている。

「これら三つの要素の間には、いかなる一方向的な決定論も想定されるべきではない。その関係性はただ、相互的なものであると想定され得るのみである。諸々の力線がどの方向に走るのかという問題は、つねに、特定の事例に関する研究によって解答が与えられるべき一つの歴史的な問題なのである[19]。」

人々の生きた存在の物質的諸条件や、諸々の行為者によって保持される諸観念、女性と男性が互いにかかわりあう仕方、および、自分たちが包みこまれている諸制度と彼／彼女らがかかわる仕方は、ジェンダーをめぐる特定の理解の仕方を創出し、維持し、変化させる役割を果たす。こうした諸々の動きを観察することによって、ジェンダーをめぐる特定の理解の仕方が維持されるのはなぜなのか、それはどのようにして維持されるのかという問題を考えるにあたっての、いくつかの洞察が提供されるのである。

国際制度

そのようなわけで、かなり直接的な方法でジェンダーと国際制度との連関を描きだすことができる。より一般的に言われるところの制度と同様に、国際制度は、先述のモデルを構成する三つの要素のうちの一つである。しかし、諸制度のこのような論じ方は、より概念的な意味で、ジェンダー諸関係に関するわれわれの理解の仕方と類似したものでもある。ここで提示される国際組織の理解の仕方は、国際組織を、紛争の調整を目的とした国際的な活動の過程（国際的な組織化）であるとともに、それを通じてその組織化が達成される特定のメカニズム（研究されている特定の制度や組織）でもあるものとして理解する考え方である。しかしながら、国際組織と国際制度のこのような理解の仕方と論じ方はかなり特殊なものなので、議論を先に進める前に、より一般的に言われるところの国際組織に関する研究の中に、そのような理解の仕方と論じ方を位置づけなければならないであろう。

国際関係論という学問領域において、国際制度と国際組織に関する研究には長くて多様な歴史がある(20)。大部分の研究作業は、特定の諸制度を規定し記述しようとこれまで試みてきた。標準的になされた区別の一つは、政府間国際組織（International Governmental Organisation, IGO）と国際非政府組織（International Non-Governmental Organisation, INGO）との区別であり、その場合、前者は政府間協定によって設立されたものであるのに対して、後者は私的な個人や私的組織体によって設立されたものであるとして区別されてきたのである(21)。ＩＧＯとＩＮＧＯには多くの共通点があるが、双方の間には重要な違いもある。例えば、自らの構成員の代表としてしばしば活動し、それゆえ、より連合体的な組織形態を採用するＩＮＧＯに比べて、諸国家の集合体としてのＩＧＯはたいてい、階層的に組織化され集権化されている(22)。ＩＮＧＯは数の面でＩＧＯに大いにまさるが、国際組織研究の主流においては、ＩＧＯほど政治的に重要なものではないと考えられている。

国際組織に関する研究のもう一つ別のアプローチは、特定の組織内部での意思決定過程を考察するものである。このアプローチにおいて試みられるのは、関係組織間の区分けを行うことではなく、国際組織が実際に何を行うのかに目を向けることである(23)。この研究作業においては、国際組織によってなされる諸決定のタイプや、そうした決定に関与する諸々の行為者、そして、それら行為者が利用できる諸資源などが考察される。このアプローチは、諸決定がもたらす帰結に対してではなしに、国際組織それ自体の内部での意思決定過程や影響力の経路に対して関心を持っているのである(24)。

国際組織に関する研究の別のアプローチは、国際組織の特定の諸機能や、国際システムにおいて国際組織が果たす諸々の役割に、より多くの関心を向ける。当該制度における特定の本質的な焦点（すなわち、農業や環境など）に目を向け、こうした特定の争点領域における諸々の紛争を当該制度はどの程度解決することができるのかを評価するアプローチもあれば、国際的な統制（governance）の長期的な意味合いを、より一般的に考察するアプローチもある。また、国際システムを特徴づけるいくつかの特性を国際組織は反映するという点に(25)、すなわち、国際組織が「支配的な経済的・社会的諸勢力の拡張を促進する諸々のルールを具現する(26)」仕方に関心を向けるアプローチもある。このような見方に基づけば、多国間諸制度は、国際システムにおけるヘゲモニックな諸集団の特殊な諸利害や諸規範、諸観念を反映したものとなる。

本章でわれわれが頼りとするのは、最後に言及された研究成果である。その大部分は、国際的な諸関係において「協力」を促進することに関心を向けているが、何らかの特定の歴史的コンテクストにおいて優勢な特定の権力諸関係にも目を向ける。この点に関してロバート・コックスは、次のように論じている。

「国際組織は、諸制度の所与の集合体としてではなく、むしろ、一つの歴史的過程として〔すなわち、国際的な組織化として〕考えることができるものである。国際組織とは、諸国家間で直接的に起きるか、トランスナショナルな社会に根ざすものであるかのどちらかである紛争を制度化し調整する過程のことなのである(27)。」

このことは、次のことを意味している。すなわち、国際的な組織化とは、少なくとも部分的には、特定の国際諸制度の創出を通じて目的が達成される一つの過程に他ならないということを意味しているのである。だが、それだけではない。ある制度がそれに取り組むために創出される特定の争点——通貨、貿易、労働、安全保障、人口、あるいは、それ以外のいかなる争点であれ——は、より全般化されたコンテクストを構成するほんの一部分にすぎないということを、(国際的な組織化の過程に反映されている、そして時には、その過程によって挑戦されさえもする)権力諸関係の一部分にすぎないということを、このことは意味しているのである。

例えばブレトン・ウッズ協定は、国際通貨基金(International Monetary Fund)や世界銀行(World Bank)、すなわち、固定為替相場のシステムと、より広範な貿易自由化の追求を含む一連の諸制度を創出した。こうした諸制度は、第二次世界大戦後の西欧と日本を再建するために創出されたものであるが、それらの制度は同様に、最低限でも西側世界全体で経済的リベラリズムの諸原則を保持することを目的ともしていた[28]。それゆえ、この場合の国際的な組織化の過程は、特定の諸制度それ自体の関心事よりも、かなり広範なものだったのである。

だが同時に、国際諸制度に具現されている諸規範もまた、国際システム内のカウンター・ヘゲモニックな諸勢力を反映するようになる場合もある。

「国際諸制度は、世界的な権力構造に適した諸規範を普遍化し、権力構造はこうした諸制度の支えを通じて自らを維持する。その意味で諸制度とは、現状を安定化させるものなのである。しかしながら、国際諸制度は、一貫したカウンター・ヘゲモニックな諸価値が表出される媒体となる場合もある。この意味で国際諸制度は、一つの世界秩序ともう一つ別の世界秩序とを媒介するものとなるかもしれないのである[29]。」

そうであるからこそ、例えば、ブレトン・ウッズ体制を構成する特定の諸制度の多くは、一九七〇年代において第三世界諸国が、それらの制度に具現されている経済的リベラリズムの諸原則に対して批判を浴びせる場となったのである[30]。それらは、現状を維持するために創出されたものであったにもかかわらず、諸々の行為者が現状に対抗しようとすることができる場でもあった。

したがって、国際諸組織についてのわれわれの論じ方は、記述上のカテゴリーや、ある組織の内部における意思決定諸過程に対しては関心を向けず、特定の国際諸組織や諸制度が、特定のコンテクストにおいて支配的な諸観念や物質的諸条件を反映したり、支配的な諸観念や物質的諸条件を変化させるようになる仕方に関心を向けるものなのである。研究の対象としている国際諸組織を記述することは必ずしも全く無意味ではないにしても、われわれの主要な目標は、国際組織がいかに闘争の場であるかを示すこと、つまり、諸々の行為者が特殊な諸利害を増進するとともに、そうした諸利害に反対しようと運動する闘争の場となっている姿を示すことなのである。国際諸制度の内部で人々がまとめあげるそうした諸利害は、もちろんのことであるが、ジェンダー諸関係をも含んだ多様な権力関係を反映すると言えよう。

また、あらためて言うまでもなく明白なことは、ここでなされている国際組織の論じ方が、第二章で議論された「批判理論」的な国際関係理論や国際政治経済学からもたらされた洞察の大部分をその恩恵とするものであるということである。このような見方に基づけば、国際制度は個別に直接捉えられるのではなく、より大きな全体の一部として、すなわち、国際的な組織化の過程の一部として見なされることになる(31)。さらに言えば、「批判理論」的な国際関係理論や国際政治経済学からもたらされた数々の洞察は、それを通じてわれわれが国際システムにおける変革の源泉を位置づけはじめることになるような手段なのである。

したがって国際諸組織は、国際的な諸関係におけるジェンダー諸関係をめぐる諸想定を位置づけるためにわれわれが用いようとする三つの相関的変数（観念、物質的条件、制度）の一つであるとともに、国際的な組織化という、より全般的な過程を構成する一部なのである。しかしながら、繰り返し強調されるべきことは、国際諸組織は〔観念、物質的条件、制度の〕三者間関係における単なる一つの変数以上のものであるという点である。その三者間関係を構成するいかなる要素も、他の諸要素から独立しては存在しない。というのも、国際的な組織化の過程は、それら三つの要素をともに考察することによってのみ意味をなすからである。諸制度は、何らかの特定の時間や場において優勢な、人々が抱く諸観念と特定の物質的諸条件の産物である。だが、そうした物質的諸条件や諸観念が組織化される仕方にも、諸制度が反映されているのである。

これら三つの要素を通じてジェンダーを位置づけようとするなかで、われわれは多くの事柄に関心を向けることになる。これまでにも述べてきたように、国際組織を創造しようとする諸活動をこれまで形成してきた社会的・

政治的・経済的な諸条件と、そうした諸条件は国際組織の歴史全体を通じて変化するという点に、まず関心が向けられることになる。また、われわれは、当該制度をもともと創造した行為者が自らの闘争に付随させていた諸々の観念にも、関心を向けることになる。こうした観念は、部分的には、人々を動員させるそのレトリックを通じて、部分的には、それが採用した組織的諸構造を通じて、そして部分的には、その組織によって提示された初期の政策声明 (policy statements) を通じて確定され得る。最後に、当然のことであるが、われわれは、当該制度の歴史全体を通じて追求された諸々の政策や企図、公的政策を擁護する当該組織内の人々にも、そして、当該組織の内部と外部に位置づけられた反対者たちにも関心を向けることになる。

部分的には、このことは、当該制度内の誰が戦略的行為者であるか、誰が当該制度の創造にかかわったのかを探すことと、こうした人々の諸々の言明や行為にとりわけ敏感になることを意味する。また、このことは、一つの戦略的行為者としての当該制度それ自体に目を向けることを意味してもいる。というのも、当該組織によっていったん政策が生みだされてしまったら、特定の諸想定や諸々の意味の創造と再生産に当該組織が関与することになるからである。

可視性と不可視性

政策声明や、ある制度の創造を取り巻く諸々の歴史の中にジェンダーを探し求めるにあたっては、女性と男性に関する明示的な声明を探すだけではなく、語られず触れられていないことを見つけることも、しばしば重要になる。ジェンダーをめぐる諸想定は、実際に述べられることによってと同じくらいに、述べられないことによっても構成されるのである。現に、ジェンダーの重要性に関する記録はたいてい存在しないということそれ自体が、女性とジェンダー諸関係をめぐる諸争点が歴史全体を通じて不可視的なものにされてきた過程の一部を構成している。むしろ諸々の争点は、ジェンダー諸関係を顕在化させることなくジェンダー諸関係をめぐる特定の諸想定を組みこむかたちで、動員されるのである。さらに言えば、特定の支配的諸勢力の意図的な戦術か、隠蔽をねらった策略によって、ジェンダーをめぐる諸想定が沈黙させられる事例もあるかもしれないが、沈黙やジェンダーに付与された不可視性は、諸々の行為者が従事している他の政治的諸戦略の意図されざる帰結であるということもまた事実なのである。だが、そうであるにもかかわらず、このような戦略や、その結果としてもたらされる不可視性は、女性と男性との不平等な諸関係を再生産するものと見なされ得るのだ。

このことは、次の二つの章でなされる議論を先取りして明らかにすることができる。国際家族計画連盟(International Planned Parenthood Federation, IPPF)と国際労働機関(International Labour Organisation, ILO)の双方とも、生殖において女性が果たす役割に関心を向けてきたが、その関心はかなり異なった方法で明らかにされたということが〔次の二つの章で〕示されることになるだろう。ＩＬＯは、生殖において女性が果たす役割と、労働力の構成員としての彼女たちの保護とを調和させることにこれまで関心を向けてきた一方で、ＩＰＰＦは、バース・コントロール〔第四章を参照〕と、生殖において女性が果たす役割との関係性にこれまで関心を向けてきた。ＩＰＰＦとＩＬＯのそれぞれに、われわれは、可視性と不可視性の双方の契機を発見することができる。

第四章では、バース・コントロールを推進する初期の活動家たちは、自らの生殖に対する女性の制御と彼女たちのエンパワーメントとの関係性を認めていたということを論じる。しかしながら、バース・コントロールを普及させるために、社会的かつ国際的な安定を促進するにあたってバース・コントロールが果たす役割を強調するレトリックを支持することで、当初のレトリックは放棄された。こうして、バース・コントロールが女性に対して有する関係性〔をめぐる争点〕は消滅し、女性への、より明示的な言及がなされなくなるのである。だが、こうした戦術はジェンダー化されたものではないということを、このことは意味しない。というのも、女性のバース・コントロールに対する関係性は理解されているが、いまだに操作されており、この戦術がもたらす帰結は、バース・コントロールの情報やサービスへのアクセスを求める女性と男性の諸生活に絶大な諸効果をもたらすものであるからである。さらに、ＩＰＰＦの最近の歴史の大部分において焦点となってきたのは、女性のリプロダクティブ・フリーダム〔巻末訳注＊２を参照〕と彼女たちの解放との関係性を再び提起する諸闘争である。

第五章で論じられることになるのは、ＩＬＯは初期において、労働力を構成する一部分としての女性の地位を認めるという観点から女性を扱っていたが、女性が占めるとされたその地位は、保護を必要とするような特別なものとして見なされてもいたということである。女性がますます賃金労働へと移動していくにつれて、労働力において女性が手にする諸機会を増進することによって、変化していくこうした諸条件に取り組もうとＩＬＯの諸政策が転換されてきたにもかかわらず、生殖において――妊娠において、出産において、そして子育てにおいて――女性が担う役割ゆえに女性を保護しようとする従来の姿勢が、こうした諸政策においても継続された。しかしながら、子どもを産む者であることを除いては、女性は特別な保護を要するものとして認められていないのである。たいてい、いったん女性が労働者となってしまったら、彼女たちの特別な地位は完全に消えてしまい、女性は男性のように「標準の」労働者となってしまう。いったん女性が労働者となったら彼女たちは男性と同じであるという想定は、性に基づく自然的な分業に関するあからさまな主張と同じくらい、ジェンダー化された想定なのである。労働力を構成する一員となることが孕むジェンダー化された性格は、女性と生殖の役割に関して言及される場合には可視的なものとされるが、子どもを産む女性の役割がもはや強調されなくなると不可視的なものとされてしまう。ＩＰＰＦが展開する諸政策と同様に、こうした諸想定は、女性と男性の諸生活に絶大な諸効果をもたらしてきたのである。

不可視性という争点は、人種とジェンダーの交差を考察する際にいっそう重要なものとなる。次の二つの章で明らかになるように、ＩＰＰＦとＩＬＯがそれに基づいて活動している、「女性」をめぐる理解の仕方の大部分は、西洋の白人女性を想定したものである。それゆえ人種は不可視的なものとなっているが、このことは、そのような言説は全く人種化されていないということを意味しない。それどころか、ＩＰＰＦとＩＬＯによって再生産されている諸々の理解の仕方が、ジェンダーにおける諸効果以上ではないにせよ、ジェンダーにおける諸効果と同じくらいに人種における諸効果をもたらしたのは、黒人女性や有色人種の女性を不可視的なものにさせることを通じてこそなのである。このことが最も明白であると言えるのがＩＰＰＦの場合であり、ＩＰＰＦは、人口と安定に関する自らの理解の仕方によって、しばしば強制的で人種主義的なものとなる人口政策を正当化することができた。ＩＰＰＦの場合ほど明白なものではないにせよ同等に重要なのは、労働立法をめぐるＩＬＯの諸々の運動であり、そうした運動は、白人女性の政治運動と労働市場の活況に応えるかたちでしばしばなされてきたのである。これまでのところで言及されたように、黒人女性と有色人種の女性が西洋の労働市場に参入してきたという事実は、ジェンダーと雇用をめぐるこれまでの諸想定を部分的にも変更させてはいない。それゆえ、ＩＰＰＦとＩＬＯのような諸組織によって展開される諸々の理解の仕方は、ジェンダーをめぐる諸想定に依存しているのと同じくらいに、人種をめぐる諸想定——可視的なものでもあり不可視的なものでもある——にも依存しているのである。

結び

この章では、われわれが本書を通じて発展させてきたジェンダーの複合的な捉え方を理解し適用することができる一つの方法は、歴史的構造に目を向けることであると論じた。そして、歴史的構造に目を向けるためには、特定の時間と場において有力な諸々の観念や物質的条件、制度を考察しなければならない。このような分析は、歴史的構造を構成する三つのカテゴリーのうちの一つとなる国際制度を考察するにあたって明らかに役立つものである。われわれの関心は国際的な諸関係におけるジェンダーを見つけることなので、観念、物質的条件、制度のそれぞれにジェンダーが現れる態様に特別な注意を払いながらそれら三つのカテゴリーを考察することも、強調されることになるだろう。

この章でなされた議論の大部分では、ジェンダーに関する概念的な理解の仕方や特定の事例へのその適用は、こうした現象の実質的内容と過程の双方に対する知的配慮を必要とするという点が論じられてきた。ジェンダーは一つの社会関係であるとともに、社会的諸関係を通じて構成される。どちらの次元も他方なくしては存在せず、それら双方の次元が同時に考慮されることなくしては、ジェンダー諸関係は意味をなさない。同じことは、歴史的構造に関しても言える。相関的な三者間関係を構成する観念、物質的条件、制度のそれぞれの要素を考察したとしても、それら三つの要素をともに考慮しないかぎり、ジェンダーが構成される仕方は意味をなさないのである。

このように、実質的内容と過程の双方を論じるのは、ジェンダー諸関係をめぐる分析は、構造とエージェンシーとの間での不可避的で継続的な緊張関係を認めているという点を明確にさせようとの意図からである。その緊張関係はたいていの場合、構造かエージェンシーのどちらかに焦点を据えることによって解決されるが、先に論じたように、本章で提示された分析は、構造とエージェンシーは相互構成的なものであるとの主張を確認し得るものであると言うことができよう。

さて、次の二つの章の目的は、これまでのところで発展してきた分析を国際的な諸関係における特定の事例に適用することである。このような適用は、これまで行ってきた概念的作業を明快にするのに役立つがゆえに重要なものであるだけでなく、いかに国際的な諸関係の実践がつねにジェンダー化されてきたかを示してくれるがゆえに重要なものなのである。ＩＬＯとＩＰＰＦの諸政策がどのようにしてジェンダーをめぐる特定の諸想定を維持し操作したのかを暴露することによって、国際的な舞台におけるジェンダーの中心性と重要性が明らかにされることになるだろう。

第四章　国際家族計画連盟（ＩＰＰＦ）

国際的な諸関係がジェンダー諸関係につねに影響を与えてきたとすれば、少なくとも、国際的な諸関係の現実に目を向け、その中でジェンダー諸関係がどのような位置を占めているかを示すことによって、国際的な諸関係がジェンダー諸関係に与える影響を明らかにすることができるはずである(1)。本章では、国際家族計画連盟(International Planned Parenthood Federation, IPPF)を例に、国際的な諸関係におけるジェンダーの分析の実例を示そうと思う。しかしながらこの章では、「IPPFにおける女性」についての単なるリベラル・フェミニズム的な説明よりも広い視点に立つために、IPPFの歴史に女性の視点を「加える」のではなく、ジェンダーについての諸々の観念と、IPPFがその下で作動した特定の歴史的かつ物質的な諸条件が、IPPFの諸想定や諸政策、諸規定にどのように影響を及ぼしたのかを検討していく。さらにわれわれは、IPPFそれ自体がジェンダーに関するさまざまな理解の仕方をどのように反映し、どのように操作してきたのか、そして、このことが女性と男性の現実の生活に与えた影響はいかなるものなのかという問題に注目することにしたい。

そのためには、IPPFが設立される以前のバース・コントロール(birth control)〔「birth control」の訳語としては「産児調節」や「産児制限」という用語がよく用いられるが、これらの用語は子どもの数を減らすことを意味するかのような語感を持つため、本書では「バース・コントロール」という用語を用いることにする〕運動家がバース・コントロールをどう理解し普及させていったのかを最初に検討する必要がある。彼/彼女らの普及運動の仕方は、IPPFの形態に大きな影響を与えた。ここでは、家族計画が初期の段階で家族計画という側面を強調した結果、バース・コントロールが女性の問題から家族や社会の安定の問題に、そしてIPPFでは世界の安定の問題にすりかわったことを明らかにする。

設立された後もIPPFは、このような初期の関心や活動家の影響を受けつづけただけでなく、バース・コントロール運動への新しい参加者や、IPPFがその下で活動した歴史的かつ物質的な諸条件の変化の影響を受けつづけた。女性がしだいに労働力に編入されていき、女性解放運動が台頭したこと、こうした運動に反動的な勢力が挑戦するようになったことなど、あらゆる出来事が、ジェンダーをめぐるＩＰＰＦの理解の仕方を変化させていった。今日ではＩＰＰＦは、女性の解放と女性のリプロダクティブ・フリーダム〔巻末訳注＊２を参照〕の関係を明確に認める国際組織となっている。このような歴史の、より大きな流れをよりよく理解することによって初めて、ジェンダーと性と生殖をＩＰＰＦが理解する仕方には違いがあったことを明らかにすることができるとともに、ジェンダー諸関係に影響を及ぼす国際レベルでの慣行がどのように現れてきたのかを理解することができるようになる。

バース・コントロール運動

歴史を通じて女性と男性は妊娠を避ける方法を探し見つけてきたが、社会的・政治的な運動としてバース・コントロールを運動のかたちにしていったのは、比較的近年のことである(2)。妊娠制限に関する初期の運動のほとんどは、トーマス・ロバート・マルサス（Thomas Robert Malthus）の保守的な考え方の影響を受けていた。マルサスは一七九八年に、貧困層の出産率が高すぎて、やがて食糧供給が追いつかなくなってしまうと主張した。二〇世紀初期になると、新マルサス主義者は、第一次世界大戦を含む社会問題のほとんどが社会の「望ましくない」階層の人口増加に起因していると主張するようになった。明らかに階級主義的・人種主義的なこのような考え方は、大多数の進歩主義者から批判された。そのようなわけで、社会主義者、無政府主義者、共産主義者の運動によって国家単位のバース・コントロール運動が起こったにもかかわらず、二〇世紀の初めには左翼の多くの人々が、マルサス主義への反発から妊娠制限に反対していたのである(3)。

この時期の女性団体も、違った理由から、避妊に対してあいまいな態度を見せていた。一九二〇年代までは、女性や女性運動が妊娠制限についてどう考えるかは、その方向性・主張・解決策の面でまちまちであった。英国では、社会浄化改革論者*と婦人参政権論者が人工的な避妊方法を薦める運動に反対していた。またアメリカ合衆国でも、「選択的母親〔好きなときに母になる〕(Voluntary Motherhood)」運動は男性に対して貞節を求めており、バース・コントロールを支持していなかった。それとは対照的に、無政府主義者のエマ・ゴールドマン(Emma Goldman)やマーガレット・サンガー(Margaret Sanger)(彼女は一時、自分は無政府主義者であると称していたが)も、避妊方法や避妊具について議論し、それらを配布していったが、その目的は、貧しい女性が度重なる妊娠で受けている苦痛を軽減することであった(4)。

＊訳注　一九世紀後半の英国に婦人参政権運動とともに出現し、二〇世紀初頭まで影響力が強かった、女性の貞操を汚染する社会の悪弊(例えば売買春)を除去・浄化しようとする女性運動の推進者。

意見は異なっているように見えても、当時の女性運動は、妊娠や男性の性的要求、性病から自らを守る女性の権利を擁護するという基本姿勢の面で共通していた。どのように実現するかという方法論が違っていただけであった。英国の社会浄化改革論者やアメリカ合衆国の「選択的母親」運動は、月経周期に基づく禁欲を行うよう男性に求めることによって、女性は体をコントロールすべきだと説いた。リンダ・ゴードン(Linda Gordon)は次のように述べている。

「一九世紀の婚姻制度は、法的にも慣習的にも、女性が夫に性的に服従することを基礎としており、女性が夫に対する性的サービスを拒否することは多くの州で離婚理由となっていた。フェミニストが女性のノーと言う権利を主張し、バース・コントロールの考え方によってノーと言う権利を正当化したことは、セックスにおける男性の優位を根本的に拒否するものだった(5)。」

こうした考え方によると、避妊は女性を解放するものではなく、むしろ夫の性的優位を拒否できるような女性側の唯一の言い分をなくし、男性にコントロール権を返上するもの、その意味で、結婚の下での女性と男性の不平等な権力諸関係を悪化させるものと位置づけられていた。

一方、バース・コントロールの支持者は、禁欲をつねに強制することができないため、禁欲による方法は望まない妊娠を不十分にしか防げないと主張していた。また、女性が男性に貞節を求めるべきだという主張は、女性の性欲が男性の性欲ほど大きくないという間違った考え方に基づいていた(6)。いずれにせよ、どの論者も、性と生殖に関する女性の自主性を維持する仕方についてはともかくも、それを維持すべきであるという点では共通しており、このような論争が見られたことを理由にその共通性をあいまいにしてはならない。

一九二〇年以降、バース・コントロールをめぐる議論は、それが本来孕んでいる急進的な可能性を失っていった。英国のマリー・ストープス（Marie Stopes）とアメリカ合衆国のマーガレット・サンガーは、バース・コントロールをゴールドマンなどの急進主義者から引き離し、広く受け入れられる中産階級の問題にすることによって、「社会的に信用される」ものにしようとした(7)。二人は、同じような方法で、医師や優生学者、裕福な博愛主義者の支持を引きだした。サンガーはＩＰＰＦが一九五二年に設立されたときの設立者の一人であり、初代の共同会長であったことから、サンガーの活動について次に分析する。

マーガレット・サンガーと計画出産

サンガーは、米国社会党やエマ・ゴールドマンとのかかわりの中で、性教育やバース・コントロールの考え方に初めて関心を持つようになった。さらに、ニューヨークのマンハッタン島の南東地区で訪問保健婦として働くなかで、サンガーは、望まない妊娠を何度も繰り返し非合法で危険な中絶に直面する女性の悲劇に出会った。サディー・サックス（Sadie Sachs）という一人の女性が中絶をしようとして死亡したことがきっかけとなって、バース・コントロール運動に駆りたてられたと、サンガーは後に語っている。サックスは、もう一度妊娠すると生命に危険があると医師から警告されていたが、妊娠防止法として医師から受けた唯一のアドバイスは屋根の上で寝ることだった(8)。

一九一四年にサンガーは、自らが刊行している小さな新聞である『女性反逆者』（*Woman Rebel*）に妊娠防止法を紹介し、女性を賃金奴隷状態、中産階級の道徳、慣習、法律、迷信の束縛から解放しようとした。なおバース・コントロールという用語は、一九一四年の『女性反逆者』誌に初めて現れている。さらにサンガーは、「全世界に挑戦する気持ちを持つこと、理想を持つこと、因習をあえて破って発言し行動すること」を女性に強く訴えかけるとともに、権力者の手先となっているジョン・D・ロックフェラー・Jr（John D. Rockefeller Jr.）などの資本家やそのかわいい子分としてふるまったソーシャル・ワーカーを公然と批判した(9)。

しかしサンガーは、運動の初期より、左翼から離れ独立して行動するようになった。バース・コントロールの可能性について違った理解の仕方をしていたことが、左翼から離れる一因であった。社会主義者たちにとってバース・コントロールは、資本主義の下での労働者階級の改良的方策にすぎず、資本主義社会の根本的転換に寄与するものではなかった。サンガーにとってバース・コントロールは、女性を望まない妊娠と出産から解放するという意味で革命的なもので、女性のより大きな独立と自立に貢献するものであった(10)。

加えてサンガーは、裕福で保守的な改革論者の財政面と広報面での支持を得ることによって、バース・コントロールを正当化しようとした。米国刑法第二一一条、いわゆるわいせつでみだらなものの郵送や輸入を禁じた「コムストック法」により起訴された後、サンガーは英国に逃れた。英国でサンガーは、英国新マルサス主義者連盟（English Neo-Malthusian league）の指導者のC・V・ドリスデル（C. V. Drysdale）夫妻や『性の心理学的研究』（*Studies in the Psychology of Sex*）の著者であるハヴロック・エリス（Havelock Ellis）に出会い、大きな影響を受けた。こうした人々はサンガーに対して、バース・コントロール問題に焦点をしぼり、資本主義や宗教、結婚の問題に対する告発を棚上げにするよう勧めた(11)。

さらに彼／彼女らは、主張を和らげ、バース・コントロールの歴史についての専門知識と、運動の支持者と見られる優生学者や新マルサス主義者についての専門知識をもっと身につけるよう、サンガーに助言した。さらに、ヨーロッパのバース・コントロール・クリニックを訪問するなかで、以前サンガーがパンフレットや『女性反逆者』誌で勧めていたような、女性が互いに避妊法を教えあう方法は、うまくいかないと認識するようになった。むしろ、避妊法は医学的な問題であると考えるようになったのである(12)。

ヨーロッパでの経験によって、サンガーのバース・コントロール運動の方針は大きく変化した。サンガーはバース・コントロール運動に、まず性と生殖の問題や人口問題の専門家の参加を得ようとしはじめた。バース・コントロールが科学的・医学的に尊重されるべきものだという気運を与えるために、医者や優生主義的な思考をする学者、社会福祉行政諸機関の官僚の参加も求めた(13)。『女性反逆者』誌でサンガーが以前は批判していたこれらの専門家が新しい支持者となり、その結果、当初サンガーにインスピレーションを与えていた社会主義者や無政府主義者から彼女は切り離されることになった(14)。ある人々から見れば、こうしたサンガーの戦略は必要であり成功であった。

「避妊法を急進主義から切り離すことは、専門的な信用を得ている医者やソーシャル・ワーカーに受け入れられ、多くの貧困層に唯一医療を提供している国や地方の機関の支持を得るのに不可欠であった。世論の多数派である中産階級の支持を勝ちとるためには、バース・コントロールが〈反結婚〉でも〈反子ども〉でもないこと、むしろ、現代社会の結婚制度を強化する手段であることを示すことが必要であった(15)。」

多くの点でこの評価は適切である。一九二〇年代以降になってようやく、避妊具が次第に合法化されて広く普及し、サンガーの努力によってバース・コントロールが正当化されたことは、多くの女性の尊厳や自立に貢献した(16)。しかしながら、サンガーがバース・コントロールを広めるために求めたさまざまな同盟の形成は、当然のことながら政治的・思想的な譲歩を必要とした。その中には、バース・コントロールを女性解放から切り離し、家族の保護と結びつけることによって、非政治化することも含まれていた。この考え方によれば、結婚したカップルがより大きな性的喜びを分かちあうことによって、家族の絆が深まるとされた。家族内の不平等な権力諸関係を問題にすることは断念された。計画出産（Planned Parenthood）という用語自体は、女性や性の問題よりも家族や子どもの問題を強調するものとして使われるようになった(17)。

計画出産はさらに、社会の安定のために重要な要因として「強い」家族を奨励した。強い家族とは、白人の中産階級の規範に基づく家族、つまり、小規模で、収入に応じて「計画された」家族を意味するものであった。社会の安定について関心を持つことは、運動の新しい指導者の仕事でもあった。というのも、「大恐慌にともなう労働者階級の動揺と人種的な退廃の不安がまるで魔法のような役割を果たし、これに扇動されて、優生主義的思考をするビジネスマン、女性のクラブ員、学者、聖職者が労働者階級の出産率を低下させるための運動を支持するようになった(18)」からである。

サンガー自身も、優生主義的な動機に影響されていたとする見方もある。サンガーは一九一八年に、「われわれが直面しているあらゆる問題は、労働者階級の出産過多の結果である」と書いているし、後に「適者の子どもの数を増やし不適者の子どもの数を減らすことが、バース・コントロールの中心課題である」と述べている。サンガーは「不適者」、つまり貧困層や障害者を支えるために社会が払うコストを非難し、さらに、貧困層の出産率の上昇がアメリカ合衆国の安全保障への懸念材料になっていることを警告した(19)。しかし優生学は、多くの動員戦術の一つにすぎず、彼女の一途な思いこみ（頑固であったともよく言われているが）のために、この戦術がもたらす政治的帰結をサンガーは予見できなかったと見る方が適切であろう。デビッド・ケネディ（David Kennedy）は、次のように書いている。

「サンガーは当初、優生主義的議論を、避妊について利用できる雑多な議論の一つにすぎないと考えていた。しかし優生主義は、じきにバース・コントロールのプロパガンダを支配し、バース・コントロール運動が社会混乱下における急進的なプログラムから社会統制のための保守的なプログラムに転換したことを、強く印象づけるものとなった。マーガレット・サンガーが初期の段階で、バース・コントロールを正当化する根拠を感情的なものから合理的なものに変えようとした結果、皮肉にも、バース・コントロール運動のイデオロギーは、効率的に見せかけた偏見を内包する哲学に取りこまれてしまったのである(20)。」

サンガーが優生主義者であったかどうかという問題は、現実には中心的な問題ではない。なぜなら、サンガーが求めつくった同盟がバース・コントロールの正当な目的として優生主義を奨励していることは、あまりにはっきりしているからである。優生主義を一つの動員戦術とするこうした戦略的な選択は、意図されていたものであろうとなかろうと、バース・コントロール運動を作りかえることになった。ジェームズ・リード（James Reed）は次のように述べている。

「[バース・コントロール運動の新しい指導者は、]彼／彼女らが行った強調点の変更が、医学界やソーシャル・ワーカー、政府を組織し避妊法の普及に参加させようとするのであれば、必要であったと主張していた(21)。」

こうした決断はサンガーに個人的な痛手をもたらした。一九四二年に、サンガーの臨床研究所と米国バース・コントロール連盟が合併して米国計画出産連盟(Planned Parenthood Federation of America, PPFA)が設立されるまでの間、組織の内外で、これをサンガーの名前と評判から切り離そうとする試みが続けられた。そして、PPFAの初代会長は男性にすることが決定された。デビッド・ケネディは次のように書いている。

「サンガーがバース・コントロール運動を促進するためにいろいろな駆け引きを行った挙げ句の果てに、新しい事業成績万能のPPFAがサンガーと彼女の高名なことをじゃまもの扱いしたことは、彼女にとって皮肉な結果に思われたにちがいない。さらに、サンガーが始めた運動が女性を独裁的な男性の束縛から解放することを主張するものであったのに、わざわざ男性にその指導をまかせることになったのも皮肉なことであった(22)。」

こうして妥協は完全なものであったわけで、女性のリプロダクティブ・フリーダムを擁護する運動は事実上、家族と社会の安定を促進するような、それよりもはるかに「社会的に信用された」事業を推進する団体となった。

こうしてみると、PPFAの初期の組織者が活用できた諸観念と物質的諸条件が、ジェンダーとバース・コントロールをめぐるその捉え方にどのような影響を与えてきたかが分かる。ＰＰＦＡの目的は、家族の擁護と社会安定の促進の二つであった。バース・コントロールは両方の目的を果たすことができた。つまり、家族内の諸関係をより満足できるものにすることによって、家族の擁護ははかられるし、強い（つまり、白人の中産階級の）家族を確固としたものにし、「不適者」の出産率を低下させることによって、社会安定の促進ははかられた。

バース・コントロールに関する諸々の理解の仕方が、女性のセクシュアリティや女性による生殖のコントロールといった考え方から次第に切り離されるようになったおかげで、バース・コントロールの正当性を高めるのに必要な行動がとれる立場にあった学者や官僚、人口学者、優生主義者が、実際にそのような行動をとるようになり、その結果バース・コントロールは普及していった。こうした人々はＰＰＦＡを設立し、さらに主導するために必要な財政的支援や行政的ノウハウを提供することができた。また、社会の安定というＰＰＦＡのレトリックは、バース・コントロール問題に対して世論を動員する論法としてはより幅広く受け入れられやすいものであった。女性の権利についての関心や社会内部の既存の権力諸関係の再構築に対する関心は、バース・コントロールを「社会的に信用された」正当な活動にするために放棄された。しかし、社会的信用を博した結果、女性と女性のリプロダクティブ・フリーダムを不可視のものにしただけでなく、バース・コントロール運動を階級主義的・人種主義的な運動に変えてしまった。

国際的努力

サンガーのバース・コントロール運動とのかかわりは、ＰＰＦＡの設立によって終わったわけではない。サンガーは、家族計画の分野での国際的な諸活動をとりまとめようと長い間努力したが、こうしたサンガーの国際的な努力の多くは、国内のバース・コントロール運動についての戦略的な選択や政治的コストを反映したものであった。しかし、サンガーは一人で活動していたわけではなかった。さまざまな組織的・政治的・経済的な機会や制約によって、国際家族計画運動のかたちが決まっていった。例えば、一九四五年以降の国際組織設立への信頼の高まりは、「人口爆発」への懸念の高まりと結びついていった。こうした動きの中で、国際的な人口調節策の調整を目的とした国際組織の設立が、多くの立場から歓迎された。このことをはじめとして多くの条件が、サンガーらによって進められた国際的なバース・コントロール・キャンペーンの方針に影響を与えていたわけで、われわれはそうした影響についてここで分析していくことにする。

一九二五年にニューヨークで、第六回国際バース・コントロールおよび新マルサス主義会議が開催された。会議の名称が変更され、初めてバース・コントロールという用語が入ったことは、バース・コントロール運動に対するサンガーの影響の高まりを象徴するものだった。サンガーは、一九二七年にジュネーブで世界人口会議を組織したが、その会議の目的は、世界の指導的な科学者や人口学者、社会学者、医者を集めることによって、国際的な政治指導者、とりわけ国際連盟に対して人口問題の国際的な重要性を認識させることだった(23)。

こうした試みはすぐには成功しなかったが、第二次世界大戦により、人口問題の国際的な重要性がさまざまな方面で真剣に受けとめられるようになった。アメリカ合衆国政府や統計的人口学者、地理学者、優生学者が、世界的「人口爆発」を予告しはじめた。こうした人々は、マルサス主義的な考え方を二〇世紀に適用し、人口過多が食糧供給を使い果たし、貧困と失業が増大し、共産主義が社会を乗っ取る条件が整う結果、外国投資と世界平和がともに脅かされることになると警告した(24)。こうした考えを推し進めた中心的な立役者は、フォード財団やロックフェラー財団、ミリバンク記念基金（Milbank Memorial Fund）、ヒュー・ムーア基金（Hugh Moore Fund）といった、創始者や指導者がアメリカ合衆国のトップ企業や金融界、あるいはエリート人口研究センターから出ている民間団体だった[25]。

第二次世界大戦期は、特に西側諸国政府の観点に立つと確かに非常に不安定な時期であった。発展途上国と先進国の両方で、飢餓の危険性が現実のものとなった時期であった。不景気と戦争の影響で荒廃した経済の下で、急増する人口のニーズに見合う工業生産・農業生産ができるかどうかという重大な懸念があった。こうしたなかで、マルサスの予言の魅力はいくらかの反響を呼び、バース・コントロールの必要性についてさらに広く魅力を感じさせることになった[26]。

第二次世界大戦の終わりには、東西対立が急速に深刻化していた。軍拡と外交関係の冷却化は、相手方に対する宣伝活動と結びつき、大戦後の米ソ関係を性格づける主要な特色となった[27]。西側諸国における貿易や金融、石油、安全保障面での調整を目的とした国際組織の精密なネットワーク化は、連合諸国の関係を強化し、西欧諸国や日本を再建することによって、ソ連を政治的・経済的に封じこめようとしたものであった[28]。

このことにより、新たに独立した旧植民地諸国によって引き起こされる混乱の可能性や、「第三世界」の全般的な経済的苦境が、政治的に重要な意味を持つことになった。リンダ・ゴードンが述べているように、こうしたなかで人口調節政策は、グローバルな諸状況の変化と混乱によって生じる不安定化の危険を最小限にすることを目的とした、アメリカ合衆国の冷戦戦略の一部分に組みこまれた[29]。バース・コントロールとグローバルな安定、平和の促進の連繫――および、この連繫を可能にする国際組織の設立――は、より広範な西側諸国の目的にかなうものであった。

バース・コントロール運動もまた、運動の建てなおしを行っている最中であった。国内的なバース・コントロール団体の大部分、特にヨーロッパの団体は、戦争のために荒廃していた。積極的に運動していた多くの人々は、少なくともその努力の対象を転換せざるを得なかったし、避妊具の入手という単純なことも深刻な問題を引き起こしていた。国際的な調整機関の設立によりバース・コントロール運動の活気を取り戻させることは、再生のための前向きな戦略であると多くの人々に受けとめられた(30)。

しかし、人口過剰に対する先進国での懸念の高まりは、人口調節が新たな帝国主義のかたちを生むという発展途上国の懸念の高まりにつながっていった(31)。人口政策の実行は、発展途上国の人々を操作する、そして最悪の場合には、大量殺戮の手段にもなり得るものであった。米国優生主義協会のおもな資金提供者であったフレデリック・オスボーン(Frederick Osborn)によれば、「ナショナリズム的な感情を呼び起こしやすい、アメリカ人という宣伝なしに、外国政府と緊密に活動できる(32)」非公式団体が必要とされていた。

こうした状況の中でIPPFは設立された。IPPFの中で活動していた多くの人々は、人口爆発の脅威を強く信じていた。IPPFの最初の憲章の起草に助力し、IPPFの西半球地域の書記長であったトム・グリーズメル(Tom Griessemer)は、『人口爆弾』(*The Population Bomb*)という本を書き、時限装置が作動しはじめた原子爆弾と人口問題を同一視した(33)。IPPFの執行機関の初代副理事長であったC・P・ブラッカー博士(Dr. C. P. Blacker)は、英国優生主義協会の会長であり、『優生主義――ガルトンとその後』(*Eugenics: Galton and After*)の著者でもあった(34)。こうしたIPPFの中心的組織者は、創りだす人間の生命の量または質という観点から見て、バース・コントロール・サービスが人口にどういう影響を与えるかにおもな関心を持っていた(35)。

人口爆発や優生主義的懸念という考え方を高く買わない人々も、この議論が人々を動員する説得力を持っていることをいやいやながら認めた(36)。国内においてバース・コントロール運動を組織化するために利用された社会の安定というレトリックは、国際的な圏域においてもすぐに利用された。初期の組織委員会も認めているように、バース・コントロール運動は、おもに母性の健康に関心を持つことで始まったが、すぐに次のことに気づいた。

「……〔計画出産は、〕人口過剰や戦争の危険の高まりによる経済的・社会的緊張を和らげるうえで不可欠な道具としての新たな意味を、世界中の男性と女性、とりわけ多くの国の指導者に認めさせた(37)。」

マーガレット・サンガーなど初期のＩＰＰＦの組織者は、家族計画のための国際組織が確立した暁には、インドが国際的なバース・コントロール運動の指導権を持つことを期待していた。インドでは、家族計画についてかなりの支持があった。インドでは、政府の支援をはじめとする制度的で公式な支援が総合されて、かなりの影響力を有した家族計画運動が展開されていた。人口問題があまりにも深刻であるため、家族計画への反発は明らかに少なく、政府の支援があり、バース・コントロールを長い間促進してきたかなり強力な女性団体もあるため、インドはＩＰＰＦを設立する理想的な場所と考えられた(38)。

さらに、発展途上国がＩＰＰＦを主導することによって、人口調節を推進する人々を人種主義的だ、帝国主義的だと批判する意見を、効果的に打ち砕くイデオロギー的な武器になると考えられた。数年後サンガーは、日本の国会で意見を述べた最初のアメリカ人として次のように述べた。

「……〔日本とインドが〕国家の機能として人口調節を取り入れる、世界の中で最初の国になっている。日本とインドは人口問題を真正面から検討し、必要な結論を導きだしている。平和な社会を望むなら、計画出産は国家計画の一部とされなければならない……(39)。」

この考え方によれば、人口過剰で荒廃した国家は、国を弱め不安定にする諸問題を乗り越えるために難しい決断をしなければならないし、そうすべきであるということになる。

組織的な努力と国際的な会議が数年間続けられた後、一九五二年にIPPFの設立が、オランダ、香港、インド、シンガポール、スウェーデン、英国、アメリカ合衆国、西ドイツの八ヶ国の家族計画民間団体（family planning associations, FPA）の代表によってボンベイで提案され、翌年にストックホルムにおいて批准された。その後、マーガレット・サンガーとインドのラマ・ラウ女史（Lady Rama Rau）が共同して会長になり、IPPFを主導した。IPPFは、少額の贈与と緊急寄付によるわずかな予算で運営され維持された(40)。今日のIPPFは、一三〇ヶ国のFPAが加盟し、年次予算が一億（米）ドルという、家族計画については世界最大の非政府組織になっている(41)。

IPPFが誕生した国際的な背景は、人口過剰による社会不安への懸念が国際組織の設立への参加と結びつくという、きわめて特殊なものであった。サンガーたちが当初努力して女性のセクシュアリティとリプロダクティブ・フリーダムに結びつけようとしていたバース・コントロールは、こうした背景によって次第に無関係なものになってしまった。人口問題の解決をはかろうとすることは、IPPFの初期の組織者たちが女性とバース・コントロールのつながりを不可視のものにすることになった。しかしながら、IPPFが誕生した背景を、IPPFという組織から離れて検討することはできない。そこで次の節以降では、IPPFの組織構造とその組織構造がIPPFの諸政策に及ぼした影響について分析することにする。

IPPFの組織構造

IPPFは、国内的レベル、地域的レベル、国際的レベルといった三つのレベルで運営されている。国内的レベルは、加盟する一三〇ヶ国のFPAにより構成されている。地域的レベルは、六ヶ所の地域理事会からできており、各地域理事会には地域理事とプログラム・スタッフがいる。国際的レベルは、本部理事会と会員団体総会、執行委員会の他、さまざまな委員会と事務局からできている[42]。では、各レベルについて順次検討していくことにしよう。

ＩＰＰＦは各国のＦＰＡの連合体である。ＦＰＡはそれぞれ自律的で、各々の文化に内発的に支えられており、国内のボランティアによって指導されている。このことは少なくとも二つの理由で、ＩＰＰＦの強みと考えられている。第一に、非政府の組織体としてＦＰＡは、家族計画の進め方について柔軟で創造的な対応を期待されている。第二に、より重要なことは、内発的な組織であるため、各国のＦＰＡは、西欧に本部を持つ国際組織よりも大きな信頼を国内で得ることが期待されている。ＦＰＡは、ＩＰＰＦ全体で年間延べ八万人／日を提供しているボランティアに大きく依存している。さらに、こうしたボランティアはたいてい、政府の意思決定者と重要なつながりを持った専門家集団の一員である。ボランティアを基礎にすることによって、各国のＦＰＡは、専門知識と地域社会とのつながりを持つ人を集めることができるが、もしこうした人々のサービスをＦＰＡが「買って」いたら、限られたその資産は使い果たされてしまっていただろう[43]。

こうした自主性のおかげで、ＩＰＰＦのＦＰＡは、さまざまな立場やプログラムを持っている。自国政府と緊密に連携して活動している団体もあれば、真っ向から対立して活動している団体もある[44]。規模の面でも、小規模な活動の団体から、数百万ドル・クラスの活動をしている団体までさまざまである。また、教育サービスや情報提供活動だけを行う団体もあれば、総合的な医療設備を持っている団体もある。さらに、ＩＰＰＦと緊密な協力関係を持ち、国際的レベルでの意思決定に参加し、共同プログラムもたくさん実施している団体もあれば、ＩＰＰＦからほぼ独立して活動している団体もある。しかしどの団体も、ＩＰＰＦの目的、つまりバース・コントロールを人権問題と開発問題の双方の理由から促進することへの関与という点では共通している[45]。

地域レベルでは、ＩＰＰＦの中に、数はまちまちだがＦＰＡのグループを統括する地域理事会が六つある。例えば、インド洋地域は五ヶ国の団体しかないが、西大西洋地域は四一ヶ国の団体をカバーしている。地域理事会もボランティアで構成されており、各ＦＰＡが少なくとも一名の代表を送ることになっている。地域理事会は、メンバーであるＦＰＡの発展と活動状況を調べて、各ＦＰＡ間の情報のとりまとめ役を果たす。さらに地域理事会は、各ＦＰＡのプログラムや戦略、予算を見なおし、ＩＰＰＦの政策と照らしあわせて、受け入れられるものかどうか確認する。地域のためのスタッフは、国際事務局の地域部と現地スタッフから出される(46)。

国際レベルでは、ＩＰＰＦはさまざまな部門からなる。一九七七年にできた会員団体総会では、一三〇ヶ国のＦＰＡの代表が三年に一回集まり、ＩＰＰＦの役割や家族計画についての問題、ＩＰＰＦの目的の実現方法などについて議論する。会員団体総会は、意思決定はしないが、本部理事会が起草した一〇年計画を承認する。本部理事会は任意的な組識で、ＩＰＰＦの意思決定を行う。本部理事会は、六つの地域理事会の代表の他、ＩＰＰＦの会長と本部理事会議長からなる。本部理事会の会期中以外のときは、本部理事会の代表と財務担当理事から構成された本部常任理事会に、本部理事会のかわりに意思決定を行う権限が与えられている。さらに本部常任理事会は、政策を起案・発展させ、本部理事会にかけることも行っている(47)。

いくつかの委員会が、本部理事会やＩＰＰＦ全体に対して、予算・財政にかかわる問題やプログラム政策にかかわる問題に関して助言している。また、本部理事会の主要な委員会の一つである国際医療諮問委員会は、避妊法分野の専門家で構成されていて、出産方法や薬の情報提供、本部理事会に対する医学面の助言を行っている(48)。

そして最後に、事務局は事務局長に導かれ、ＩＰＰＦ全体に専門的・技術的なサービスや支援サービスを提供している。本来事務局は、国内的レベルの事務所や地域的レベルの事務所、国際的レベルの事務所にサービスを提供することになっているが、家族計画の分野で専門知識の蓄積があるため、事務局はＩＰＰＦの中で次第に指導的な役割を果たすようになってきた。各国のＦＰＡは、事務局が利用できる情報や資源、組織構造をまとめて管理することによって、IPPFはより強力な統一的見解を表明することができると考え、事務局が指導的役割を果たすことを支持した[49]。

会員団体によって、そのニーズに応えるために設立された国際非政府組織（International Non-Governmental Organisation, INGO）であるため、IPPFのおもな役割の一つは、各国のFPAを代表し、関心を表明し、会員団体間の情報の流れを調整し、財政的・技術的・行政的支援を提供することである。また、IPPFの規模のため、そして、IPPFが歴史的に行ってきた諸々の努力が比較的成功してきていることから、IPPFの会員団体であることが新規加盟団体に、そうしないかぎり得られないような正統性を与えている。とりわけバース・コントロールや家族計画に反対する環境の中で活動している団体には、そうしないかぎり正統性が得られないのである[50]。

しかしながら、われわれが関心をよせている視点から言ってより重要なのは、国際的レベルで家族計画と人口調節を促進するうえでのIPPFの役割である[51]。この役割においてIPPFは、一つの国際組織の代表として政府や他の国際組織に対応し、各国のFPAに対しては、IPPFの方針に従い、IPPFが定めた特別なテーマや事業を実行するよう要求することによって、国際世論を作りあげようとしている。そのため、IPPFと各国のFPAの関係は相補的なものであって、IPPFはFPAの利益も代表する一方で、FPAからの意見の反映を通じてIPPF全体の政策や手続きを調整し、方向づけている。

人権と開発

IPPFの初期の活動は、バース・コントロールに対するIPPFの哲学的な立場をさらに進めること、またバース・コントロールと人口の問題に強い関心を持つ人々の中での正統性を高めることという二つの議題に費やされた。そのことがＩＰＰＦの資金集めに役立つと期待されていた。こうした目的のためＩＰＰＦは、国連システム下の諸組織、例えば世界保健機関（World Health Organisation, WHO）や国連食糧農業機関（Food and Agriculture Organisation）、経済社会理事会などから認められること、生化学者や婦人科医、生物学者、研究者などの「技術者集団」からの支援を活用することに力を注いだ(52)。この時期にはまた、ＩＰＰＦの活動を系統だてる基本テーマの構築にも力をつくした(53)。

ＩＰＰＦが国際的な人口調節をどのように進めるべきかという問題をめぐって展開された議論は、三つの争点に集中していた。つまり、中絶防止におけるバース・コントロールの役割と、人権にかかわる問題としてのバース・コントロール、そして、人口増大がどの程度経済開発を阻害するのかという点であった(54)。特に強調されたのは、人権と開発をめぐる問題であった。ＩＰＰＦとしては中絶という争点を特別扱いしないと決定していたが、その後のＩＰＰＦの政策は、バース・コントロール・サービスが不足している国においては、妊娠を制限する方法として中絶に「頼りすぎる」傾向があることを意識するものであった(55)。

ＩＰＰＦは、計画出産の知識は基本的な人権の一つであり、世界の人口と天然資源、生産性のバランスを保つことは、人類の幸福と繁栄、平和のための必要条件だと主張している。こうした信条に基づいて、ＩＰＰＦは「世界中で家族計画サービスを主導し支援すること、人口・資源・環境・開発の問題の相互関係についての人々や各国政府の理解を高めること(56)」を目的としている。この信条についての基本的な支持を共有することは、ＦＰＡの役割であり、ＩＰＰＦの役割は、ＦＰＡが人権と開発をめぐる問題を取りあげるさまざまな仕方を詳しく説明することである。

ＩＰＰＦが人権と開発をどのように捉えてきたのかを吟味することによって、ＩＰＰＦがジェンダーに付与している特定の意味を、それも絶えず変化していくそのような意味をよく理解することができるであろう。例えば、

ＩＰＰＦが人権に関して最初に提示した定式化は、バース・コントロールについての情報とサービスを家族とカップルが手にする権利に焦点を据えていた[57]。このことは、当然のことながら、ＰＰＦＡが一般的に重点を置いていたのは家族であったことと整合している。ＰＰＦＡと同様にＩＰＰＦは、家族というものがバース・コントロールを決定する主要な場であると考え、家族を強化しようとしていた。しかし、ＩＰＰＦの事業は、世界の中で特殊で無比の家族状況に家族計画を合わせるものであった。一九五九年のＩＰＰＦの第六回総会において、カルカッタのマキーサ・セン博士（Dr. Muktha Sen）は、次のように述べている。

「……われわれは、家族生活をより幸福で満たされたものにしようと考える独特な文化的パターンを持っている……家族生活教育は、家族生活を満たされたものにするという目的に従って自分たちが教育されているということを人々に気づかれないようなかたちで、実施されなければならない[58]。」

家族の諸権利と家族の安定への関心は、ＩＰＰＦが開発の問題を重視したことと密接に関連している。マーガレット・サンガーは、一九五八年に次のように書いている。

「バース・コントロールの考え方が特定の国や特定の時代に社会的な信用を受けているか否かにかかわらず、バース・コントロールは、子どもの福祉、母の健康、男性の心の平和、幸福な結婚を擁護する最も優れたサービスである。避妊によるバース・コントロールは、人口調節の希望を与えてくれるもので、それは世界に平和をもたらすことができるだろう[59]。」

そのため、国際的なバース・コントロール運動とそれを制度的に体現するＩＰＰＦは、結婚の幸福と家族の安定という国内的な関心に取り組みつづけただけでなく、人口増大がグローバルな規模で及ぼす影響の問題にも取り組みつづけたのである。

開発に関するＩＰＰＦの理解の仕方は、ＩＰＰＦの優生主義的指向と切り離すことができないかたちで絡みあっている。これは、イデオロギー的な関係以上のつながりであった。例えば、英国優生主義協会は、当時のＩＰＰＦを資金的に支援していた主要団体の一つであり、当初はロンドンの事務所を無料で提供していた(60)。先に述べたように、ＩＰＰＦへの出資者の多くは優生主義的なつながりを有しており、自らの主張を表明するのに何のためらいも感じていなかった。例えば、一九五九年のカルカッタ総会でＣ・Ｐ・ブラッカー博士は、西側諸国とその同盟諸国は、積極的な優生主義的政策、つまり、共産圏の諸政府に対する優位を維持するために、核時代に必要な特殊技能（高度の知性と数学の才能）を有する人々の間での出生率を高めるような政策をとるべきだと主張した(61)。サンガーの次のようなレトリックに示されているように、国際的に適用された優生主義思想は強力な動員力を持つ道具であった。

「大火事や悲惨な事故、病気の流行が起こると、人々の努力を地域で動員する力は驚くほど大きい。しかし、毎日のように、欠陥のある子ども、つまり、精神的・身体的に見捨てられた子ども、愛されず世話をされない子どもが、あらゆる国で生まれている。こうした子どもの誕生に際しては、公的な資源の大きな動員は起こらない。確かに多くの組織で、こうした子どもが生まれた後で子どもを助ける莫大な努力をしてはいる。根本的な問題は残されたままになっている(62)。」

ＩＰＰＦが掲げる、人権と開発という二つの中心原則は、双方とも深くジェンダー化されたものであるにもかかわらず、ＩＰＰＦはこれら二つの中心原則を、比較的「ジェンダーについて中立的な」仕方で提示してきた。既に論じたように、バース・コントロール運動は、女性と男性について率直に述べる場合にも、沈黙する場合にも、ジェンダー化されている。人権と開発のレトリックは、女性の従属と女性のリプロダクティブ・フリーダムの関係を理解するよりも、はるかに一般的に受け入れられやすい意見を動員するための道具であった。ＩＰＰＦが人権を捉える際には、個々の女性や男性は消えていた。家族やカップルの権利との関連でのみ、人権は捉えられていたからである。同様に、ＩＰＰＦが開発を理解するに際しては、ジェンダー諸関係の変容や女性のエンパワーメントへの強い関心は消えていた。なぜなら開発は、人口の統計的研究と経済開発の関係とのかねあいで理解されていたからである。

ＩＰＰＦの初期の組織者が持っていた優生主義的関心や、家族において女性が担う役割についての伝統的な諸想定と結びついた結果、ＩＰＰＦの戦略は、女性の解放に関心を持っていた初期のバース・コントロール活動から急速に離れていった。現にこうした政策は、女性を無視するだけでなく、結果として女性の力を弱めている。この戦略はＩＰＰＦの初期の政策や意見を性格づけるものであったが、定まったものではなかった。次の節では、人権や開発、ジェンダーに関するＩＰＰＦの理解の仕方がどのように変化したのかを検討することにしたい。

六〇年代と七〇年代のIPPF

ＩＰＰＦが最も大きく成長したのは一九六〇年代のことで、その時期に組織的・財政的・理念的なさまざまな変革が実施された。一九六〇年代前半のオッテセン=ジェンセン女史（Mrs. Ottesen-Jensen）代表の時期に、ＩＰＰＦ

とその地域組織の運営が合理化された。一九六三年までには、IPPFの国際的な地位を高めることを目的とする広報機能も持つ事務局長の役が、創設されることになった。初代事務局長になったサー・コルヴィレ・デヴェレル（Sir Colville Deverell）は、広報面で大きな成功をおさめ、任期中に、IPPFは多くの国連機関の諮問機関としての地位を獲得した(63)。このことは、IPPFの地位を国際的に高めただけでなく、「人口問題」を広く提起したという意味で、IPPFにとって重要な実績となった(64)。

一九六〇年代は、家族計画や人口調節についてのイデオロギー的な支持が高まり、それにともなって財政面の支援も高まった時期であった。ヒュー・ムーア基金は、トム・グリーズメルの小冊子『人口爆弾』（一九五四年）を配布しはじめた。この小冊子は、初めは専門の評論家に酷評されたが、六〇年代に急に売れはじめ、一九六九年までには五〇万冊が売れた。この小冊子がIPPFにイデオロギー的な支持を与えたことに加えて、ヒュー・ムーア基金はIPPFに財政的な支援を行い、ヒュー・ムーアは、彼自身の活動やトム・グリーズメルの活動を通じて、IPPFに執行上、行政上の支援を行った。グリーズメルの給与は、任期中のほとんどの期間、基金を通じてIPPFに寄付された(65)。

多くの公的研究機関と民間研究機関が、統制されない人口増加がもたらす破滅的な結末についての調査を発表したのにともない、諸国政府はいやいやながら、民間組織は積極的に、人口調節機関に資金を提供するようになった。資金を集めるのに特に成功したのは、一九六〇年に始まった世界人口危機キャンペーン（World Population Emergency Campaign, WPEC）であった。このキャンペーンは、最初の会合の期間に一〇万ドルの資金を集め、さらに二年間の期間に、数少ない裕福な寄付者に支援を求めつづけることに成功した。WPECは、医院や母性の健康についてはほとんど言及せず、その代わりに「人口危機」についての公的教育キャンペーンに力を注いだ(66)。

一九六六年は、資金集めの点で、IPPFにとってまさに分岐点となった。それ以前にはIPPFは、おもにブラッシュ（Brush）財団やフォード財団、ヒュー・ムーア、ジョン・D・ロックフェラー・Jrなどの民間財団やオクスファム（Oxfam）などの非政府組織（Non-Governmental Organisation, NGO）から、WPECなどの公的な呼びかけを通じて贈与や寄付を受けたり、さらにFPA、特にPPFAから贈与や寄付を受けて運営されていた。そうしたなかで、一九六六年にIPPFは、スウェーデン国際開発庁（Swedish International Development Agency, SIDA）とアメリカ合衆国から寄付を受けた。これは、IPPFの予算集めに政府が関与した最初の事例であった（それ以前に、SIDAが特定の事業を支援したことは何回かあった）。他の政府もすぐにこの先例にならうようになり、IPPFは現在、その資金の大部分を政府資金から得るようになった。具体的にはIPPFの収入の八〇から九〇％が、政府からの贈与となっている[67]。

そのため、人口調節についてのアメリカ合衆国の関与をなくそうという試みにもかかわらず、IPPFはPPFAやアメリカ合衆国の民間団体の資金を受けつづけることになり、その結果アメリカ合衆国政府は、人口関連の活動やIPPFの支援に積極的にかかわることになった。アメリカ合衆国政府は、発展途上国から出される人口調節についての支援要求にアメリカ合衆国が応じることを勧告した、一九五九年のドレーパー委員会報告（Draper Committee Report）で、「人口問題」の存在を公式に認めることになった。アイゼンハワー大統領はそうした見方に反対し、人口問題への支援は民間組織の範疇だと主張した。その後のケネディ大統領も、同じくあいまいな見方をしており、「アメリカ合衆国よりも速いスピードで人口増加しているわけでもない黒人や褐色人種、黄色人種の人口を制限すべきだと扇動するかのような行動は、アメリカ合衆国にとって心理的に最も大きな過ちである[68]」と主張した。

しかし、ケネディとその後のリンドン・B・ジョンソン両大統領は、人口問題をめぐる多くのロビイストの攻勢を集中的に受けた。PPFAやIPPFに加えて、ヒュー・ムーア基金、ジョン・D・ロックフェラー三世、さらにはノーベル賞受賞者の要請や、国務省を含むアメリカ合衆国政府内での要請といったこれらすべてが、発展途上国への人口関連支援問題に関する政府の公式見解を変える力になった(69)。

一九六〇年代の半ばには、人口調節はアメリカ合衆国の対外援助政策の中で最優先の問題となり、人口調節プログラムの採用は、アメリカ合衆国の援助を受け入れるどの国に対しても要求されるようになった(70)。リンドン・B・ジョンソン米大統領は、内外で家族計画の積極的な支持者となり、彼の「貧困との闘い基金」をバース・コントロール・プロジェクトに利用できるようにし、さらに米州機構(Organization of Amerrican States)で人口問題の重要性についてロビー活動を行った。国連二〇周年の際の演説でジョンソン大統領は、「人口調節に対する五ドル以下の投資は、経済成長に対する一〇〇ドルの投資以上の価値があるという事実をもとに、政策を決定しよう」と述べた(71)。米国国際開発庁(US Agency for International Development, AID)は一九七〇年代において、IPPFの総予算の半分以上、人口調節関連のNGOであるパスファインダー基金(Pathfinder Fund)の予算の九〇%以上を拠出した(72)。

一九六七年にはIPPFは三三〇万ドルの予算で運営されていたが、そのわずか六年後には、三〇〇〇万ドルの予算となった。一九六〇年代と一九七〇年代の間にIPPFの資金が増加したことは、その期間のIPPFの考え方に間接的な影響を与えた。IPPFの公式の立場は、つねにアメリカ合衆国の影響を大きく受けて、いわゆる人口爆発についての「恐怖を煽るもの」であった一方で、IPPFで働いている多くの人々は、女性のリプロダクティブ・フリーダムにおけるバース・コントロールの役割という基本的な関心に動機づけられていた。マーガレット・サンガーのような女性たちや一部の男性は、アメリカ合衆国のやり方が好きでないけれども、より多くの聴衆を引きつけ、国際的なバース・コントロール運動に資金をもたらすには効果的であることを認めていた。しかし、IPPFがさまざまな資金源により、さらに強力な財政源を確立するにつれて、IPPFの「公式の立場」はIPPF内でも既定のものになっていった。多くの金銭的報酬を提供できるようになったこと、そして、国際社会での名声が高まったことによってＩＰＰＦは、より多くの専門家の男性と一部の女性を引きつけた。いまや官僚や医者、人口学者は、ＩＰＰＦを主導するだけでなく、その運営にも加わるようになった[73]。

ＩＰＰＦの「専門化」の高まりは、多くの点で明らかであった。ジュリア・ヘンダーソン（Julia Henderson）は、行政管理予算局や社会福祉局、人口局といった国連での長い経験の後、一九七一年にＩＰＰＦの事務局長になった。ヘンダーソンは、一九七二年にＩＰＰＦに評価局を創ることに貢献した。評価局は、家族計画プログラムに統計的な評価手続きを施し、人口統計学的な動向の変化についての情報の蓄積と普及を調整し集中化することを目的としていた[74]。家族計画プログラムに対してこのような、より「科学的な」アプローチを適用したことは、さまざまな帰結をもたらしたが、その中でも決して小さくない帰結は、人間を基本的に計測量というかたちで表現することであった。こうして人間は家族計画の目標集団となり、これを適用した人々は「対象者」または「受容者」として扱われ、避妊法の成果は「出生回避例」や「一年あたりの保護されたカップル数」というかたちで扱われるようになった[75]。

このように、一九七〇年代までにＩＰＰＦは、かなりの財政源を扱える国際組織になり、国際社会において重要な位置を占め、指導的な地位だけでなく組織運営上の地位においても専門家の数は増加していった。また一九七〇年代には、さまざまなプログラムが、人口増加率に及ぼす影響と人口増加率の双方を明らかにするために客観的で検証可能な測定技術を開発することを通じて、できるかぎり「科学的な」方法で人口調節政策を実施するようになった。ＩＰＰＦがその下で活動し、なおかつ働きかけてきた物質的諸条件やＩＰＰＦが再生産した諸々の観念によって、バース・コントロールと女性の解放との関係は、ほとんど完全に不可視のものにされてしまった。人口爆発や優生主義、科学主義は、バース・コントロールの情報やサービスを普及するにあたってかなり効果的な手段でありつづけた。

人口爆発の恐れとその破壊的な影響の可能性は、一九七〇年代中頃まで、ＩＰＰＦや他の人口調節機関の思考を支配していた。こうした見方への最初の挑戦は、一九七四年にブカレストで開催された世界人口会議においてなされた(76)。この挑戦は、人口調節論者が家族の安定を強調することやその優生主義的な指向に対してなされたのではなく、開発と人口調節の関係をめぐる既存の理解の仕方に対してなされた。会議の開会に際して国連事務総長のクルト・ヴァルトハイム（Kurt Waldheim）は、かつては容認できた見解どおりに、「世界の人口の問題が危険を引き起こすだけでなく、世界の全人口（つまり、すべての人々）が危機に直面している(77)」と主張した。それとは対照的に、発展途上国の代表者たちは、「開発は最善の避妊法である」と主張し、人口水準に影響を及ぼすのはより高い生活水準であって、より効果的な避妊法や家族計画プログラムの開発だけではないと主張した(78)。先進工業諸国の代表者たちは、自分たちに投げかけられたこのような反論に衝撃を受けると同時に、中華人民共和国の代表者が、世界人口会議は「人口爆発の不合理な理論を徹底的に一掃すべきだ(79)」と要求したことにも衝撃を受けたとのことである。

国際的な人口調節は、何もないところから生まれたわけではない。これは、国際金融や国際貿易、国際戦略問題などの分野で戦後行われてきた国際的な管理と完全に同調する動きであった。同様に、人口計画についてのアメリカ合衆国の見解を「第三世界」が拒否したことは、多くの発展途上国の代表者たちが当時展開していた、新国際経済秩序の要求を含む広範な攻勢の一部であった(80)。人口調節論者はこうした要求に驚いたかもしれないが、より一般的な国際的潮流に敏感な者なら驚きはしなかっただろう。アメリカ合衆国のヘゲモニーの後退は、人口と成長に関する支配的な理解の仕方への「第三世界」の挑戦を可能にしたのである。

この批判は確かに重要で、発展途上国の代表が自分たちの問題を自分たちの手で規定しようとする数ある方法の一つであった。だが、この論争において注意すべきことは、この論争の両当事者とも、生殖能力と社会・経済開発に関する理解の仕方に関心を集中させており、自らの生殖能力を女性が管理することに関心があったのではなかったということである(81)。ブカレスト会議において女性の地位に関する勧告がなされたが、その勧告は、基本的な「人口と開発をめぐる論争」〔引用符は訳者〕に対する二次的なものにすぎなかった。まさしくそれは、バース・コントロールを女性が容易に受け入れるよう、女性の地位を向上させることに関心を集中させていたのである。当時、一般的に人口調節論者は、特にIPPFは、生殖に対する女性のコントロールという考え方を、バース・コントロールに関する自分たちの理解の仕方に入れなおす方向には動かなかった(82)。

IPPFと女性

開発と人権とのかねあいでバース・コントロールをどう捉えるかを整理するなかで、IPPFは、自らの政策と提言がジェンダーに関する諸々の理解の仕方に影響を及ぼすとともに、ジェンダーに関する諸々の理解の仕方によって自らの政策と規定が影響を受けるということを、しばしば無視した。しかしながら一九七〇年代以降、IPPFは、人権と開発という二つの基本原則を通して女性と男性の双方を明確に扱いはじめた。このような変化は、ジェンダー諸関係の問題に比較的理解を示す環境の中で生まれた。一九六〇年代の終わりに大部分の先進国で、女性解放運動の第二波が起こった。この第二波は、それまで女性が否定されていた分野に女性をもっと関与させることを要求しただけでなく、女性と男性の関係や社会の中で女性と男性が担う諸々の役割についての伝統的な考え方にも挑戦するものだった(83)。

第二波の一つの共通した組織的要求は、性と生殖に関する女性の選択権の要求であった。第二次世界大戦後、女性がしだいに労働力へと編入されていったことを考えれば、性と生殖に関する女性の選択を要求として掲げたことは、とりわけ的を射たものであった。新しい女性運動が起こった後、多くの国が次々に、バース・コントロールや中絶をめぐる禁止法を撤廃し、リプロダクティブ・フリーダムの問題について触れるようになった。リンダ・ゴードンは、一九七〇年代に強まったリプロダクティブ・フリーダムの要求は、バース・コントロール運動の歴史を通じてこれまでなされてきたバース・コントロールの要求の中でも、最も強烈で、明らかにフェミニズム的な要求だったと述べている(84)。

フェミニストの活動は国境の中に閉じこめられてはいなかった。少なくとも他の国際組織の目から見ると、国連「女性の一〇年」宣言は、女性運動に国際制度からの正統性を加えた(85)。一九七五年の国際女性年宣言とそれに続く一九七六年から八五年の国連「女性の一〇年」宣言は、IPPFのようなINGOに「女性の地位向上に貢献するような新しい方法を考えだす(86)」動機を与えた。このような状況の中で、女性の権利や女性の開発、家族計画への男性の関与を広く認めること——国際的な人口調節のジェンダー化された性格を認識するアプローチ——は、IPPF内部での歓迎すべき新しい動きであった。

先に述べたように、人権に対するIPPFの初期のアプローチは、女性と男性の区別をしていなかった。人権の旗印はIPPFにとって大きな成功であったし、バース・コントロールを広めるにあたって最も受けがよく最も効果的な戦略の一つであった(87)。この成功を背景とし、基本的人権と家族計画の権利との関係をもっと十分に発展させる方向に進むにつれて、IPPFは、基本的権利を行使するにあたっての女性と男性の能力には重要な違いがあるということに気づきはじめた。あるワーキング・グループの報告書には、次のように記されている。

「家族計画の権利は、第一に、そして最も重要な意味で、女性の権利なのである。基本的人権と家族計画の権利とのつながりは、女性の権利との相互作用において最も明確なものになる。女性が子育てにかかわる真の選択権を持たないかぎり、他の権利を享受する能力は制限されるであろう。同じく、子どもを産みつづける以外の他の役割を果たす機会を与えられないかぎり、自らの生殖能力をコントロールする権利を女性が利用しない可能性が高いであろう(88)。」

このように、人権についてのＩＰＰＦの立場は、ジェンダー・バイアス〔巻末訳注＊４を参照〕を事実上無視する捉え方から、女性と男性の権利の明らかに重要な違いを認識する捉え方へと変化した。この見解の変化によって、性と生殖において女性と男性が担う役割には違いがあり、それゆえ、女性と男性は家族計画サービスに対して異なる権利を持つということが認められただけでなく、生殖をコントロールする能力がなければ、女性が保持している他の多くの権利を行使できなくなるであろうという事実が認められるにいたった。

バース・コントロールによる人口変動に関心がある者と、女性と女性のエンパワーメントに関心がある者とがＩＰＰＦの内部で展開した論争は、一九七〇年代にこの緊張関係を解く新しい道を見出した。関係者にとって効果的で満足できる妥協点となったのは、ＩＰＰＦが母性および乳児の健康と死亡率を強調したことであった。このことは、人口過多の障害と、多くの望まない妊娠と危険な中絶に直面しなくてはならない女性が背負う現実の重荷の両方を、うまく定量化する基準であった。これは両グループを動員できる問題であり、ＩＰＰＦの歴史を通じて重要なものでありつづけたとはいえ、特に一九七〇年代以降、ＩＰＰＦの政策声明の中心的な特徴となった(89)。

確かに、母性および乳児の健康は深刻な問題である。妊娠や子育ての結果、毎年約五〇万人の女性が死亡し、先進諸国の女性に比べて、発展途上国の女性のそうした危険は三〇〇倍に相当する。母親の死亡は、毎年二〇〇万人以上の孤児を生み、毎年約九五〇万人の乳児が一歳になる前に死亡している[90]。母性および乳児の健康は、初期のバース・コントロール活動家にとって最初の動機でもあった。しかしIPPFは、家庭の安定や、人口と開発の問題と同様、バース・コントロールは健康面での利益となるというメッセージはとても受け入れやすいものであるために、人の胸に訴えるものであることに気づいた。

「家族計画プログラムが、計画出産に反対するさまざまなグループによって次第に激しく攻撃されているときには、反論が難しいような証拠をもとに、比較的議論の余地のない健康面から家族計画を擁護する、強力な議論が特に重要である[91]。」

繰り返せば、母性の健康を強調することを通して性と生殖のジェンダー化された性格を認識しながらも、家族計画を推進するにあたってそのようなメッセージが受け入れやすいことを一つの理由に、IPPFは母性の健康を主張したのである。

IPPFにとってさらに劇的な、新たなる門出となったのは、一九七六年のイニシアティヴである「計画出産と女性の開発プログラム（Planned Parenthood and Women's Development Programme, PPWD）」だった。少なくとも、女性の地位の向上がバース・コントロールを女性に受け入れやすくするように直接影響を与えるかぎりにおいて、さらに、IPPFが家族計画サービスへのアクセスを手にすれば女性の地位は向上するだろうとも考えられるかぎりにおいてではあったが、IPPFは一九七二年には既に、家族計画と女性の地位との関係を認識するようになっていた[92]。しかしながら、ＩＰＰＦが政策とプロジェクトを通じてこのような理解の仕方に意義を与えはじめたのは、国連「女性の一〇年」への対応においてであった。

国連「女性の一〇年」宣言行動計画は、政府や国連機関、ＩＮＧＯに対して、女性の従属の問題と女性の地位向上を阻む構造的障害の問題の解決をめざしたプロジェクトを進めるよう求めた[93]。ＩＰＰＦは一九七六年にＰＰＷＤを発表し、四つの目標を立てた。その目標とは、(1)国連人口会議や国際女性年の勧告、ＩＰＰＦの女性の地位に関する決議やガイドラインを実行すること、(2)特に、家族計画プログラムと女性の健康・福祉・栄養・教育・経済状況を改善するためのプログラムを統合することをめざした、ＦＰＡと女性団体を含めた地元ＮＧＯとの協力事業を推進すること、(3)ＦＰＡの会員の基盤を広げ、ボランティアの参加を増やすこと、(4)出産年齢にあたる女性を、家族計画サービスに関する意思決定に関与させること、である[94]。プロジェクト資金調達のガイドラインは、そのプロジェクトが、女性の生活に何らかの明白な影響力をもたらす草の根のプロジェクトであるべきであり、女性の生殖の役割のみに焦点を据えたものであってはならないと指示している[95]。直接的にも間接的にも女性の地位を向上させるプロジェクトが奨励された。直接的なアプローチとしては、教育プロジェクト、賃金獲得活動に焦点を据えたプロジェクト、女性に保育などの社会サービスを提供するプロジェクト、家族計画サービスと教育の提供に女性を直接関与させるプロジェクトがある。間接的なアプローチとしては、女性のネットワークや組織の強化を目的とするプロジェクト、女性の法的地位の向上を目的とするプロジェクト、女性への義務教育推進プロジェクトがある[96]。

ＰＰＷＤプログラムは非常に幅広く、さまざまなプロジェクトに資金提供した。ＰＰＷＤの発表の年だけでＩＰＰＦは一五〇の企画書を受け取り、一九八一年までに約八一の企画に資金が提供された[97]。資金提供の規模は大きく異なり、ソロモン諸島の七五〇ドルのプロジェクトから、チュニジアの四万ドルを超えるプロジェクトもある(98)。プロジェクトの形態もさまざまである。ドミニカ共和国とグアテマラでは、キャンディ作りや手工芸品製作のような収入獲得プロジェクトにリボルビング・ローン*が利用されたし、ニカラグアとエクアドルでのプロジェクトのように、職業訓練プロジェクトの形態をとったものもあった。その他には、ジャマイカでのように、学校制度からドロップアウトする傾向のある若い母親の教育を行うプロジェクトや、エジプトでのように、女性の法的地位を改善するプロジェクトなどが行われた(99)。

＊訳注　対象となったプロジェクトに貸付を行い、返済がなされれば、返済金を利用して別の同種プロジェクトに貸付を行っていく形式のローン。

ＰＰＷＤプログラムから明らかなように、同プログラムは家族計画のジェンダー化された性格を無視しようとするものではなかったし、性と生殖において女性が担うにふさわしい役割や社会において女性が担うにふさわしい役割についての伝統的な考え方にのみ依存していたわけでもなかった。ＰＰＷＤプログラムには、社会において女性が担う役割に関する伝統的な考え方を採用し、それゆえ、工芸品製作や「家内技術」を強調しているプログラムもあったけれども、女性が担う役割についての伝統的な考え方を変容させることを目的とするプログラムもあった。多くのプロジェクトは直接的な家族計画の構成要素を含んでおらず、そのため多くの家族計画プログラムとは違って、家族計画サービスの「受給者」の数や「出生回避例」の数に関心を払っていなかった。

より重要なことは、この間にＩＰＰＦは、自らの生殖に対する女性のコントロールの重要性を明らかにしはじめたことであった。この間に出されたＩＰＰＦの政策声明のおもな焦点の一つは、ＰＰＷＤプログラムの枠外においてもこの問題を強調することである。ある決議には次のように記されていた。

「……両性間の真の平等を達成する基本的な条件は、女性が自分の生殖能力を調整する能力を持つことであり、したがって、性的パートナーシップにおけるこのような基本的自由を達成することなくしては、他の改革から恩恵を享受する努力において、女性は不利なままである(18)。」

このように、マーガレット・サンガーのような初期の活動家たちが女性のリプロダクティブ・フリーダムから離れてバース・コントロールを強調するようになって以来、最も強力なかたちで、自分の生殖能力を自らコントロールする必要性と要求、そして女性の権利を明確に認識する姿勢を、ＰＰＷＤに見出すことができた。

バース・コントロールについてのＩＰＰＦの捉え方が一九七〇年代に変化を見せたことを認識する一方で、われわれは、ジェンダーに関する諸々の理解の仕方や想定がしばしば相矛盾するものであるという事実に対しても敏感でなければならない。女性運動が行う諸要求に対応するなかで、そして、国連「女性の一〇年」宣言を通して受けた指導と動機づけの下で、ＩＰＰＦは、女性のリプロダクティブ・フリーダムと彼女たちの解放を関連づけはじめた。しかもさらに重要なのは、ＩＰＰＦが自らの諸政策と諸実践を通してそうした理解の仕方を発展させることに、その資源を振り向けたことである。しかしながら、いまだにＩＰＰＦの政策は、人口増加率を減少させることによって開発に寄与するうえで中心になるものとしてバース・コントロールを見なす理解の仕方をもとに、立てられてもいた。これは、母性の健康の強調に反映されていたが、女性の健康と利益を直接損なう方向に機能してしまうような政策をＩＰＰＦが採用するときに、より深く影響していた。デポ・プロベラ論争は、このことについてのよい例である。

この時期のＩＰＰＦは、注射できる避妊用デポ・プロベラの最大配給元の一つだった。ごく最近まで米国食品医薬品局（American Food and Drug Administration，FDA）は、子宮頸部や子宮内膜の癌、乳と肝臓の腫瘍、他のさまざまな副作用と薬の関係についてのテストに基づいて、この薬の製造社であるアプジョン社からの認可申請を却下しつづけていた[101]。しかし、ロンドンに本部のあるＩＰＰＦは、ＦＤＡの禁止の対象になってはいなかったため、デポ・プロベラを国際的に配給するために購入することができた（ＡＩＤの基金を利用していたとも言われている）。ＩＰＰＦは、ＷＨＯがデポ・プロベラを禁止しておらず、ＩＰＰＦは国際組織である以上、ＦＤＡのような個々の国家機関ではなくＷＨＯによって監督されるべきであると主張して、この立場を守った。この見方に従えば、ＩＰＰＦは、その医薬の決定にあたって先進工業諸国から提供される情報に完全に頼るように見えてはいけない。ＩＰＰＦによれば、ＷＨＯの政策に基づく決定は、ＦＤＡの政策に基づく決定よりも受け入れやすく、発展途上国の利益をよりよく代表するとのことである[102]。

そのような弁明は多くの重要な問題を回避していた。一つには、発展途上国の人たちがＷＨＯの決定をＦＤＡの決定よりも、何らかの意味でより受け入れやすいと感じるかどうかは疑問であるということが挙げられよう。だが、より重要なことは、デポ・プロベラがアメリカ合衆国で製造されているのに、アメリカ合衆国での販売はまだ禁止されていたことである。デポ・プロベラを配布することによってＩＰＰＦは、それ以外の方法では売ることができないでいた製品をアプジョン社が販売することを許し、事実上安全でない医薬品を発展途上諸国に対して捨て売りで押しつけたのである。他の国際的な家族計画組織はまさにこの理由によって、デポ・プロベラにかかわることを拒んでいた。ＩＰＰＦの加盟団体であるＰＰＦＡでさえ、その国際局を通してデポ・プロベラを提供することはしていなかったのである[103]。

デポ・プロベラは、効果的なバース・コントロールを実現すること。注射できることから、個々の女性に「渡す」必要はなく、「より強く動機づけられている」家族計画ワーカーに「渡して使用させる」ことができること。この二点から、人口調節提唱者にとって魅力的なものなのである。同様に、多くの農村女性は、必要なときに密かに利用でき、健康センターに定期的に通わなくていいということからデポ・プロベラをほしがる。しかし、彼女らはしばしば、副作用についての十分な説明のないままそれを利用している。女性たちがデポ・プロベラによる副作用について説明されたとしても、西欧の政府の多くが自国の女性にとって十分安全な薬だとは見なしていないことは、多くの場合説明されなかった(104)。

デポ・プロベラの政策を通して明らかなことは、バース・コントロールと女性のリプロダクティブ・フリーダムに関するＩＰＰＦの理解の仕方をめぐって、同組織の内部で闘争が展開された（そして、展開されつづけている）ということである。一方ではＩＰＰＦは、その主要な目的は発展途上国における出生率を下げることにあると強調することによって、女性にとって安全でなく女性パワーを弱めることにもなる避妊手段の採用を正当化することができた。他方では、ＰＰＷＤのようなプログラムが、性と生殖をコントロールする力を獲得することを通じて、女性自身がエンパワーする方法を見つける試みの始まりとなった。ここで確認しておくべき重要なことは、ＩＰＰＦが活動するなかで、かつてはジェンダー諸関係を不可視のものにしてきた諸々の観念とプログラムを問題にするようになったことである。近年のＩＰＰＦにおいてジェンダーがどのように論議されているかは、ＩＰＰＦが男性をどう捉えているかを検討することによっても説明できる。

ＩＰＰＦと男性

ＩＰＰＦは一九八二年以降、性と生殖において男性が担う特別な役割を強調しはじめた。「男性の家族計画への関与」と呼ばれたこの新しいイニシアティヴは、特に男性のニーズと関心にねらいをつけたプログラムを通して、家族計画へのより多くの男性参加の奨励を目的とした。男性を関与させることは、いくつかの違った方法で正当化された。第一に、ＩＰＰＦの家族計画プロジェクトのほとんどは女性のみに目を向けているが、このことは、避妊に関する決定に男性が現実には関与することを実際上無視してしまうのではないかとの懸念が、ＩＰＰＦにおいて提起された。この見方によれば、女性と同じく男性も家族計画の情報とサービスへの基本的権利を有し、したがって男性は、彼らのニーズに取り組むプログラムへの権利を有することになる。第二に、男性を家族計画プログラムに組み入れることによって、バース・コントロールへの彼らの抵抗がなくなるであろうと主張された。女性がバース・コントロールを受け入れるかどうかはしばしば、パートナーである男性の態度に基づくと言われた。特に男性をねらったプログラムは、たとえ避妊措置の受容者となるよう実際には促さなかったとしても、彼らのパートナーが行う避妊の選択を受け入れるよう促した[105]。

このように、ＩＰＰＦの政策における二つの主要なテーマである人権と開発は、子どもを産むかどうかの決定に多くの男性を関与させることをねらったさまざまなプロジェクトの全体を正当化するために用いられた。この分野でのプロジェクトの多くは、公的な教育キャンペーンを行い、家族計画手段についての情報を男性に提供することを目的とした。プロジェクトの中にはサービスを、すなわち、男性が頻繁に出入りする場所（男性の職場など）に、例えばコンドーム販売機を設置するサービスを提供するものもあった。男性、そして女性への教育サービスにおいて多くの場合重視されることは、一般に人気のない避妊方法、つまりコンドームを広めることであった[106]。

男性を関与させるイニシアティヴは、生殖において女性と男性が担う異なる役割と、生殖に対して見せる異なる態度や、人口計画者によって提起される自分たちの役割についての異なる考え方を強調したので、国際的な人口施策がいかにジェンダー化されているかを明確に示している。男性を関与させるイニシアティヴは、部分的には、多くの社会において（男性の不履行によって）バース・コントロールにかかわるほとんどの決定を行う地位にあった女性のためにもなるだろう。しかしながら、政策は少なくとも部分的には、女性と男性の関係についてのかなり伝統的な考え方を採用するので、このような評価には注意が必要である。ＩＰＰＦのあるアドバイザーは、次のように書いている。

「[家族計画への男性の関与を推進する］第二の理由は、すべてではないにしろほとんどの社会において、家族の長、家族の保護者、家族の扶養者としての役割を『事実上』担っているのは男性である［ということにある]。そのため男性は、婚姻生活や家族生活に影響を及ぼす事柄についての決定のほとんどを行う……彼らのパートナーが家族計画を実施するに際して男性が支持するか反対するかは、世界各地での避妊活用に大きな影響を与える(67)。」

こうしてＩＰＰＦの政策は、「世帯の長」としての男性が（生殖に対するコントロールを含む）すべての重要な決定を行う責任があるとの考え方を受け入れた。「男性の関与」は、家族内での女性の従属的な立場を変えようと試みるものではなく、ある意味では、バース・コントロールのために、家族内での女性の従属的な立場を利用しようとするものであった。さらに重要なことは、そのような政策が、世帯の長としての男性に関する非常に西洋的な想定――国家や文化のコンテクストの差異を超えて普遍的にあてはまるものではない、一つの想定――をもとにしていたことであった。

このように、ＩＰＰＦにおけるジェンダーの表現のされ方には矛盾があるということは、「男性の関与」イニシアティヴによってうまく説明される。一方では、その政策は、生殖において女性と男性が担う異なる役割を可視的なものにしたばかりか、現代の多くの国において避妊の決定と実施の重荷を女性が不公平に負っていることを強調した。他方でそのイニシアティヴは、女性に対する男性の支配を補強する方向に機能してしまうような、女性についての諸想定に依拠している。しかしながら、このような議論がなされたために、ジェンダーに関する諸々の考え方が、IPPFの内部で展開される、政策をめぐる諸闘争の中に少なくとも見えるようになった。このことは、次の節で検討されるIPPFと「新右翼」の闘争においても明らかである。

IPPFと新右翼

近年IPPFは、新右翼の攻撃対象となっている。新右翼の主張は、バース・コントロール、同性愛、核家族への選択に対する反対を通して表現される、反フェミニズム的な反動という側面と、国家には経済的・社会的なニーズに応える義務があるという原則と福祉国家に対する攻撃という側面の双方を含んでいる(108)。家族計画に反対する新右翼の活動のほとんどはアメリカ合衆国で生じており、新右翼はPPFAに焦点を据えてきた。例えば、多くのPPFAのオフィスが放火されている(109)。米国「生命の権利」全国議長であるJ・C・ウィルク博士(Dr. J. C. Wilke)は、家族計画について次のように述べている。

「われわれの社会の基本単位である家族を体系的に切り崩すことによって、われわれの愛する国家に暴力を振るっているのはこの人々である。われわれの子どもたちに性的乱交を奨励し、より多くの中絶を導くような、彼らの言う性教育によって、暴力を振るっているのである。彼らは、一〇代の子どもと親たちの間にくさびと壁、疑心を打ちこむことによって、暴力を振るっている。彼らは、妻の子宮に父として産みこんだ子どもの命を守る夫の権利を取り去ることを手伝うことによって、結婚に暴力を振るっている(110)。」

この対立は国際的な舞台にも広がった。ＩＰＰＦに対するレーガン政権の徹底的な攻撃は、一九八四年にメキシコシティで開催された世界人口会議で開始された。アメリカ合衆国では一九七四年以来、海外での中絶や中絶関連の活動にアメリカ合衆国の資金を投じることを、議会が禁止している。その結果ＩＰＰＦのような多くの組織は、中絶や中絶関連の活動を支えるために利用できる資金をアメリカ合衆国の資金援助と区別するため、分離した会計を保持していた。レーガン政権は、人口会議で配布したポジション・ペーパーにおいて、中絶サービスに資金を使うすべての国際組織に援助をしないと宣言した(11)。

レーガン政権は、その禁止の提案について三点の説明をした。第一に、レーガン政権が中絶に反対であることを簡潔に、強力に宣言した。第二に、いくつかの人口調節プログラムは、アメリカ合衆国が支持できない強制不妊のような強制的手段を採用していることを指摘した(12)。最後に、アメリカ合衆国政府は、人口爆発という考え方に対する立場を一変させ、世界人口ブームへの大規模な過剰反応であったと論じた。人口増加は自由市場が残した遺産であると主張した。出生率を下げようと自然のメカニズムを破壊するのは、政府による経済統制であり、「経済的国家主義（economic statism）」であるとした(13)。

新政策への批判はさまざまであった。一方では、家族計画の資金を削減することによって、レーガン政権は実際には中絶を減らすよりも推進していると論じられた。発展途上国において中絶に頼らずに家族の健康と幸福を維持できるのは、子どもの数を減らすことができる家族計画だけだと、批評者たちは主張した。新政策への反対論者は、「選挙年」の戦術として考えられるものだとも批判した。つまりレーガン政権は、選挙年という国内問題を国際的な舞台に押しつけ、事実上、アメリカ合衆国で許されていることを国際組織がしないよう求めている。最後に批評者たちは、ＩＰＰＦのような組織は、当該組織に加盟する自治的な会員連盟に政策を指示する立場にないことに言及した(14)。だが、一九七四年のブカレスト会議で持ちあがった「開発か人口か」の論争においてと同様に、発展途上国における家族計画サービスの削減がどれだけ女性に影響を及ぼすかを批判者たちが問わなかったことは、再び注目すべきことである。

一九八四年一二月にＡＩＤは、一九八五年のＩＰＰＦへの資金供給を更新しないと発表した。これは、ＩＰＰＦの五五〇〇万ドルの予算のうち、一七〇〇万ドルの削減、つまり約三〇％の削減を意味した。ＩＰＰＦの予算のうち〇・〇五％、つまり二〇万ドルしか中絶や中絶関連の活動に使われていないにもかかわらず、この削減が実行された。中絶関連の活動とは、中絶医療紹介、家族計画の一つの要素として中絶が議論される会議への代表派遣、違法な中絶の影響を受ける女性の治療を含む(15)。ＩＰＰＦは、各国の会員団体はそれぞれの決定を自由に行っており、一つの資金供給者にすぎないＡＩＤが、他の民間や政府の資金の使用条件を決定し定めることは容認できないと主張して、アメリカ合衆国の政策に従うことを拒否した(16)。しかし、一九八五年の夏に西半球地域の支部がＡＩＤの資金供給条件に同意したとき、ＩＰＰＦ内で分裂が起きた。ベッツイ・ハートマン (Betsy Hartmann) が報告しているところによれば、アメリカ合衆国の決定を転換させるとともに他の資金源を見つけようと積極的に活動してきたＩＰＰＦの米国支部であるＰＰＦＡは、この動きに激怒したとのことである(17)。

一九九〇年代に向けてのＩＰＰＦ

ＩＰＰＦによる人口と開発の強調は、大幅に、アメリカ合衆国の活動家の支持やアメリカ合衆国からの資金支援に支えられていた。皮肉にも、ＩＰＰＦに反対する声は、このアプローチを初期に形成した創始者の一部から上がったのであり、女性のセクシュアリティとリプロダクティブ・フリーダムの考え方からバース・コントロールを切り離すようＩＰＰＦが長きにわたって試みてきたという事実にもかかわらず、それは上がったのである。

これには多くの理由がある。一方では、ＩＰＰＦが女性のリプロダクティブ・フリーダムにおけるバース・コントロールの役割を強調するしないにかかわらず、バース・コントロールへの、時には中絶へのアクセスを女性に提供することによって、ＩＰＰＦはそれまでなかった選択肢を女性のために創りだしたと、反対論者は認識している。他方で新右翼は、ＩＰＰＦをねらって、単に家族計画を無力にするだけでなく、リプロダクティブ・フリーダムの達成によって女性が得たいかなるものも巻き返して後退させようとしている。

新右翼は、ＩＰＰＦの政策の中の人口と開発にかかわる部分に対しても挑戦した。以前は他でもないアメリカ合衆国政府がこの主張のおもな提唱者の一人であったのに、同政府はＩＰＰＦの名声を傷つけようと、人口爆発を神話であると攻撃し、自由市場のメカニズムが人口の水準を資源に見あった水準へと自然に調節すると論じた。これは、ＩＰＰＦが国際的な家族計画運動をこれまで組織してきた際に中軸となった動員メカニズムを破壊し、それまでＩＰＰＦが依存してきた正当化の支えをほぼ奪った。

しかし、このような危機は、組織を最大限に動揺させただけでなく、新しい可能性をもたらす好機ともなった。今日のＩＰＰＦの内部では、こうした攻撃にどのように対応するかをめぐって展開する闘争を見ることができる。その受け入れられやすさを理由に、母性の健康と男性の関与を強調するような政策が現れている一方で、ＰＰＷＤのような他のプログラムは、人権と開発という二つの根拠から生殖に対する女性のコントロールの中心的な重要性を強調している。今日のＩＰＰＦは、少なくともいくつかの意味で、女性を不可視のものにしようとするのではなく、女性を利するものとなっている。

この強調点の変化は、部分的には、ＩＰＰＦにおいて最も活動的な人々の構成が変化したことの結果である。いまだにＩＰＰＦは医者に支配されているが、その医者の中には以前よりも女性が増えてきている。さらに、バース・コントロールを正当な活動にする闘争が世界中で徐々に成功してきていることもあって、ＩＰＰＦはより多くの活動家を引きつけている。ＩＰＰＦはもはや、人口学者や優生学者に支配されているのではない。代わって、教師、フェミニスト、ソーシャル・ワーカー、そしてその他の専門家がＩＰＰＦに加わるようになってきたのであり、人口と開発の力学にのみ関心を向ける人たちから離れて、バース・コントロールについてのＩＰＰＦの理解の仕方を広げている(118)。

さらに一九八四年の財政危機は、ＩＰＰＦの資金供給支援をアメリカ合衆国以外にも拡大させたばかりか、他の形態による支援もＩＰＰＦにもたらした。ＩＰＰＦが全国連合の自治の原則をとることを、多くの国と国際組織が尊重し、それがおそらく、一九八五年に国連人口賞を受賞した理由の一つになったのだろう。加えて、アメリカ合衆国の資金分を埋め合わせようといくつかの国が動き、一九八六年までに日本やスウェーデン、英国、カナダ、ノルウェーの五ヶ国が、ＩＰＰＦの中核となる資金の七五％以上を供給した(119)。一九九三年までには、ビル・クリントン大統領が率いる民主党政権の下で、アメリカ合衆国が立場を変え、ＩＰＰＦへの資金提供を再開した(120)。

今日のＩＰＰＦも、女性に気を配る人たちが先頭に立っている。ＩＰＰＦの現事務局長であるハーフダン・マーラー博士（Dr. Halfdan Mahler）は、組織のテーマの一つとして女性の解放を取りあげている。実際に彼がＩＰＰＦに引き抜かれた真の理由は、ＩＰＰＦが女性の自由を求める闘いの中心であったためだと言っている(121)。彼によればこの闘いは、世界中の家族計画反対論者によって減退させられている選択肢を、より多く女性のために創ることを必要とするものである(122)。

マーラーは、その任務と目標の再検討を始めることによって、ＩＰＰＦが直面することになる数々の挑戦に応えた。一九九二年にニューデリーで開催された会員団体総会によって承認された一九九二年戦略計画は、ＩＰＰＦとその加盟団体は、「若者を含む女性と男性が子どもの数と出産の間隔について自由に決定する権利と、最高水準のリプロダクティブ・ヘルス／ライツ〔巻末訳注＊2を参照〕」を伸張し擁護することを約束するものであると述べている。また戦略計画は、ＩＰＰＦが「女性の平等権を獲得する」ことを約束し、さらに女性のエンパワーメントをめざすことを宣言している(123)。ＩＰＰＦは、危険な中絶の数を減らすことや、安全な中絶を推進することも行った。マーラーが述べたように、こうして「ＩＰＰＦは中絶の危機に積極的に取り組みはじめた……もはやわれわれは、自分たちを取り囲む現実を避けてはいられない(124)」のである。

この新しい使命宣言とその中に概説された目標と戦略は多くの点で、初期のＩＰＰＦの歴史からの劇的な離陸であり、ＩＰＰＦの内部で展開されたジェンダーをめぐる諸闘争がどのような方向に向かって収拾されようとしているかを示している。このような約束は、女性のエンパワーメントへの関心を反映しているだけではなく、セクシュアリティの言語がＩＰＰＦの語彙に再び導入されるようになったことを示している。もはやＩＰＰＦは、バース・コントロールと女性のセクシュアリティとの関係を不可視のものにはせず、現にいまやＩＰＰＦは、実際にそれを強調するまでになっている。さらにＩＰＰＦは、中絶合法化の立場を公に採用してもいる。あるＩＰＰＦの職員が評したように、「この組織にかかわるにはとても刺激的なときである(125)」。

結び

この章の目的は、生殖において女性が担う役割と男性が担う役割についての異なる考え方が、ＩＰＰＦという一つの国際組織の諸政策をどのように形づくったのかを示すことであった。バース・コントロール運動の初期の活動家が人々を動員するために用いたレトリックをはじめ、ＰＰＦＡとＩＰＰＦの創設や、ＩＰＰＦの歴史を通して採用された政策声明やプログラムが検討されてきた。ＩＰＰＦが出現し活動してきた特定の歴史的・物質的なコンテクストも概説してきた。このように本章は、人口調節にかかわる特定の関心を通して、IPPFがジェンダー諸関係を組織化する過程に関与してきたのはどのようにしてなのかを確認するために、諸々の観念や物質的諸条件、制度そのものを探索してきたのである。

生殖のコントロールは男女の関係に何か関係があるにちがいないとの見解は、少なくとも明白なものであるように思われるので、人口調節に関心を示す組織がジェンダー諸関係についての諸々の想定を反映してきたということは、〔あまりに当然すぎて〕驚くほどのことでもないとする向きもあるかもしれない。だが、自らの歴史を通じてIPPFがジェンダーを表現してきたさまざまな仕方は、概して、女性と男性との差異を否定するものだった。マーガレット・サンガーのような初期の組織者は、女性の生活改善をめざす最初の着想にもかかわらず、家庭の安定と社会の安定を促進するバース・コントロールの役割を特別扱いにするようになった。この安定による正当づけは、国際的な舞台についても適用された。そこでは、人口爆発とか共産主義によって国際的な安定が脅威にさらされているという仮想に脅え、国際組織を創設する約束がされていたのである。一九七〇年代における女性解放の動きの中でバース・コントロールの重要性への意識が高まったにもかかわらず、IPPFのジェンダーの捉え方はどう見ても矛盾を含んだままであった。つまり、一方では、家族において女性が担う役割についての伝統的な見方や危険な避妊方法を促進しておきながら、他方では、生殖に対する女性のコントロールを女性の地位改善に結びつけようとしていたのである。しかしながら、一九九〇年代のIPPFは、内外の新しい活動家たちとともに、女性のエンパワーメントを促進するために権限を広げ、バース・コントロールと生殖に関する議論にセクシュアリティの言語を再び導入してきている。

このように、ジェンダーをめぐる議論にかなり貢献するように思われる、一つの国際組織は、バース・コントロールと生殖のジェンダー化された性格についてごく最近まで沈黙していた。この沈黙は自然に生まれたものではなく、一つの政治的な帰結、つまり初期のバース・コントロールの活動家たちによってなされ、ＩＰＰＦの歴史を通してさまざまなかたちで再生産された選択の結果であった。さらにこうした選択は、活動家たちが活用できた諸々の観念を反映していただけでなく、これらの活動家がその下で活動した物質的諸条件をも反映していた。初期の活動家は、官僚や学者、優生学者、人口学者からの支持を得ることによって、バース・コントロールを正当化しようとした。一九七〇年代までに、ＩＰＰＦが大規模になり、信望や資金源を得るようになるにつれて、活動家のグループはＩＰＰＦの内部で完全に地歩を固め、彼／彼女らの影響はＩＰＰＦの諸政策やプログラムに反映されつづけた。だがこうした影響は、バース・コントロールの政策を女性の解放という当初の目的に立ち戻らせようと闘っているＩＰＰＦ内の他の活動家たちによって、仲裁されてきている。

このように、諸々の観念や物質的諸条件、ＩＰＰＦの関係者が活用できた制度的な諸機会は、彼／彼女らが抱き、ＩＰＰＦの歴史を通して変容していった、ジェンダーについての理解の仕方や捉え方を形づくった。このことは、国際労働機関（International Labour Organisation, ILO）に関しても言えることである。そこで第五章では、ＩＬＯについて検討することにしたい。

第五章　国際労働機関（ＩＬＯ）

本章では国際労働機関（International Labour Organisation, ILO）を例に、国際的な諸関係におけるジェンダーについて検討したい(1)。第四章と同様に本章では、諸観念や物質的諸条件に関心を向けるのみならず、ジェンダーに関する諸々の理解の仕方を反映するとともに、形成するに際してＩＬＯ自体が歴史的に担ってきた役割にも関心を向けることにする。ＩＬＯは国際家族計画連盟（International Planned Parenthood Federation, IPPF）よりも古く、一九一九年に国際連盟の一部として設立された機関である。加盟国は発足時四二ヶ国だったが、現在では一六〇ヶ国を数える。さらに、ＩＰＰＦが国際非政府組織（International Non-Governmental Organisation, INGO）であるのに対して、ＩＬＯは政府間国際組織（International Governmental Organisation, IGO）である。ＩＬＯの実質的な関心事項も、ＩＰＰＦとは大きく異なっている。ＩＰＰＦは、女性と男性にとって明らかに重要な争点である、家族計画や人口調節に機能的な関心を抱いているが、労働に対するＩＬＯの焦点は、ＩＰＰＦの場合ほど直接的には、ジェンダー化された諸々の理解の仕方や諸実践にかかわる問題に関心をよせるものではないように思われる。しかしながら、発足当初からＩＬＯは、家庭や労働力、より一般的には社会全体において女性と男性が担うにふさわしい役割をめぐる一定の諸想定をかなり明確に受け入れてしまうような諸政策を、遂行してきたのである。

ＩＰＰＦについて検討したときと同様に、この章でもわれわれは、ＩＬＯの女性政策に関するリベラル・フェミニズム風の記述にはないことに関心を持っている。とはいえ、ＩＬＯに関してはこうしたアプローチも、少なくとも一つの手がかりとはなり得る。なぜなら、ＩＰＰＦでは、女性とバース・コントロール〔第四章を参照〕との関係性を不可視的なものにする傾向があったのに対し、ＩＬＯの政策は一貫して女性についてはっきりと言及してきたからである。だが、このようなアプローチでできる説明は、分析を行ったものとは言いがたい。というのも、いくつかの例を挙げて「女性とＩＬＯ〔の関係〕」を位置づけることはできるだろうが、このようなアプローチが行うことはＩＬＯの女性政策の単なる記述にすぎないからである。そこで本章では、ジェンダーに敏感な分析をＩＬＯに適用することによって、ＩＬＯの諸政策の中でジェンダーが社会的に構築されていることを明らかにしようと思う。言い換えれば、（先に述べたように）われわれがめざしているのは、女性と男性がＩＬＯにどのように現れるのかを説明することだけではなく、彼／彼女らがそのような仕方で現れるのはなぜなのかを説明することなのである(2)。

そのようなねらいから本章は、初期の国際的な労働立法に関してどのような努力がなされたかについてまず検討することにする。一九世紀と二〇世紀の変わり目の時期における国際的な労働立法の制定を求める努力は、賃労働や家族において女性と男性が担う役割に関する特定の諸想定を反映したものであった。子どもを産む者、あるいは育児者としての役割ゆえに、女性が働く場合には賃労働の苛酷さから彼女たちを保護することが必要であると考えられていた。こうした見方によれば、女性は妊娠中、妊娠に悪影響を与える物質や作業から保護されるべきであり、子育ての主要な担い手としての能力を損なう可能性があるすべてのものから保護される必要があることになる。その一方で、子どもを産む者、あるいは育児者としての役割以外の面では女性を特別に保護する必要はないと考えられていた。つまり、妊娠した女性か母親として見なされない場合、女性労働者は「標準の」（すなわち、男性の）労働者として扱われたのである(3)。

こうした諸々の想定は、労働力や家族における女性に対する特殊な見方を反映していたが、こうした諸想定は、男性労働者のニーズについての特殊な理解の仕方を示すものでもあった。ＩＬＯにとって男性は、「標準の」労働者であると同時に完全に不可視のものでもあるという二重の位置を、しばしば矛盾するそのような二重の位置を占めるものであった。ＩＬＯが遂行する政策や計画において、「労働者」は男性である――ＩＬＯの歴史の大部分の時期に関して言えば、たいていはヨーロッパ系白人男性――と思いこまれている。したがって、女性が比較される普遍的な基準は男性労働者の基準であった。このことは女性にとって明らかに重要な点なので、本章でもことあるごとに検討していこうと思うが、この想定がもたらすジェンダー化の諸効果の影響を実際に受けたのは、何も女性だけではない。男性もまた、その影響を受けたのである。つまり男性は、生殖において彼らが担う役割や彼らのセクシュアリティゆえに、特別な保護を必要としないと見なされ、家族において彼らが担う役割は保護を必要とするほど重要なものとは考えられていなかったのである。

第二次世界大戦後、より多くの女性が労働力に編入されるにつれてこうした諸々の想定は次第に変化していったが、ＩＬＯが遂行する諸政策の強調点もまた、保護立法から労働力における女性の平等の促進へと変化していった。ＩＬＯが一九七〇年代以降に女性運動の諸要求に応えはじめるなかで、ＩＬＯの諸政策はこれまで以上に劇的に変化し、女性のための保護立法と平等の促進との間の緊張関係を問題とするようになった。徐々に、一方が他方の実現を妨げることが分かってきた。子育ての責任は女性だけが負うものであるとは考えられなくなるにつれて、男性もまた、ＩＬＯが遂行する諸政策において可視的なものとなっていったのである。

ＩＬＯの歴史を通じて女性と男性に関する捉え方がどのように変化してきたかを検討することで、ＩＬＯがどのようにジェンダー諸関係を反映し、国際的に組織化していったかについての分析を発展させることができる。したがって、国際的な労働立法に焦点を据えた諸政策や労働者の保護に焦点を据えた諸政策、そして平等の促進に焦点を据えた諸政策は、階級間や人種間、ジェンダー間の現行の権力諸関係や絶えず変化する権力諸関係を反映するのである。ＩＬＯの制度的な関心事項は、さまざまな前線で繰り広げられる国際的なレベルでの闘争が組織化される、より広大な過程の一部である。本章では最初に、ＩＬＯの組織構造を概観すべく初期の歴史を振り返り、その後、ＩＬＯの諸政策と諸実践におけるジェンダーに関する分析を行うことにする。

ＩＬＯの設立

ＩＬＯは、一九一九年に開催されたヴェルサイユ講和会議において、国際連盟の一部として設立された。労働条件を調整し、基準を確立しようとする国際的な試みは、一世紀前に、ウェールズのロバート・オーウェン（Robert Owen）やイングランドのチャールズ・ヒンドレー（Charles Hindley）、スイスのダニエル・ルグラン（Daniel Legrand）といった博愛主義的で宗教的な企業家たちによって始められた(4)。こうした個々の改革者たちは、家族生活や国民の健康、人間の尊厳は利益よりも優先するものであり、雇用不安が著しく増せば、国家の正統性が最終的に危険にさらされることになると主張した。改革者たちは、労働立法をめぐる世論や政府の考え方を変えることに成功したものの、その成功は限られたものであった。雇用に制約を設けることは国際市場における国内生産者の競争力を弱めることになると主張する人々の、イデオロギー的にも物質的にも説得力のある主張に、改革者たちは打ち勝つことができなかった。当時は産業資本主義が拡大し、自由放任の諸原則が席巻していた時代で、市場の力に訴える主張の方がはるかに受けがよかったのである(5)。

一九世紀の後半までに、初期の改革者たちが予見していた雇用不安がさまざまなかたちで現れはじめた。その結果、社会が変容したわけではなかったが、こうした事態を受けて、政府も労働者も次のような確信を抱くようになった。すなわち、労働者の労働条件は、改良主義的な手段でできなかったら、革命的な手段に訴えてでも取り組まれなければならなくなるとの確信を抱くようになったのである。労働者の団体や労働者の代表たちは、第一インターナショナルや第二インターナショナル、国際労働者協会（International Working Men's Association）、国際労働組合連合（International Federation of Trade Unions）といったさまざまなフォーラムで、この問題に取り組んだ。スイス政府が一八八九年と一八九六年に諸国政府に働きかけたこともあって、多くの国の政府でもこの問題が取りあげられた。スイス政府はこうした努力を続けたが、何らかの国際的な組織体が国際的な労働基準を制定する試みによって個々の国民国家の主権が脅かされるのではとの懸念を抱いた国々が、激しく反対した(6)。

こうした反対意見を一部受け入れつつ、一九〇〇年に国際労働立法協会 (International Association for Labour Legislation) が設立された。民間の非政府組織 (Non-Governmental Organisation) の方が各国政府に脅威を抱かせる度合いが少ないのではと期待されたが、世論や政府の見解に影響を及ぼすために活用できる、国際的な労働立法に関する一連の情報を創出する研究センターとしての役割も果たせるのではと期待された。ベルンでの一九〇六年条約において、同協会は二つの条約を提案した。一〇時間の最低休養時間を保証するために女性の夜間労働を制限する条約と、マッチ生産に従事する全労働者を対象とした、生産過程における白燐の使用を禁止する条約の二つである。この二つの条約とも、議論の余地がないと考えられたため特別に選ばれたもので、これらが容易に、また問題なしに採択となれば、国際的な労働立法の制定についても容易に勝利をおさめられると考えられたからである(7)。児童の夜間労働の禁止や、女性の一日あたりの最長労働時間を一〇時間半とする一九一三年の合意のような、労働立法の制定に向けた他の試みもあったが、第一次世界大戦の勃発で成立しなかった(8)。

国際的な労働立法の制定に向けたさまざまな試みがＩＬＯの設立へといたるには長い年月を要したが、一九一九年にＩＬＯが設立されたことには、第一次世界大戦後の連合国が抱いていたきわめて特定化された関心事が関連していると考えることもできよう。それは、休戦した後には広範な社会不安がやってくるとの懸念であり、ソ連の革命が西欧へと広がってくるかもしれないとの懸念であった(9)。先進工業諸国は、組織労働者が資本主義の外側からではなく資本主義の内側で改革に参加できるようなメカニズムを模索していた(10)。労働争議がもたらすさまざまな影響を国際組織を通じて軽減できないかとの関心と、前世紀のさまざまな活動とが結びつくなかで、一九一九年のヴェルサイユ講和条約に国際的な労働立法の導入を盛りこむ土台が築かれた(11)。

国際労働立法委員会は、一九一九年一月、パリ講和会議の開催直後に設立された。英国代表が国際組織設立に向けての草案を携えて第一回会議に出席し、そのほとんどが承認されていたこともあって、同組織の全般的な組織構造は非常にすみやかに採択された(12)。この草案には、組織構造の点から見てＩＧＯとしては特殊な、代表の三者構成システム設立案が盛りこまれていた。ＩＬＯの全加盟国は、年一回開催される国際労働総会（International Labour Conference, ILC）に、政府代表者と労働代表者、雇用代表者各二名からなる代表団を送ることとなっていた(13)。委員会はまた、理事会と呼ばれる小規模の行政委員会と、国際労働事務局と呼ばれる、事務局長を擁した事務局を創ることに同意した(14)。

英国が国際組織を創ることに自信を持っていたのは、自国内で労働争議を処理してきたことの経験に裏打ちされていた。アーンスト・ハース（Ernst Haas）によると、ロイド・ジョージ政権は一九一六年当時、組織労働者の支持を確かなものにするとともに労働生産性を向上させる方法を模索していた。そしてそのことを、いくつかの部門で賃上げを実施し、労働者のインプットを政府の政策に反映させようと労働省を創設することで実現した。労働省設立の責任者であったハロルド・バトラー（Harold Butler）とエドワード・フェラン（Edward J. Phelan）が、ＩＬＯ設立に向けての英国案の起草にもかかわったのである(15)。

ＩＬＯの組織構造は難なく承認が得られたものの、活動範囲と権限については議論の余地があった。ＩＬＯ設立草案には、国際連盟は恒久平和の確立を目的としているが「このような平和はすべての国のあらゆる階級の人々の繁栄と満足の上にしか確立され得ない」と記されている(16)。アメリカ合衆国代表が「階級」という言葉に反対したため、設立目的が、働く男性と女性の労働条件を改善することによって「社会正義による永続的な平和」を促進することと改められた(17)。この目標は現在でも、ＩＬＯの政策と計画の双方を一貫して方向づけている。

社会正義の促進と労働条件の改善のため、ＩＬＯは国際的な労働基準を確立しなければならなかった。しかし、そのためには、どの国民国家も自国の国内問題に関して他国による干渉を受けないとする、国家主権の原則との調和がはかられなくてはならなかった[18]。委員会は多くの選択肢について議論した。イタリアは、ＩＬＣにおけるすべての決定事項が加盟国に対して拘束力を持つことを提案し、英国は、条約からの脱退ができるとの案を提起した。また、アメリカ合衆国の数々の懸念、とりわけ、連邦国家は州や地方の権限に基づく承認なしにはＩＬＯの決定を履行することはできないとの懸念も検討された[19]。折衷案として、労働条約や勧告はＩＬＣでの三分の二の多数決で採択されること、さらに条約の批准に関しては各加盟国に委ねられることとなった。加盟国は批准をしない自由を持つが、いったん批准した場合には、関連する諸施策を実施し、その進展状況をＩＬＯに報告するよう義務づけられることになった。勧告は、加盟国にあくまで検討を委ねるだけの基準設定の手段とされた[20]。

ＩＬＯ条約や勧告によって加盟諸国が拘束されないという折衷案に賛成の加盟国は、労働立法を定式化する国際組織が国民国家の主権を脅かすとの懸念を表明した。しかし、条約や勧告による各国への制約を求めていた側も、この折衷案には失望した。国際労働組合連合は特に、折衷案は加盟国にＩＬＯ条約を無視することを許すものであり、ＩＬＯの権威をかなり貶めるものであると考えた[21]。しかし、ジョン・メインウェアリング（John Mainwaring）によると、楽観論者たちは、ＩＬＯが国際的なコミュニティにおける十分な正統性を備えて設立できさえすれば、条約採択に向けての倫理的圧力がその法的権威の不足を補うことができるのではと期待していたようだ[22]。

さらに重要なことに、この折衷案は、他の諸状況の下ではそのようにうまく受け入れられなかったにちがいない、三者間構造の早期採択を認めてもいた。アーンスト・ハースは、この時期の政府の関心事がおもに平和の構築にあったこと、そして、労働に関して何らかの意思表示をする一般的な傾向が見られたことによって、ＩＬＯ

の組織構造と社会正義の促進という目標が承認されることとなった、と記している。こうした背景となる諸状況と、政府にはＩＬＯ条約を堅守する義務がないという事実とが結びつくなかで、ハースが言うところの国際的な統制における「革命的な新たな出発」が可能になったのである(23)。

発足後初期の活動

ＩＬＯの活動は混乱の中で始まった。第一回ＩＬＣは、数ヶ月後の一九一九年一〇月に、ワシントンにおいて開かれた。その議事日程は講和会議において採択されたものであった。アメリカ人は難しい状況に置かれていた。自国の大統領が脳卒中で倒れたばかりか、自国が加盟していないＩＬＯの会議の主催国となっていたのである。上院が国際連盟条約の批准を拒否したため、アメリカ合衆国はＩＬＯに加盟していなかった（一九三四年に加盟）(24)。このためアメリカ合衆国は、ＩＬＯの設立においては重要な役割を果たしたものの、ワシントン会議に代表を出すことができなかった。英国はＩＬＯの組織を形づくり、折衷案の取りまとめに貢献したが、第一回ＩＬＣでかなりの影響力を手にしたのはフランスであった。ＩＬＯ事務局のトップの座である理事会議長と国際労働事務局の事務局長の両方に、フランス代表が就任した(25)。

代表の三者構成システムを採用したことの「意図されざる帰結」の一つが、すぐに明確なものとなって現れた。というのも、この構成のおかげで、発足後何ヶ月も経たないうちに、ＩＬＯ内部の権力の重要な移行が起こったからである。ＩＬＯの組織構造や権限についての草案は、英国政府代表が労働争議の封じこめを意図して作成したものであったが、ワシントンで開催された第一回ＩＬＣでは、労働者代表と雇用者代表とが友好的な同盟関係にあった。そのため、フランスの労働組合のリーダーであったアルベール・トマ（Albert Thomas）がＩＬＯをしきってゆく結果となった。ＩＬＯに関するトマの見解は、労働争議を封じこめようとするものではなく、むしろＩＬＯを通じて、労働者の役割を国際的に政治化しようとするものであった(26)。

第一回ＩＬＣでは、六つの条約と六つの勧告が採択された。これらは、一日八時間労働や週四八時間労働、母性保護、夜間労働、最低年齢制限の行動指針などについての国際的な同意を詳述するものであった。最初の二年間でＩＬＯは、実に一六の条約と一八の勧告を採択し、数多くの出版物を出した(27)。こうした活動はＩＬＯ加盟国からのいくらかの反発を招いた。各国政府が検討することになっているさまざまな条約や勧告が続けざまに採択されすぎて、再検討作業についていけなかったからである。こうした反対に応えてＩＬＯは、立法の採択数を減少させることにした。現に、一九二二年から一九三一年にかけての時期には一二の会議が開催されたが、設立直後の二年間に可決されたのとほぼ同数の一五の条約と二一の勧告が採択されたにすぎなかったのである(28)。

女性とＩＬＯ

ＩＬＯ初期には、女性の参加はあまり多くは見られなかったが、かといってＩＬＯに関する一般的に知られている歴史書で言われているように、全くいなかったわけではない。ＩＬＯを設立した国際労働立法委員会には正式な女性代表者はいなかったが、さまざまな委員たちに対する女性たちのロビー活動は非常に活発であった。同時に女性たちは、国際連盟の規約に取り組む政府代表たちへのロビー活動も行っていた。どちらの場合とも、活動に携わった女性たちは、若干の小さな、しかし重要な成果をおさめたと感じていた(29)。

英国労働組合評議会の総評議会の一員であるマーガレット・ボンドフィールド (Margaret Bondfield) は、英国代表との人脈を利用し、ＩＬＯ憲章の二点の修正を提案した。一つは、女性労働にかかわる問題を検討する際には、各国代表のアドバイザーのうち一人を女性とすること、もう一つは、国際労働事務局の事務局長に対して「事務局に一定数の女性スタッフを採用する(30)」ことを求めるものであった。委員会会議での英国代表の影響力の大きさと、議題が限定的なものであったこともあって、この提案は二つとも採択された。その他の勧告もすべて委員会に提出されたが、この二つに比べて関心を集めなかった。例えば、フランスのブランシュヴィック女史（Mme Brunschwig）は婦人参政権連合（Allied Women Suffragists）の見解を代表しているが、彼女は（児童労働、失業、労働時間、労働環境衛生など）ＩＬＯ立法の内容にかかわる提案を提出した。ＩＬＯの委員会はこの提案に対しては、その一部についてしか検討を行わなかったのである(31)。

第一回ＩＬＣがワシントンで開催されたとき、第一回労働女性国際大会（International Congress of Working Women）も開かれ、ＩＬＣの会議に持ちこむ提案を策定した。並行して会議が開かれたのには次の二つのねらいがあった。一つは、ＩＬＯにおける女性の過少代表状況に抗議することであり、もう一つは、ＩＬＣに検討してもらうべく「女性のためのプログラム」を作成することであった。労働女性大会は、要求として、第一回ＩＬＣで取りあげられるような争点で、しかも女性にとって特に重要であると思われる争点を選んだ。労働女性大会が選んだ争点には、出産前後の女性の雇用、女性の夜間労働、危険物質周辺での女性の雇用などが含まれていた。さらに、児童労働や、より一般的な一日八時間労働、マッチ製造における白燐の使用を禁止したベルン条約の採択をめぐる同様の争点もそこには含まれていた(32)。

ＩＬＣは労働女性大会に真摯に対処し、各小委員会でその決議を検討した。そのほとんどを採択はしたが、それは労働女性大会が求めたかたちでは必ずしもなかった(33)。アン・ウィンズロー（Anne Winslow）とキャロル・リーゲルマン・ルービン（Carol Riegelman Lubin）は、次のように述べている。

「ＩＬＯの基準設定のポイントは……労働女性大会の目標とほぼ一致しているものの、はるかに保守的であった。こうしたことは、立法にかかわる組織にしか考えられないことであろう。政府というものは、自国の法的枠組みに国際的な同意と同様の規定ができるまでは、国際的な同意にそって行動する準備を行うことがほとんどない。さらに……組織が合意形成をめざす何らかの行動を行うことができるようになるには、基準は［加盟国間の相異なる見解を］反映したものとならなければならない[34]。」

労働女性大会が達成したはるかに大きな成果は、国際職業婦人連合（International Federation of Working Women, IFWW）の設立である。ＩＦＷＷはすばやくＩＬＯとの正式な関係を結び、ＩＦＷＷにＩＬＯのオブザーバーが出席することを認める見返りに、自分たちのオブザーバーがＩＬＯに出席することをＩＬＯは認めるだろうと期待した[35]。

数少ない女性がＩＬＣに出席する代表として選任され、それよりかなり多くの女性が、代表を補佐するアドバイザーとして活動した。例えば英国代表は、代表四名すべてに女性アドバイザーをつけていた。多くの場合女性は、代表であれアドバイザーであれ、ＩＬＣの前には労働女性大会に出席していた。彼女たちは、特に女性の利益に関係すると考えられる諸争点に取り組む委員に任命される傾向があったが、このような傾向は、労働女性大会でもＩＬＯでも同様であった。こうした諸争点には、女性の夜間労働や妊娠期の女性の労働、児童労働にかかわる決議案が含まれていた[36]。

ワシントン会議において女性たちの間から湧き起こったさまざまな論争の中に、ＩＬＯの歴史を通じて幾度となく持ちあがることになる論争があった。ウィンズローとルービンが呼ぶところの「保護論者と平等論者[37]」の論争がそれである。この論争は、とりわけ第一回ＩＬＣで女性の夜間労働を禁止する条約が議題となった際に、女性労働者のための保護立法が果たす役割に焦点を据えた。保護論者たちは、出産において女性が担う役割と、男性とのその他の相違点（例えば、肉体的な力、母親としての役割など）ゆえに、女性は職場の危険から特別に保護される必要があると主張した。他方、平等論者たちは、女性に対する特別な保護措置を定めれば、雇用者が女性を雇いたがらなくなり、労働市場における女性の平等を脅かすことになると主張した。さらに保護立法は、すべての労働者を保護するかわりに女性労働者のみを保護することによって、労働立法の全体的な目的を台無しにしてしまう。ノルウェーのベッツィ・ヒェルスベルグ（Betzy Kjelsberg）は、ワシントン会議において次のように発言した。

「私は、妊婦および一歳に満たない子どもの子育てをしている女性を除いては、女性のための特別な保護法には反対です。なぜなら、われわれは、全く不必要なすべての夜間労働の禁止のために労働立法を促進しようとしているからです。年老いて疲れきった男性や育ち盛りの重要な時期の少年が、夜間労働に従事する姿を目にするのは耐えがたいことです[38]。」

ＩＬＣに先立ってワシントンで開催された労働女性国際大会のみならず、英国の労働組合や労働党の代表者たちも、平等権の立場をとった。しかしながら、この立場は、国際社会主義運動や国際労働組合、および国際女性評議会（International Council of Women）によって却下されてしまった[39]。

ジェンダーとILO――初期

第一回ＩＬＣで起こった保護立法をめぐる論争は、ＩＬＯが取り組むよう強いられたジェンダーに関する複雑で矛盾を孕んだ諸々の理解の仕方を反映していただけでなく、それら理解の仕方が変化しつつあったことを反映していた。例えば、ベルン条約が採択された一九〇六年当時は、論争など全くなかった。先に述べたように、女性の夜間労働の禁止は全く議論の余地がないと考えられたために、論争を呼ぶことなく採択されたのだ。しかし、ワシントンでの第一回ＩＬＣのころになると、ときおり論争が非常に活発になることがあった。ＩＬＯは複雑な組織でもあった。ＩＰＰＦは、組織が実際に設立されるまでにジェンダーに関する理解の仕方についてある種の合意を既に形成していた、かなり限られた集団や組織の諸活動から姿を現したが、ＩＬＯはそうではなかった。ＩＬＯは、さまざまな国家や労働者団体、雇用者団体によって創設され、多くの集団のさまざまなロビー活動から影響を受けていた。その結果、この初期の段階のＩＬＯには、労働力において女性と男性が担うにふさわしい役割に関する単一の理解の仕方というものがなく、数多くの競合する異なった理解の仕方が表面化し、各々違ったかたちでＩＬＯの諸政策に反映されていた。

例えばジェイン・ジェンソン（Jane Jenson）によれば、世紀の変わり目（一九世紀に入るとき）には多くの国が、母性および乳児の健康を保護する立法を実施しようと模索していた。英国、フランスおよびアメリカ合衆国に関してジェンソンが行った事例検証が示していることは、乳児死亡率を低下させることに関心のない事例は見られなかったということである。しかしながら、三ヶ国とも同じ関心を持ちながらも、労働力において母親としての女性が担うにふさわしい役割に関する考え方が違っていたため、各国がこの目標を達成するのに使おうとした方法は著しく異なっていた。フランスでは、国家が遂行する諸政策はたいてい、女性は実際に働いている、女性は働くべきであるとの想定に基づいて形成されていたので、女性の労働生活は、子育てのような彼女たちが担う他の役割と調和させなければならないものであった。この場合、保護立法は、女性を労働力から追いださずに、賃労働への女性たちの復帰を促進する方法を見つけようとするものが多かった。フランスとは対照的に、英国およびアメリカ合衆国では、国が遂行する諸政策に反映されたジェンダー・イデオロギーは、児童が働くべきではないのと同様に女性も働くべきではないと想定する傾向があった。結果として保護立法は、生殖において女性が担う役割を最優先することによって特定の職場や労働力全体から女性を排除することに焦点を据える傾向にあった。この場合、母親であることの役割はつねに優先されると想定されているため、母親および児童の保護と労働とを調和させる明確な必要性がなかったのである(40)。

ＩＬＯは主として英国、フランス、そしてアメリカ合衆国の三ヶ国の諸活動によって設立された。各国でなされた、乳児死亡率を減少させる試みには、いくらか異なったジェンダー・イデオロギーが反映されていた。現に、相異なる女性団体やその代表者たちが、平等か保護かという問題をめぐって数々の論争を繰り広げていたので、一つの国際組織としてのＩＬＯは、このような相異なる諸々の理解の仕方をある程度反映すべきであるとされていた(41)。なお、ＩＬＯ官僚が参考にした政府間労働立法の歴史の中には、短い期間ではあるが保護論者の立場を反映していた時期もあったのである(42)。そして最終的には、労働力において女性が担うにふさわしい役割に関する相異なる、しかもしばしば矛盾する理解の仕方が、ＩＬＯが行う諸々の政策と意見表明に実際に反映された。女性の保護に重点が置かれたものの、ＩＬＯ設立後の最初の数ヶ月の間に、女性の平等を促進すると同時に、一定の労働分野から女性を保護し、その分野で女性が労働に従事することを禁止するよう求める試みがなされた。

女性の平等を促進することをめざした努力は、一九一九年にＩＬＯ憲章で宣言された、同等価値の労働への同等報酬の原則を含んでいた。しかし同時にＩＬＯ憲章の草案作成者は、男性労働者と女性労働者の間には、ＩＬＯの目標を列挙するにあたって次のような区別を記すに十分な違いがあるとの考え方に立っていた。「……雇用によって生じる疾病や病気、怪我からの労働者の保護と、児童・青年・女性の保護……」(43)。このように、男性と女性が同等価値の労働に対して同一の賃金を受け取るのは当然であるにもかかわらず、ＩＬＯ憲章は次のような想定を表現してもいたのである。それはすなわち、労働者とは男性のことであり、女性とは、標準の労働者への保護を上回る特別な形態の保護を必要とする、男性とは異なる類の労働者、もしくは特別な類の労働者のことであるとの想定であった[44]。

第一回ＩＬＣにおける憲章三条および四条の採択によって、女性に対する母性保護と夜間労働の禁止が規定された[45]。一九一九年に採択された勧告第四号では、女性と子どもの鉛中毒を防ぐための基準が設けられた[46]。母性保護は論争の二つの要素を反映していた。母性保護は一方では、出産直後の時期の女性労働者を保護することを意図するものであった。だが他方では、憲章三条は、六ヶ月の休養後に仕事に復帰することを保証し、雇用者に「子どもの完全かつ健全な扶養を行うに十分な」給付を行うよう奨励することによって、労働者であるとともに母親でもあることが女性にはできると考えるものであった[47]。

そのようなわけで、女性の労働へのＩＬＯのアプローチは非常に混合したものであったが、その混合のバランスがＩＬＯの歴史の中で変わっていった。初期のころには、公式の法的関心は、母性保護や夜間労働、鉛中毒の点で「保護論者の」立場に向いていたが、「平等」の立場も多くの形態をとって明確に現れていた。同等報酬は原則的には認められていたが、ＩＬＯが同等報酬に関する条約を考えるまでに三〇年以上かかった。女性の保護に重点が置かれたことは、部分的には、初期のＩＬＯにおいて最も活発に活動した人々――言い換えれば、ジェンダーに関して自分たちが抱く諸々の観念が大きな影響力を有していたような人々――にとって「保護」〔引用符は訳者〕の重要性がかなりのものであったことを反映している。保護論者の立場に立って行動していたアメリカ合衆国および英国は、講和会議におけるＩＬＯの設立にあたって最も影響力を行使した国であり、先に述べたように、第一回ＩＬＣにおいて検討されるべき諸問題の議事日程の詳細を決定したのも両国であった。女性団体の活動家たちも見解の一致を完全に見ていたわけではなかったが、ＩＬＯの初期においては女性労働者の保護を支持する傾向にあり、政府間労働立法の歩みと同様に、この時期までは、保護論者の立場に立つ諸政策を支持していたのである(48)。

ＩＬＯ創設にかかわったさまざまな活動家の努力に加えて、支配的な諸観念や物質的諸条件も保護論者の立場を強めることになった。女性のための保護立法への後押しは、女性にふさわしい場は家族の世話をする家庭にあり、女性の最高の役割は母親としての役割だという考え方からくることが多かった。多くの国において、女性が働くとすればたいていは一時的なことと見なされ、こうした雇用の結果として彼女たちに課せられる諸要求ゆえに、家庭において彼女たちが担う役割の優先性が保護される必要があった(49)。部分的にはこのことは、当時の産業の厳しい労働状況の現実を反映していた。工場労働者や炭坑労働者は、不潔で、不快で、危険な条件で、休憩なしに長時間労働することが多かった。悪臭のする暑い工場で一日一二時間立ちつづけている紡績工場の女性労働者のイメージや、危険な通路を上半身裸で運搬車を引っ張る炭鉱労働者のイメージが、多くの善意の改革者をぞっとさせた(50)。

コンテクストが異なる各国がこのような労働状況に対して行った対応、およびＩＬＯでの対応が、保護立法の履行であった(51)。工場での労働が女性に対して及ぼす影響に関する多くの考え方が、保護立法への後押しの基礎となった。このような考え方によれば、女性は工場労働の肉体的試練に対して男性よりも弱く、子育てにおける女性の役割を考えた際にこのことは特に重要なものとなった。当時、産業と関連する厳しい生活にさらされることが、女性のモラルを退廃させるかもしれないとの議論までなされた。子育てにおいて女性が担う役割や家庭内道徳の担い手としての女性の役割のため、女性の道徳に対するこのような脅威は、実際非常に深刻なものと考えられていたのである(52)。シャフツブリー卿（Lord Shaftesbury）は働く女性について、英国議会で次のように述べた。

「働く女性は自分たちが知るべきことを何一つ知っていない……女性の義務を果たすうえで不適当な超過勤務をさせられれば、道徳的に完全に退廃させられることになる。男性の場合、社会システムにおけるモラルの効果はたいへん嘆かわしいものではあるが、女性の場合は、状況はさらに非常に深刻である。女性たち自身のみならず、家族や、社会、さらには国全体にまで影響を及ぼす。男性を堕落させることも十分よくないことだが、女性を堕落させることは、鉱泉水を源泉から汚染してしまうようなものだ(53)。」

明らかに、工場での雇用がもたらす影響は、男性に対してよりも女性に対して有害であると考えられていた。年少の少年ですら、女性よりも工場での雇用の負担に耐えられると考えられていた。男性の夜間、または、かなりの困難な状況の下での雇用は、女性ほどには家庭を疲弊させるものではないと考えられていた。さらに、女性が働くことは、主要な稼ぎ手としての役割を夫から奪うことによって、夫の道徳的な退廃につながるとも論じられた(54)。

保護立法に対する焦点の据え方がこのように視野の狭いものだったことが、さまざまな結果となって現れた。例えば女性の労働禁止は、女性の雇用の本来の理由を考慮していなかった。ロス・デイビス（Ross Davies）は「働く女性の苦痛を軽減しようとする試みは、たとえきついものであってもどうしても働かなければならないという事実を無視していることが非常に多かった(55)」と述べている。鉱山での女性労働が禁止されると、他に雇用機会のない女性たちは、石炭の採掘場に戻るために男性に変装した(56)。女性の労働が完全に禁止されていない分野では、職を求めて女性が男性と平等に競争することを保護措置が阻んでしまった(57)。さらに重要なことに、女性労働の禁止は社会改革者の注意を、すべての労働者の労働状況を改善させる試みから、女性を職場から排除することへと逸らしてしまった(58)。多くの改革者たちの目的は、女性労働者の労働状況を少しでも改善しようとするものであったが、女性の労働禁止に焦点を据えることによって、女性をいっそう排除しようとする女嫌いのような行動につながり、さらには産業革命がもたらした変化の結果、すべての労働者が厳しく危険な労働状況に直面していることの重大さに取り組めなくなってしまった(59)。

社会改革者に加えて労働組合も、女性の雇用に反対する傾向にあり、さまざまな形態の保護立法を支持した(60)。しかし、組合が保護立法を支持したのは、男性の雇用を脅かすことのないように女性の雇用を制限したいとの動機からであった。技術的な改善が進むにつれて、かつては男性が担ってきた仕事を、通常は男性よりも低い賃金水準で女性が引き受けるようになっていった。このような見方によれば、工場労働への女性の参入は、男性の賃金を脅かし、男性を失業させることになってしまう。多くの場合、労働組合は、女性の組合加入を禁止するか、労働力への女性の編入そのものを禁止するかのどちらかの方法を模索した(61)。女性との競争から男性を守ることへの関心に衝き動かされたために組合は、社会において女性が担うにふさわしい役割についての一般的な考え方に頼ってしまった。社会改革者と同様に、労働組合の運動家も、伝統的な核家族の崩壊と家族における女性の中心的な立場の崩壊を嘆いて、女性を排除する措置を正当化したのである(62)。

このように、労働過程と女性の労働状況の変化や、社会改革者たちと労働組合運動家たちが行った諸活動のすべてが、女性労働者の保護に関する諸々の考え方を支え、初期のＩＬＯに保護の考え方をもたらした。生殖において女性が担う役割と、家族の中での母親としての立場についての諸々の考え方が、多くの場合、女性労働者の保護を促進しようと最も活発に活動している人々の多くを衝き動かしたのである。実際、女性に対するＩＬＯの諸政策に最も影響を与えたのは、生殖と生産において女性が担う役割についての確固たる考え方だった。しかも、先に述べたように、この考え方は、しばしば矛盾する仕方で扱われたのである。また、このように女性労働者だけに関心が向けられたことは、事実上男性が無視されているということも意味した。というのも、生殖や家族において男性が担う役割は、女性の同様の役割ほど重要なものではないと見なされたからである。そこで次の節では、ＩＬＯの保護措置とその結果もたらされたジェンダー化の諸効果について詳しく検討することにしたい。

特殊な事例——妊娠と保護

妊娠中の女性労働者の保護への支持はＩＬＯの創設当初に確立され、ＩＬＯの歴史を通じてその政策提言に影響を与えてきた。女性に目標を定めたＩＬＯの多くの保護立法が取り組んだのは、生殖において女性が担う役割であった。ＩＬＯのある広報担当者が一九三五年に述べているように、「女性には男性と比べてある種の体質的な特色があるため、立法もこれを考慮に入れなければならない(63)」とされたのである。ＩＬＯは長い間、母性保護条約を誇ってきた。既に述べたように、母性保護の国際基準は一九一九年にＩＬＯ三号条約として初めて採択された。同条約は、出産休暇、出産休暇中の手当ての支給、育児休暇、妊娠中・出産時・育児期の雇用の保障などの女性労働者の権利を確立した。一九五二年のＩＬＣにおいてそれが改正され、母性保護条約（改正）一〇三号条約として採択され、出産休暇中の手当ての最低給付額が定められた。同時にＩＬＯは勧告九五号を採択し、より長期の出産休暇と給付される手当ての増額、授乳期に給付および便宜を付加することを提案した(64)。

一九三五年に採択された条約では、地下での作業が禁止された。女性は、鉛（一九一九年四号勧告、および一九一二年一三号条約）、放射能（一九六〇年一一四号勧告）、ベンゼン（一九七一年一三六号条約）といった危険物質を扱う仕事も禁止された。一九六七年からＩＬＯは、女性が持ちあげることを禁止する、もし禁止できないのであれば女性が持ちあげる重量や時間を軽減する、最大重量条約に取り組んできた。一二八号勧告（最大重量）は、妊婦に重いものを持ちあげる必要のある仕事を命じることを禁止し、産後一〇週間以内の女性に重いものを運ぶ必要のある仕事を命じることを禁止している(65)。

　このように、子どもを産むという役割ゆえに、女性は危険物資や作業から特別に保護される必要があり、さらに、妊娠中や分娩後の期間に雇用が保障される必要がある。こうした考えは、女性と出産に関する支配的な理解の仕方に基づいている。女性は子どもを産む存在であり、昔も今も、生殖におけるこのような役割のために女性は肉体的なストレスや有毒化学物質などに対して男性よりも脆弱であると想定されているのである(66)。

　もちろんこうした保護は、多くの点で賞賛に値するものである。ゼラ・アイゼンシュタイン（Zillah Eisenstein）が述べているように、妊娠は現にジェンダー化されている。つまり、女性は子どもを産む存在であり、産み得る存在なのである。この事実が、労働力における女性の選択を既に枠づけており、妊娠というものを認識する保護立法は、妊娠に基づくさらなる差別から、ある女性たちを守ってくれることはできる。アイゼンシュタインは次のように述べている。


「性特定的な立法が最低限妊娠を法律で守ってくれるだけで、妊娠というものを認識することが、差別を徐々になくす。こうした認識とは、仕事を持つ女性が妊娠した場合、妊娠に基づいた差別から保護されるということを意味する。こうした立法があることによって、女性の雇用に二の足を踏む雇用者もいるだろうが、いずれにしても多くの雇用者は、女性を雇用したがっていない(67)。」


アイゼンシュタインによれば、こうした保護立法は、女性の特異性を前提にすると同時に女性の特異性と取り組もうとするため、保護立法からもたらされる緊張関係は解決が難しい問題なのである(68)。

　この緊張関係は多くの意味合いを含んでいる。第一に、リプロダクティブ・ヘルス〔巻末訳注＊2を参照〕を脅かすような危険から女性を遠ざける保護立法は、男性を同様の危険にさらされたままにしてしまう。男性の生殖機能とそれが胎児にもたらす影響に関する研究は多くはないが、全くないわけではない。一八六〇年ごろに、鉛にさらされている男性の妻の流産の発生率が高いということが指摘され、こうした男性の生殖能力についての証拠として提出された。最近になって、鉛やその他の物質が、精子の数の減少や小児ガン、心臓の欠陥、精子の遺伝子の障害、染色体異常などと関連づけられるようになってきた(69)。保護が必要なほど生殖において重要な役割を担っているのは女性だけだと決めつけることが、生殖において男性が担う役割ゆえに何らかの特別なかたちで男性のことも考慮しなくてはならないとの考えを生じなくさせているのは、明らかである。事実上男性は、不可視のものとなっている。

　第二に、女性が保護されるべきとされた危険物質は、男性が支配している産業で、金属や化学製品などの中に通常存在しているものである。マイケル・ライト（Michael Wright）は次のように述べている。

> 「女性美容師は、ヘアスプレーのハロゲン炭化水素ガスにさらされている……ドライクリーニング産業の女性は、突然変異誘発要因である四塩化エチレンにさらされている。航空機乗務員は、平均水準以上の放射能にさらされている(70)。」

看護婦や技術者、麻酔科医など手術室で働く人に流産や奇形児が多いという報告もある。数世紀の昔から教師は風疹の危険にさらされており、予防対策がとられても風疹はとどまることなく発生している(71)。以上の事例に関しては、これら専門職に女性が就くことを禁止する検討が行われたことはない。キャロリン・ベル（Carolyn Bell）が述べているように、「女性の小学校教師を男性に置き換えることは明らかにあり得ない――われわれはあまりにも彼女たちに依存しており、置き換えるのには費用がかかりすぎるからである――しかし、塩化ビニル関連の女性労働は禁止されている[72]」のである。こうした産業から女性を排除するのは単純に都合が悪いとか、適切ではないと考えられることもあって、こうしたさまざまな危険については無視される傾向にある。このように、女性の特異性とは、妊娠や出産という事実を通じて認識されるだけでなく、経済の非伝統的な（言い換えれば、男性のための）部門に女性が参入することを通じても認識されるという点で、二重の特異性なのである。

事実、女性のための保護立法を強調する主張のほとんどは、女性自身よりも将来の子どもを保護することを目的としている。このことを明らかにしてくれるよい例としては、鉛とベンゼンの禁止が挙げられよう[73]。先に述べたように、一九一九年には鉛中毒防止のための勧告が採択され、一九二一年には白鉛塗料を使用する産業から女性を保護する条約が採択された。しかしベンゼンの規制は、一九七一年まで採択されなかった。鉛と女性の生殖能力との関係は、一九世紀半ばには注目されていた。鉛にさらされている女性には不妊・流産・死産の傾向が強く、乳児死亡率も高かった。ほぼ同じ時期に、ベンゼンにさらされることがもたらす影響についての証拠も提出され、女性の場合、鼻や歯茎、性器からの吸収によって早死にすることが多かった。妊娠中の異常出血や、さらに多くの月経過多などが報告されていた。解剖で、卵巣での出血が見られる事例も多く報告された。しかし、ベンゼンについては不妊、流産、死産、乳児の死亡、子どもの先天性奇形などの報告例がないことが、ベンゼンと鉛とを区別する要因となった[74]。ヴィルマ・ハント（Vilma Hunt）は次のように述べている。

「女性の生殖機能に与える被害は、症状に臨床上の違いこそあれ、鉛もベンゼンも同等であった。にもかかわらず、保護立法と諸々の施策によって鉛のある職場から女性が排除された同じ一九世紀を通じて、ベンゼンを用いた労働から女性を排除しようと試みた例はほとんど見られない。この矛盾についての十分な説明は見当たらないが、女性であれ男性であれ労働者は使い捨てであったように見える。労働者の子どもたちは使い捨てにはされていないので、明確な影響を受ける鉛に関連する労働者の子どもたちの場合だけが取りあげられたのである(75)。」

当時、保護立法の多くは、女性労働者本人よりも女性労働者の子どもたちを保護することを目的としていたのである。

結局のところ最も重要なことは、ＩＬＯが、子どもを産む者としての女性のために保護立法を制定することを強調したために、妊婦以外の女性を事実上無視してきたということである。驚くことに、ＩＬＯの衛生および安全に関する規制には、出産の結果女性が特別な保護を求める場合を除いては、女性労働者と男性労働者の基準の重要な違いを示したものがほとんどない。女性には実際「特別な」地位が必要とされるにもかかわらず、リプロダクティブ・ヘルスの場合を除けば、女性が「特別な」地位を与えられることはほとんどない。例えば、安全作業着に限ってみても、体の大きさの違いにあう、女性特有のニーズを適切に満たすものはほとんどない(76)。つまり、労働者としての女性は、子どもを産むという特別な役割によって特別な保護を手にすることになるのである。しかしながら、この役割からいったん離れれば、特別な注意が必要とされる特殊な類の労働者としての女性という地位は、完全になくなってしまうのである。この見解によれば、男性とは異なるかぎりにおいてのみ、そして、男性や国家によって重要と考えられる点でのみ男性とは異なるかぎりで、女性は認識されてきたのである。

こうした例が示唆しているのは、労働力において女性と男性が担うにふさわしい役割についての支配的な諸想定と一致する場合にのみ、妊婦や胎児を保護する諸政策が追求されるということである。男性は、まずもって労働者であり、父親であることは二の次でしかなく、その結果、生殖において男性が担う役割ゆえに男性は保護される必要があるという点は、軽視されるか無視されることになる。さらに重要なことに、男性労働者を保護するには、多大な財源の投資が必要となる。女性労働者は、非伝統的な雇用にある場合か、(子どもを持つということなど) そうすべきだと考えられていることをしている場合にのみ、保護される。女性は、実際の母親としてか未来の母親としての役割の中におさまらなくなった場合には、無視され、保護も与えられないのである。

保護から促進へ

ＩＬＯは、生殖において女性が担う役割を理由に、女性の保護を促進させようとしてきたが、一九二〇年代と一九三〇年代までに、平等の立場と保護の立場の「混合」が起こりはじめ、女性に対するＩＬＯのイニシアティヴにも、出産や子育てにおいて女性が担う役割ゆえに女性を保護するよりも労働力における女性の平等を促進しようとする試みを反映したものが多くなった(7)。一方で、ＩＬＯ憲章や第一回ＩＬＣで規定されたように、平等権の言説への接近を見せる傾向が、ＩＬＯには既に見受けられた。さらにこの時期には、保護立法に反対する運動が著しく増加した。女性団体はＩＬＯ内で影響力を持つ政府を通じて、女性のための保護政策を放棄するよう直接的および間接的なロビー活動を行ったのである。結果的に、第二次世界大戦後、労働力への女性の編入が増加したことにより、保護論者の立場に基づく政策を数的に上回る平等促進政策の採択が促された。

女性の平等を促進する立場へと強調点が大きく移る劇的な兆候が初めて見られたのは、ＩＬＯが大恐慌の最中に女性の失業を取り扱ったときであった。ＩＬＯは一九三五年に、世界中で約四〇〇万人の女性が失業していると推定した。これは、経済の一般的な傾向を単に反映したものではなかった。むしろ、各国政府が女性の雇用を制限する立法の施行を増加させていることを反映するものであった。英国では、行政事務において既婚女性の雇用を制限するという伝統が昔から続いていたが、一九三〇年代初頭には民間部門にもこれが拡大されはじめた。一九三三年にドイツとオーストリア、イタリアが女性の雇用を制限する立法を制定し、一九三四年にはユーゴスラビアとオランダ、ルクセンブルグ、ベルギーがこれに続いた(78)。各国政府の試みとは対照的に、当時のＩＬＯの出版物は、男性の失業を軽減するために制限立法に訴える国があることを批判していた。失業・雇用・移住担当のアンリ・フス（Henri Fuss）は、次のように述べている。

「つまり、最も重要な課題は、男性が取って代われるように女性を仕事から追いだす方法を見つけることではなく、男性と同様に女性の失業も全体的に低下させる方法を見つけることだ……女性を仕事に就かせることと男性を仕事に就かせることの間に勝手な区別をつけることはできない……男性よりも低い賃金で労働を提供しないかぎり、女性であればアプリオリに何らかの職業から排除できるとの考え方は、不正義以外の何ものでもない……(79)。」

ＩＬＯはこの時期、女性の健康（女性が子どもを産むにあたっての健康）を保証するためには保護立法が必要であるとの立場を捨ててはいなかった。むしろＩＬＯは、それ以外の理由で制限立法を制定することに反対していたのである。「女性を排除することによって生じる空席に男性をあてがう」ことを目的とした立法は正当化できないというのが、その考え方であった(80)。

女性の平等促進へのこうした移行は、一九二〇年代半ばからの女性団体の運動の増加にも現れた。これら女性団体は、ＩＬＯの保護労働立法に反対するという点でまとまるようになっていった。アメリカ合衆国の全米女性党（National Woman's Party, NWP）は既に一〇年以上にわたって、国内的なコンテクストで保護立法に反対してきたが、一九二〇年代半ばからは国際的な活動に力を注ぎはじめた。一九二八年以降NWPは、国や諸団体に対して平等権条約の採択をするよう活発な働きかけを行った。これは、女性の働く権利に取り組むものであったが、同時に、保護立法が女性の働く権利を侵害してきた点にも取り組むものであった(81)。

一九二七年に、英国の活動家たちが中心となって組織した団体が、女性にとっての職場の平等を話し合うようになり、一九二九年に正式に、門戸開放インターナショナル（Open Door International）を旗揚げした。同団体の目的は、雇用へのアクセスにおける女性の平等、女性労働者の労働者としての平等な処遇、女性による賃労働の選択の自由などを促進することにあった。一九三〇年には、もう一つの英国の組織である、権利平等インターナショナル（Equal Rights International）が設立された。最終的には、平和と自由のための国際女性同盟（Women's International League For Peace and Freedom）も、一九三一年に、NWPの平等条約を支持した(82)。

同時に、こうした諸団体への反発も生じ、女性労働者の保護を維持し促進しようとする多くの団体も、活動範囲を国際組織へと拡大しようとした。最も重要なのは、NWPの主要な対立相手である、女性有権者同盟（League of Women Voters, LWV）であった。各政府内やILO内で政策立案の立場にある女性たちも、保護論者の立場に基づく諸政策を積極的に支持した。例えばメアリー・アンダーソン（Mary Anderson）は、米国労働省の女性局を率い、アメリカ合衆国やILOにおいてNWPに反対した(83)。

一九三五年までには、代表をめぐるこうした争いが国際連盟やILOの内部で噴出した。NWPはかねてから、国際連盟で平等権条約を検討するよう、そして願わくば何らかのかたちで採択するよう働きかけていた。一九三五年の国際連盟総会の議題に同条約の検討が上がったとき、LWVのメンバーたちは世界キリスト教女子青年会を通じて正式な反対を表明した(84)。

ILOにおいても一度、LWVとNWP、そしてそれぞれの支援者によって、こうした圧力がかけられたことがある。メアリー・アンダーソンは、ＩＬＯの米国代表の一人であるグレース・アボット (Grace Abbott) や、保護立法の重要性についてロビー活動をしていた当時のＩＬＯ事務局長ハロルド・バトラーと手紙のやりとりをしていた。バトラーへの手紙の中でアンダーソンは、次のように述べている。

「ポール女史は、アメリカ合衆国の働く女性の代表ではありません。彼女の考え方は、女性のための特別立法を信頼し、労働組合組織を通じてこうした立法のために活動している働く女性たちと、真正面から対立するものです(85)。」

ＬＷＶ会長のマーガリット・ウェルス (Marguerite Wells) もまた、米国労働省長官のフランセス・パーキンス (Frances Perkins) へのロビー活動を行った。彼は、平等権条約に反対し保護立法を促進するよう米国代表に指示した(86)。

しかしながらＬＷＶは、米国代表以外で自分たちの立場を支持する者はほとんどいないことに気がついた。アボットが述べているように、ヨーロッパでナチズムとファシズムが出現したことで、女性たちは自分たちの雇用の禁止がさらに広がると予想し、平等権条約を支持するようになっていた(87)。大恐慌についても同様のことが言えた。大量失業の時期、働く権利というものは、働く女性たちとその代表者たちにとってかなりの魅力があったのである。門戸開放インターナショナルも、平等権条約は連帯ができるかできないかの問題であるとして同条約の下に動員し、相異なる女性団体や個々の女性がＩＬＯにおいて平等権条約を支持するよう促し、一つの結束したフェミニストの戦線を形成するのに成功した(88)。こうしてこの時期、平等を促進しようとするさまざまな女性団体の活動が活発化し、制限立法が女性の雇用に対して及ぼす影響についての懸念が高まるにつれて、保護立法を促進させようとする女性団体はしだいに影響力を失っていった(89)。

平等権条約は、ＩＬＯの条約や勧告として、そのままの状態では採択されなかったものの、同条約は女性の平等を促進することを目標とする文書の採択へとＩＬＯが傾斜していることを知らしめた。このことは、先進国における白人女性の労働状況が変化してきたこととも一致していた。大恐慌期には失業していたものの、第二次世界大戦以降は、女性の労働力への編入が徐々に増大していった。戦時中女性たちは、男性がいなくなった仕事に動員されたが、戦争が終結した直後の時期には強制的に追いだされた。だが、戦争終結から時が経つにつれて、女性の労働力への編入は劇的かつ着実な増大を示した。未婚女性の労働力への編入が前例のない数であっただけではなく、既婚女性の賃労働への編入も、この時期を最も特徴づける現象であった。このことは、戦時下において女性が労働に従事したことが女性の意識や雇用期待に及ぼした影響の観点から説明できると主張する者もいた。しかしながら、女性の雇用が大幅に拡大したのは、経済の本質的な性格の変化によるところが大きい(90)。

一九世紀から二〇世紀にかけての時期に起こり、その後も続いてきたサービス部門の拡大は、戦後もヨーロッパの大部分と北米で勢いを増しつづけた。女性の多くは、福祉国家の官僚や商業、通商が拡大した結果増員されることになった事務職に就いた(91)。人口学的な変化も女性の雇用に貢献した。先進工業諸国における人口増加によって、多くの保母や教師が必要となった。かつては未婚女性がこうした職に就いていたが、戦後は未婚女性のプールが収縮した。というのも、人口増加の縮小は、一九五〇年代に大人になる女性の数が減ることを意味していたからであり、女性が結婚する年齢も低くなっていたからである。それゆえ、より多くの既婚女性が労働力に編入された(92)。福祉サービスが改善され、より多くの保育施設が利用できるようになると、子どもの生存を確保するに際して女性が担う役割が軽減し、女性も自由に家庭の外での雇用を求めることができるようになった(93)。今日、ほとんどの先進工業国では成人女性の半分以上が働いているが、多くの女性がサービス関係の仕事やパートタイム労働へと差別的に追いやられている(94)。

第二次世界大戦中と戦後の時期に女性がしだいに労働力に編入されてゆき、ＩＬＯにおいてさまざまな女性団体が保護立法をめぐる諸観念を批判するようになるにつれて、ＩＬＯの政策提言も、こうした状況の変化を反映しようと変化していった。労働者としての女性という考え方は、しだいに「標準」となっていった。女性の雇用の実態と実感の変化への対応としてＩＬＯは、「女性問題」を人権にかかわる問題として定式化し、女性と男性の双方の機会均等を求める要求を定式化した。これには、差別撤廃立法の採択と、もちろん同一賃金の採択が含まれた。しかしそれ以上にＩＬＯは、女性の「特別な」地位について考えなおしはじめた。

かつては女性の特別な地位は、保護を必要とするものと見なされてきたが、戦後における女性の特別な地位は、促進を必要とするものと見なされるようになった。ＩＬＯが遂行する諸政策は、女性の平等のためには平等権立法以上のものが必要であり、女性の労働力への完全で平等なアクセスを阻むさまざまな構造的障害を改善するためには各国政府の積極的な介入が必要であるとのＩＬＯの実感を反映するものとなった。女性のリプロダクティブ・ヘルスの保護はいまだに重要なものとされつづけているが、戦後において女性は、訓練や実習制度、雇用プログラムなどのかたちで「特別な」配慮を求めるに値すると位置づけられた[8]。フィラデルフィア宣言には次のように述べられている。

「……人類すべてが、人種、信条、性別にかかわらず、自由で尊厳のある、経済的安定と機会の平等の中で、物質的に満足のいく状態と精神的な発展を追求する権利を有する[8]。」

以後四五年間にわたってＩＬＯが追求した平等権政策は、少なくとも部分的には、この原則に基づいて形成されたものである。

ＩＬＯは同一賃金の原則を一貫して支持してきたが、英国労働者代表であったアン・ゴドウィン（Ann Godwin）は、一九五〇年に次のように述べた。「三一年も経った今、われわれは、ＩＬＯが次の一歩を踏みだすことを求めている[97]」と。賃労働力における女性の重要性が増していくことを考えれば、社会正義を促進するだけでなく、労働力の流動性を高め、労働力の有効活用を推進するためにも、同等報酬の原則は必要であると、ＩＬＯは考えていた[98]。こうして一九五一年には、同等報酬に関する第一〇〇号条約が採択された。この条約は、各国政府に対して、女性労働者に対しても等しく適用することで、同等価値労働に対する同一賃金の原則を「促進し」、諸々の適切な措置によって同原則を「確保するよう努力する」ことを求めるものだった。給与水準の評価方法と、条約の履行に向けて提案された予定を規定するため、同条約に関連する勧告も採択された[99]。一〇〇を超える国々が第一〇〇号条約を批准した――ＩＬＯの条約・勧告の中でほぼ最多の批准国数である――。ＩＬＯによれば、このことが示していることは「性に基づく差別のない同等報酬の原則がほぼ世界的に受け入れられていること[100]」であった。

しかしながら、ＩＬＯ加盟国が賃金平等の原則を承認したとはいえ、実際に賃金平等を履行するに際してはさまざまな障害がある。その障害とは、例えば、女性が、男性の比較基準集団がほとんどいないような職種へと差別的に追いやられたことや、賃金平等法を施行するための財源が不足している国々もあること、多くの政府によって多様な職種が例外とされたことなどである。結果として賃金平等の原則は、ＩＬＯに加盟する大部分の国々において現実とはかけ離れたものとなっており、こうした国々での進行状況を監視するのは困難きわまりない[101]。

女性の平等を促進するそれ以外の試みとして、次のような条約や勧告が制定された。すなわち、民間・公式部門での雇用と従業における差別の撤廃を目的とする一九五八年の一一一号条約と一一一条勧告[102]や、すべての職業・労働条件における差別の撤廃をめざす一九六二年の差別撤廃条約（一一七号）[103]などである。一九六四年にILOは、すべての労働者の完全雇用、職業選択の自由、機会均等の伸長をめざす雇用政策条約（第一二二号）を採択した[104]。同年ILCも、発展途上国の女性の問題をILCの議題とすることをめざす決議を採択している[105]。

一九六五年にILOは勧告一二三号を採択し、女性の「二重労働日」解消を進めるために政府と雇用者が講じなければならないさまざまな措置を示した。こうした措置の中には、女性労働者が直面している現実的な問題をより正確に見きわめ、この問題に関する公的な教育キャンペーンを実施するとの試みや、保育施設の供給、女性と少女のための職業訓練の実施、女性の雇用と子育て後の再雇用を促進するサービスの提供などが含まれていた[106]。

だが、平等権の言説へのこうした転換に対して批判がなかったわけではない。女性労働者の促進を一つの前進と見なす観察者は多かったが、女性労働者の促進は、社会と家族において女性が担う役割についての特殊な考え方を助長しつづけた。特にアメリカ合衆国とスカンディナヴィア諸国からは、勧告に対してかなりの批判があった[107]。出産と子育てにかかわる諸々の役割の中で女性が担う役割を、ILOが相変わらず特別視していることが指摘された。このような見解は、子育てにおいて女性が担う役割についての現行の諸規範に挑戦するものではなかった。むしろ、このような見解は、女性は子どもの世話をするにあたっての第一の担い手であり、出産や子育てにおいて彼女たちが担う役割にもかかわらず、その地位を向上させるべきだと想定しつづけていたのである[108]。

ILOの立法は、家族における男女間の不平等な権力諸関係を変容させようとするというより、男女間の権力諸関係の不平等性を受け入れながら、その不平等性を軽減しようとしていたにすぎないのである。

平等の言説がもたらすジェンダー化の諸効果が男性に及ぼした影響は、保護をめぐる言説の場合と同じであった。すなわち、男性の不可視化である。保護立法は男性を無視した。なぜなら、子どもを産み育てるに際して男性が担う役割は女性の役割ほど重要ではない、もしくは微々たるものだと見なされていたからである。男性は、平等立法を通じて不可視化された。なぜなら、男性は比較の基準となる集団だったからである。女性が彼らとの平等を達成しようとしてきた集団であったばかりに、男性は労働者としてしか存在しなかった。男性が特権的な地位にありながらも不可視の地位に置かれているということは、ジェンダーが構築される仕方の矛盾を孕んだ性格の一部である。なぜなら、女性はいつも、標準の労働者としての男性と比較される立場にあり、絶えず従属的な地位に置かれているが、男性の方は、労働者として以外には自分は全く存在しない立場に立っているからである。

一九七〇年代以降

一九七〇年代は、さまざまな点においてＩＬＯが活発であった時期である。当時ＩＬＯは戦後最大の危機に直面していた。アメリカ合衆国は、既に一九五〇年代の初期にＩＬＯへの拠出を抑えはじめていたが、一九七七年には完全に脱退すると通告してきたのである。アメリカ合衆国はこの通告から二年後に脱退したが、一九八〇年に復帰した。脱退の理由は、「代表の三者構成システムの風化」が中心であったが、これは、東側諸国や発展途上国からの労働組合代表が自国政府から実際に独立しているのかという点についてアメリカ合衆国には疑問があったことを意味している。アメリカ合衆国はＩＬＯ予算の二五％を拠出していたが、二年前の通告もあったため米国の脱退はさほど大きな影響を及ぼさなかった。アメリカ合衆国脱退の立役者の一人であった、アメリカ労働総同盟・産業別労働組合会議議長ジョージ・ミーニー（George Meany）が引退してまもなく、米国はＩＬＯに再加盟した⑽。

一九七〇年代はまた、女性に関するＩＬＯの活動が最も活発化した時期でもあった。七〇年代になると、議論のほとんどが平等権の言説に集中し、影響力ある多くの団体がこの点でＩＬＯに圧力をかけた。例えば、女性解放運動のいわゆる第二波は、いろいろな国々の事情の中で生まれ、平等化立法に焦点を据えた。一九六〇年代までに平等権は、国際的な労働組合運動からも支持を受けた。最後に、ボブ・レイナルダ（Bob Reinalda）が論じているように、女性にとって最も新しい盟友、しかもおそらく最も重要な盟友は、「第三世界」諸国の代表者たちであった。これら代表者たちは一九七〇年までに、女性の地位向上をめざす国際的な共同行動プログラムを国連に受け入れさせ、一九七五年までに、国連が国際女性年を制定するにあたって女性の力になってくれた[110]。

ＩＬＯの政策が再び、女性に関してＩＬＯが当初実施した措置のいくつかを再評価し、それを反映しはじめたことも、このころの変化を象徴する重要な点の一つである。国際女性年を国連が制定することをめざす諸活動の一部としてＩＬＯは、女性労働者の機会と待遇の平等に関する一つの宣言と二つの決議を採択した。宣言では、性に基づくあらゆる形態の差別は容認しがたいもので、撤廃されるべきであり、差別的な立法を除去し、公衆を教育し、初等教育と職業訓練への平等なアクセスを男女に平等に提供するためのさまざまな措置が講じられなければならないと主張された[111]。このようにＩＬＯは、「男女間の平等に基づく雇用機会の促進に結びつけることによって、現行の経済的・法的諸規範をより前向きの方向で強化した[112]」のである。

一九七七年にＩＬＯは初めて『職場での女性――ＩＬＯニューズレター』（*Women at Work: An ILO News Bulletin*）を創刊した。その後一〇年以上も続いた『職場での女性』は、女性に対するＩＬＯの公式の政策に関する情報を提供しただけでなく、こうした政策についての、また、各加盟国でこうした政策が遵守されているかどうかについての批判的な論評を掲載していた。ＩＬＯはまた、自らが実施する諸政策が女性の不平等を維持するのに役立っていること、そして、一定の分野での女性の不在が女性の不平等に寄与していることを認めはじめた。例えば、一九七七年の「雇用分野での男女間の平等と女性労働に関する特別規制」と題するＩＬＯの研究は、ＩＬＯの措置の多くが本来女性を保護することを目的としていながら、実際には女性を差別するような働きを担ってしまったと指摘している(113)。

『職場での女性』はまた、労働組合への女性の関与や、母性保護とそれ以外の保護がもたらす影響について持続的な分析を行っている。一九八一年に『職場での女性』の編集者たちは、一九七〇年代には、発展途上国から提起された新国際経済秩序の要求が議論の中心的な地位を占めたにもかかわらず、女性の問題はこうした交渉からたいてい排除されてきたと述べた(114)。

一九七五年に開催されたＩＬＣで採択されたある決議は、(一九六五年に決議された)家族的責任を負う女性の雇用に関する勧告(第一二三号)の修正を検討するようＩＬＯに求めるものであった(115)。さらに一九八一年にＩＬＯは、家族的責任に関して男性労働者と女性労働者を平等に扱うよう求める条約(一五六号)と勧告(一六五号)という、二つの新たな政策文書を採択した(116)。この条約・勧告は出産休暇を求めているとともに、育児休暇や長期病気休暇、扶養家族看護休暇を含めるよう求めている。さらに同条約・勧告は、保育施設と社会保障の整備の必要性を強調している(117)。クリシュナ・アフージャ＝パテル(Krishna Ahooja-Patel)は次のように述べている。

「そのタイトルが(『家族的責任を負う女性労働者』ではなく)『家族的責任を負う労働者』となったことは、性に関係なく労働者間の平等の枠組みを創りあげようとの考え方が発展していくにあたって重要な出発点であると言える。ＩＬＯの文書は、家庭と家族をめぐる責任は女性労働者のみが負うものではなく、世帯の他の構成員(男女ともに)が等しく負うものであることを示している(118)。」

このようにILOは、平等権立法が初期に孕んでいた限界のいくつかを克服しようとし、一九八〇年代のほとんどを、女性に対する特別な保護という考え方に基づいている条約や勧告の見なおしに費やした[119]。ILOはまた、ILO内の女性労働者課に対して七〇万から八〇万ドルを年二回配分し、一九八二年から八七年の中期計画の中で女性労働の問題を強調した[120]。同計画においては次の行動が求められている。すなわち、雇用において女性がどのように冷遇されるのかについての理解を深めるとともに、こうした差別が経済的・社会的な開発に及ぼす影響についての理解を深めること、女性と男性の処遇の平等を促進すること、女性の雇用を促進することといった三つの行動が求められているのである[121]。

国連「女性の一〇年」の終わりに始まったナイロビ将来戦略の一環としてILOは一九八五年に、「雇用における男女の公正と機会平等に関する行動計画」を採択した。これは、より多くの女性の開発への参加、女性と男性のための保育施設の充実、不況下での女性の雇用に関する調査などに焦点を据えたものである[122]。ILOはまた、「雇用における女性の平等に関する関係局合同プロジェクト」と呼ばれる二年がかりのプロジェクトを、一九九二年に開始した。これは、現行の平等権立法を検討し、女性の雇用における障害と、こうした諸問題に取り組むための戦略を検討するものである。このプロジェクトの研究成果は、一九九四年にILOの後援で開催された「変容する世界の中での女性雇用の平等に関する国際フォーラム――未来に向けての挑戦」で発表された[123]。さらにILOは一九九三年の初めに報告書を出し、「労働組合への女性の参加は一般的に、雇用における女性の平等を達成するためになされなければならない不可欠な努力の一つであると見なされている[124]」と論じ、女性の労働組合へのよりいっそうの参加を求めた。

こうした新しい政策提言は、女性の置かれた不平等な状況に単に順応するのではなく、ILOが少なくとも、さまざまな措置を通じてこうした状況を変容させる必要性に気づきはじめたということを物語っている。女性と男性が（とりわけ子育てに）共同でかかわり得ることを認めることによってＩＬＯの文書は、女性のみが家事や子育ての責任を負うのであって、家事や子育てにおいて男性がなすべきことなどないと決めてかかるものではなくなった。こうして、かつての平等権立法の限界が認識されるようになったが、それと同時に男性が、次第に可視的なものとなってきた。

これは、ＩＬＯの政策の重点が変化してきたことの帰結であるが、これまで展開されてきた諸闘争はきっぱりとなくなったわけではなく、今でも続いているということに留意しておくべきである。ＩＬＯが先述のさまざまな措置に加盟国を従わせようとするとき、闘争が生じることになるだろう。そして、このことは、ＩＬＯそれ自体の内部に関しても言えることである。女性と男性の平等に関する諸々の考え方が抵抗を受けることなく採択されたことなどこれまでないし、アン・テレーズ・ロサリントン（Ann Therese Lotherington）とアン・ブリット・フレメン（Anne Britt Flemmen）が述べているように、多くの場合ＩＬＯの理事や官僚は、ＩＬＯが進むべき方向性の転換の重要性を完全には理解せず、理解していても無視するか妨害することが多いという(125)。さらに、女性と男性にかかわる近年のＩＬＯの諸政策に賛成している官僚たちが、自分たちの立場を表明し、プログラムやプロジェクトの中でこうした政策を実際に実行しようとする場合に、完全に無視されたりすることがないようにするためには、その主張をきっちりと「脱性別化（de-sexualized）」された仕方で、そして、その主張が孕むフェミニズム的な意味合いが可視的にならないような仕方で、意見の表明を行わなければならない(126)。このように、もたらされる帰結が女性と男性の双方の可視性を増すことであったとしても、それを達成するための戦略はしばしば、自らが再活性化させようとしている「沈黙」〔引用符は訳者〕を再生産しなければならなくなってしまうのである。

結び

本章では、ジェンダー諸関係に関する特定の理解の仕方、それも、絶えず変容していくそうした諸々の理解の仕方をＩＬＯの諸政策がこれまでどのように反映してきたのかについて述べてきた。初めに述べたことは、ＩＬＯの設立以来一貫してその政策が、特別な仕方で女性労働者に言及してきたということであった。しかしながら、本章が焦点を据えたのは、そうした数々の言及を単に羅列することではない。むしろ、そうした言及がいかにつくりあげられてきたかを探究することだったのである。ＩＬＯに加盟する各国で女性労働者に関して抱かれている想定がそれぞれ異なるばかりか、ＩＬＯの女性政策をめぐってＩＬＯに対してロビー活動を展開する活動家たちが女性労働者に関して抱いている想定もそれぞれ異なるため、ＩＬＯは、「平等」と「保護」の論争につねにもまれてきた。このため、初期には女性労働者の保護に重点を置いたものの、一九三〇年代にはそれも変化しはじめ、戦後においてＩＬＯの女性関連の条約・勧告のほとんどは、女性の平等の促進を目標とするものとなってきた。

こうした諸々の変化は、絶えず変容する物質的諸条件や関連行為者の諸活動に依存してきた。女性団体は一九二〇年代以降、保護立法に反対する勢力を効果的に動員するようになっていった。世界恐慌と女性の雇用を制限しようと各国政府が実施した諸政策が及ぼした影響力によって、女性団体のそのような試みは今まで以上に重要なものとなった。女性の失業が増加したことを考えれば、そのような試みの重要性はますます高まることになったのである。第二次世界大戦後、女性がますます労働力に編入されていくにつれて、女性の雇用をめぐる諸々の観念が形成された。賃労働力に編入される女性が増えていくにつれて、女性が労働の場にいることは変則的なものではなくなっていったように思われた。

一九八〇年代までにＩＬＯは、女性運動の第二波と国連「女性の一〇年」宣言の影響の下、女性の平等だけではなく女性の平等と男性の平等を促進しはじめた。このことは重要であった。ＩＬＯが平等化立法において男性を可視的なものにしたからだけではない。女性の平等を促進するためになされたかつての試みが女性の不平等性を受け入れることによって進行したという点を、ＩＬＯが最終的に理解しはじめたからでもある。女性が労働者であるとともに、家庭において子どもや老人の世話をする主要な担い手でもあることを可能にしようとの目標を掲げた立法は、「二重労働日」はある意味で女性にふさわしいものであるとの思いこみを強化してしまう働きをした。女性と男性の双方が諸々の家族的責任を負っていることを指摘することによって、ＩＬＯの最近の条約・勧告はこうした想定を根本から覆そうと努めている。

本章でわれわれは、ＩＬＯの歴史を通じて、絶えず変容する物質的諸条件とＩＬＯが活用できたジェンダーに関する諸々の観念が、ジェンダーについてＩＬＯが抱く諸々の理解の仕方に対していかに影響を及ぼしてきたのかを見てきた。次の章では、本書を通じてこれまで行ってきたさまざまな主張について、結論にふさわしい、いくつかの論評を述べることにしたい。

結論

第四章と第五章では、国際家族計画連盟（International Planned Parenthood Federation, IPPF）と国際労働機関（International Labour Organisation, ILO）の諸政策と諸々の手続きが、ジェンダー諸関係に関するさまざまな想定の影響をどのように受けてきたのかを検討した。〔まず第四章では、〕初期のＩＰＰＦが実施した諸政策の多くが、バース・コントロールをリプロダクティブ・フリーダムから切り離し、バース・コントロールが家族の安定の他、社会や世界の安定に貢献することを強調しようとするものだったことについて論じた。ＩＰＰＦの政策には、女性や男性、男女間の諸関係について明確な言及がなかったが、それでもその戦略はジェンダー化されているものであった。つまりその戦略は、女性や女性のセクシュアリティ、そして女性のリプロダクティブ・フリーダムを不可視化した結果生じたジェンダー化の諸効果によって、まさしくジェンダー化されていたのである。この戦略は、核家族の諸規範に関する伝統的な諸想定を暗黙のうちに強化するばかりか、バース・コントロールと女性のリプロダクティブ・フリーダムとを切り離すことで、女性を無力化することに役立った。社会の安定を女性のリプロダクティブ・フリーダムより優先させることで、ＩＰＰＦは、女性の生殖に関する自主性を直接的に損なうような諸政策の採用を正当化することができたのである。

女性がしだいに労働力の一部を担うようになっていき、よりよい教育を受け、より多くの政治的・経済的・社会的権利を要求するようになると、ＩＰＰＦのバース・コントロールの捉え方は変わりはじめた。一九七〇年代半ばまでに、とりわけその最後の一五年間に、ＩＰＰＦは、バース・コントロールが女性のリプロダクティブ・フリーダムに対して持っている中心的重要性を理解するようになった。これは物質的諸条件の変化だけでなく、ＩＰＰＦ内の活動家たちの構成も変化したためである。こうした活動家たちは、女性と男性の平等を実現するにあたってバース・コントロールが中心的な位置を占めていることを明確に指摘するようになったのである。

ＩＰＰＦとは対照的にＩＬＯは、女性に言及するときにはいつも明確ではあったが、その言及はつねに特殊なかたちでなされた。ＩＬＯの初期の女性関連政策の多くは、生殖における諸々の役割を理由として女性を保護することに関心を持っていた。特に、国際的な労働基準を確立するという最も初期の試みにおいては、女性の夜間労働の制限に焦点が据えられた。そうすることに全く異論の余地がないと見なされていたからである。このようにＩＬＯは、女性を不可視化するというよりは積極的に可視化しようと努めてきた。しかし、ＩＬＯの歴史が始まったばかりの時期に可視化されたのは、現在または将来において子どもを産み育てる者としての女性だけであった。女性が担う可能性のあるそれ以外の役割は、ＩＬＯの初期の政策においては無視されたのである。

実のところ、ＩＬＯの諸政策の中でしばしば不可視化されていたのは、男性だった。不可視化はさまざまなかたちでなされた。例えば、工業および農業の危険作業への女性の雇用を制限することを目的とする保護立法は、女性が生殖と子どもの養育という役割を担っていることを理由に制定された。この場合、男性が担う諸々の役割は、ふさわしくないものか重要でないものと考えられた。同様に、ＩＬＯが平等権の言説を用いるようになった後には、男性は特権的で不可視的なカテゴリーとなっていた。特権的であったのは、女性を比較する目安が他でもない男性だったからであり、不可視的であったのは、こうした比較の目安のカテゴリーとして以外には、「標準の」労働者なるカテゴリーとして以外には、彼らは存在を認められていなかったからである。

ＩＰＰＦの場合と同じように、女性と男性の諸生活の物質的諸条件の変化が、社会・家庭・職場において女性と男性が担うにふさわしい諸々の役割に関するＩＬＯの理解の仕方を変容させた。第二次世界大戦後に女性の労働力化がさらに進んだことを反映して、ＩＬＯは、女性のための平等権立法をより重視するようになった。女性運動も、ＩＬＯが女性の捉え方を変更していくことを助長した。ＩＬＯは、子どもを産むのだから男性とは違うという点に限定して女性を見るよりも、労働力として女性が担う数かぎりない役割があることを理解するようになった。この言説によって、男性がこれまでとは異なった諸活動にかかわる可能性も認識されはじめた。諸々の政策は、労働力としての女性が保護立法によってしばしば不利益をこうむってきた点を認識するようになった。そのうえＩＬＯは、女性と男性はともに、年少者・病人・高齢者の世話のような一定の家族的責任を分担し得るし、分担すべきであるということを認識するようになった。

フェミニズム理論はどこへ向かうのか

ＩＰＰＦとＩＬＯの事例を見ることで、ジェンダーが国際的な諸関係を問いなおすのに有益な概念である理由が明らかになる。ジェンダーの概念を使うことで、厳密に「女性」にだけ関心を持っていたのでは見逃したであろう多くの物事を見ることができるようになる。ＩＰＰＦの場合が特に分かりやすい。というのも、女性と女性のリプロダクティブ・フリーダム、およびバース・コントロールの関係性をＩＰＰＦが不可視化しようとするなら、女性の特殊性に関する諸々の考え方が政策言説から完全に抜け落ちてしまうからである。ジェンダーではなく女性にだけ焦点を据える分析では、ＩＰＰＦの政策のジェンダー化された性格を認識することができなかっただろうし、その結果、諸々のフェミニズム分析は国際制度の活動の研究に何ら新しいものをもたらすことができないという「男性主流」の想定を、再生産するのに役立ったことだろう。

「女性」を位置づけることに関心を示してきたＩＬＯを分析することは、ＩＰＰＦを分析するのに比べ、初めのうちは成果を生むかもしれない。それは、設立以来一貫してＩＬＯが女性に明確な焦点を据えてきたからである。女性に関心を向ける分析も、ジェンダーに関心を向ける分析も、これまでのさまざまな政策を同定し、論じることができる。にもかかわらず、ＩＬＯを評価するにあたってはジェンダー分析の方が有効なのは明らかである。というのも、ＩＬＯのジェンダー分析は、ＩＬＯの諸政策において女性と男性がどのように現れるかに焦点を据えるだけでなく、なぜそのように現れるかに焦点を据えるからである。それゆえ第五章の議論は、社会改革者や労働組合、女性組織が展開した諸闘争から保護立法が生みだされた点を強調するのであり、他の諸組織が保護立法の推進に反対するようになるにつれて、ＩＬＯの諸政策が平等権の言説へと移行していく過程に注目するのである。

同様に、女性を分析したのでは、ジェンダーが関係概念であることを示すことはできなかっただろう。保護立法と平等権立法はどちらも、女性と男性がＩＬＯの諸政策を通じて理解される仕方に影響を与えた。保護立法の下では、男性とは違うかぎりにおいてのみ女性は認識されたにすぎなかった。男性が標準であり、男性と同じものであると捉えられる場合にのみ、女性は男性と平等に扱われた(1)。しかし保護立法は、男性を特殊なかたちで顕現させるものでもあった。「女性」の位置づけに関心を示す分析は、「標準としての男性」というその考え方を受け入れてしまうことになっただろう。というのも、そのような分析を行っていたら、男性が既にその一部となっている諸制度あるいは諸構造に女性を付けくわえることは適切であると想定していたであろうからである。ジェンダーを関係概念として理解することなしには、特定の諸活動が男性に及ぼすジェンダー化の諸効果を分析することができない。したがってその場合、保護立法に焦点が据えられることを通じて、そして後には、女性の権利伸長に力が注がれることを通じて男性が不可視化されていった過程を、分析することはできなかったであろう。

ジェンダーを関係と捉えることによってこそ、ジェンダー諸関係はこれまで不平等な諸関係でありつづけたという点が強調される。というのも、ＩＬＯ（またはＩＰＰＦ）について見てきたように、一つのカテゴリーとしての、あるいは一つの集団としての女性は、男性と無関係には存在しないからである。女性は、男性に準じて規定される。さらに、男性と同じものであると捉えられるなら、女性は全く存在しなくなる。女性と男性の諸々の重要な差異は、子どもを産む者としてのみ女性は考慮されるので、非常に特殊なものでもある。保護立法を通じてよく認められるであろう他の諸々の差異は、ただ無視される。子どもを産む者であるかぎりにおいてのみ女性を認識することによって、女性にふさわしい役割は子どもを産むことであり、子どもを産むことだけであるとの伝統的な諸想定が再生産され、さらに男性が不可視化される。こうして、生殖という役割以外で女性が社会に参加する多くの仕方が無視され、生殖に実際にかかわるかぎりにおいて男性が無視されることになる。

この二つの事例は、ジェンダーの構築が孕む歴史的特殊性と、時代によって「女性」が理解される仕方が異なるということをうまく例証している。女性と生殖との関係性、あるいは、家庭や職場内で女性が負わされる諸々の規準は、一定ではなかったし、ある点ではかなりの変遷を見せている。特に、ここで考察しているような比較的短い時期区分で考えれば、そうであった。概念の歴史的特殊性を認識することのないままＩＬＯとＩＰＰＦの中に「女性」を位置づけることができたにせよ、そのような分析では、ＩＬＯとＩＰＰＦの中で採用された相異なる政策を記述したり評価したりすることはできなかったであろう。これら二つの制度は双方とも、自らが追求する諸戦略を通じてジェンダーをめぐる諸々の考え方を反映したとともに、積極的に組織化した。同一化の諸目標にとって有用な、一つの静的なカテゴリーとしてしか女性を考えない分析には、このことは認識できないのである。

しかしながら、指摘しておくべき重要な点は、ジェンダーに関する諸々の理解の仕方にはかなり変化した点もあるが、驚くほど変わっていない点もあるということである。特に変わっていないのは、これらの制度が歩んできた歴史のほぼ全体を通じて、人種の構築が孕むジェンダー化された性格が不可視化されてきたという点である。〔確かに〕近年では、ＩＬＯもＩＰＰＦも、発展途上国の人々に多くの関心を払うようになってきており、たいてい双方とも「人種とエスニシティ」を平等権条項に含めるようになってきた。だが、「女性」や「労働者」のような概念は、西洋の白人女性や白人労働者を暗に想定していた。女性が労働力において担うにふさわしい役割をめぐる支配的な諸想定に影響を及ぼすことができたのは、第二次世界大戦後に白人既婚女性が労働力を担うようになっていった劇的な動きだけであった。同様に、計画出産とＩＰＰＦを通じて人口調節計画担当者を最初に動かしたのは、白人中産階級の諸々の標準から外れた家族や、白人工業国の諸々の標準から外れた国の「不安定さ」だった。それらを不安定なものと見なす一つの想定が、力を持ったのである。

女性と男性は「標準的には」白人だと想定する、諸々のジェンダー化された理解の仕方は、人種主義的な理解の仕方が及ぼす諸効果を不可視化する。先に論じたように、白人であるかぎりにおいてのみ女性は女性である（あるいは、白人であるかぎりにおいてのみ労働者は労働者である）と認識することによって、有色人種の女性と黒人女性が労働力において占める位置についての人種主義的な諸想定が再生産される。そのように認識することによって、黒人女性と有色人種の女性が賃労働に伝統的に巻きこまれてきたという点や、彼女たちがその下で賃労働に巻きこまれている諸状況、労働市場において彼女たちが占める位置などが、無視されてしまう。また、そのように認識することによって、労働や生殖、家族などが、時間や場の差異に応じて、そして、人種やエスニシティに付随する諸々の特権や経験の差異に応じて違いを見せつつ経験され理解されるという点も、無視されてしまう。このように、国際制度の諸実践がもたらす均質化の影響力は、ジェンダー化された諸想定にも人種主義化された諸想定にも、等しく影響を与えるのである。

女性や人種への明示的な言及が見受けられない場合でも、女性ではなくジェンダーに注目することによって、国際的な諸関係の内部でフェミニズム分析を展開することができる。フェミニズム分析は、女性と男性はどのようにしてそのような仕方で現れるのかを示すばかりでなく、なぜそうなのかについても示す。またフェミニズム分析は、ジェンダーは関係的なものであり、歴史的に特殊なものであるという点も示す。要するに、これらの事例から明らかになるのは、ジェンダー分析を動かす諸々の政治的な規範命令なのである。ジェンダーとは組織化されるものであり、「女性」と「男性」という用語で規定される何らかの自然なカテゴリーではないということを理解すれば、これらの用語に関する本質主義的な理解の仕方や「女性を加えること」〔引用符は訳者〕が不十分なのはなぜなのかが分かる。ＩＰＰＦとＩＬＯの事例で示されたように、「女性」と「男性」を構成するさまざまな意味への本質主義的な傾倒をやめないかぎり、これらの用語や経験に必然的に付与される歴史的可変性を正しく認識することなどできないのである。

他方、少なくとも女性を付けくわえればすべての誤りが必ず正されるだろうと見なされている点で、「女性を付けくわえる」というのは公正な競技場であると想定されている。ＩＰＰＦとＩＬＯにおけるジェンダーに関する分析は、男女間の関係性と、女性や男性であることとはいったい何かをめぐる諸規定とがいかに構造化されたものであるか、そして、男女間の関係性とそのような規定が女性に不利益を与えるようなかたちで歴史的に構築されてきたのはどのようにしてなのかを示す(2)。(その構造が、国際的な諸関係の研究であれ、実践であれ、教育であれ、資本主義であれ)特定の諸構造に女性をただ単に付けくわえるのは不可能である。なぜなら、こうした諸構造は次のような想定を前提とし、そのような想定に基づいているからである。それはすなわち、女性はこれらの構造の構成員としてふさわしくない、あるいは、構成員たり得ないという想定である。われわれがこうした諸構造を理解し認識する仕方は、いくぶんかは女性の排除を経たものである(3)。しかも、女性が加えられるとすれば、たいてい人種主義的な観点から——つまり、白人の観点から——なされるのである。

国際関係理論はどこへ向かうのか

関連した、同じくらい重要な問題は、ジェンダーに敏感な分析が国際関係理論に及ぼす影響力とはいかなるものかという問題である。第二章において、国際的な諸関係に関するジェンダー化された分析を伝統的な国際関係理論の中に組みこむにあたって利用可能な空間を吟味したが、このような分析が国際関係理論に及ぼす影響については考察しなかった。言い換えれば、ジェンダーに敏感な分析がめざすのは、国際関係理論を救うことなのか、それとも、葬り去ることなのかという問題である。

最低限、ジェンダーに敏感な、国際的な諸関係に関する分析は、個人、国内政治、国際政治の間の伝統的な諸境界、あるいは、リチャード・アシュレイ(Richard Ashley)が言うところの「諸々の境界線」に挑戦する。これらの境界は、現実世界の中に見出される何らかの自然的区分を反映するものではなく、国際関係論という学問領域が及ぼす規律・訓練の諸効果の結果である(4)。国際関係論が創りだされてきた様式そのものが、ある問題を当該学問領域にとって適切なものとし、別の問題を不適切なものとするのである。ジェンダーは国際諸制度に反映されているということと、ジェンダーは部分的にはそれらの制度によって組織化されるということの双方を示す点で、本書は、国際関係論の諸境界に手をつけないでおこうとする諸々の作業から劇的に決別するものである。

これは、国際関係論における例の「分析レベル問題」を単に言い換えたものではない。というのも、本書のねらいは、諸々の境界線と単に戯れることを超えた試みを行うことにあるからだ(5)。それは、国際関係理論において以前は触れられてこなかった諸々の分析レベルを開く。というのも、本書は、国際的な諸関係の諸活動を通じて創りだされる、男らしさと女らしさをめぐる本質主義化された諸見解に挑戦するものだからである(6)。本書は、女性であることや男性であることの意味の構成そのものは、少なくとも部分的には、国際的な諸関係を構成する諸活動によって組織化されると主張する。このことが意味していることは、国際的な諸関係が及ぼす影響力は、最も基礎的な部分でわれわれに関係しているので、かつて考えられた以上に大きいように思われるということなのである(7)。

このように、国家間競合を研究するにあたって国際関係論の主流が見せる主要な関与の仕方は、重大な意味を持つ挑戦にさらされている。本書を通じて説明してきたように、個別の研究領域である国家間活動の研究は、国際的な諸実践に関する視野の狭い、不完全な見取り図をわれわれに提供する。というのも、諸国家が展開する諸活動や諸制度の諸活動、さらには諸個人の諸活動でさえも相互構成的なものであり、少なくとも部分的には、支配的な物質的・歴史的諸条件に依存しているからである。国際的な諸関係におけるジェンダーの分析からわれわれは、国際的な諸活動がジェンダー諸関係を反映するとともに、国際的な諸活動がジェンダー諸関係を形づくるということを発見する。しかし、おそらくそれ以上に意義深いのは、われわれが、国際的諸現象の徹底的な複合性——国際関係論の伝統的な研究様式ではつかみきれないような複合性——をも発見するということであろう。

フェミニズム国際関係論の政治はどこへ向かうのか

この分析からは、多くの政治的な示唆が得られる。一例としては、この分析は、われわれの諸生活のすべての諸側面に対して国際的な諸関係が影響を及ぼすという点を強調する。このように理解されれば、国際的な諸関係は、外交官や巨大な多国籍企業の代表取締役がじっくり考えることにかかわるだけではない。諸々の人口調節組織が、世界中で女性と男性がバース・コントロールを利用できるようにする仕方にも、地元の工場での雇用を求める女性や危険物質からの保護を求める男性に課せられる圧迫にもかかわっている。国際的な諸関係の諸々の策謀によって世界で最も不利益をこうむるにもかかわらず、国際的な諸関係の創造においてこれまでほとんど声を上げることのできなかった人々。この分析はこのような人々に、声を与えるものなのである(8)。

さらにこのような分析は、国際的な諸関係をより公正で公平なものへと創りなおす闘争が展開される場とはどこなのかを指し示す。本書は、女性あるいは男性であることとは何を意味するか、社会において女性と男性が担うにふさわしい諸々の役割、あるいは、労働力において女性と男性が担うにふさわしい諸々の役割をめぐるさまざまな想定は、自然に与えられたものではなく社会的に構築されたものであるという点を繰り返し強調してきた。構築されるものは構築しなおすことができるし、作られるものは作りなおすことができる(9)。こうしたさまざまな関係性の組織化にかかわった諸々の観念や物質的諸条件、諸制度を考慮に入れることで、分析者は国際的な諸関係の作動に関するいっそう明確な洞察を手にすることになるし、活動家はこうした諸関係を創りなおすにあたっての方向づけを手にすることになる。

現在のＩＰＰＦで見受けられるように、危機の時代には、以前は保持されていたジェンダーに関する諸想定を問題化する機会が利用できるようになる。諸制度の内外で活動する活動家たちは、生殖において女性と男性が担う役割がこれまで構築されてきた仕方を構築しなおすことができる。今日われわれがＩＰＰＦにおいて目撃しているのは、まさしくこうした動きである。ＩＰＰＦやＩＬＯの事例で説明したように、多様な社会運動が及ぼす影響力も大きい。それらの運動が政治的であるべきものをどのように規定しなおすかは、国際諸制度の諸活動に反映され得るのであり、それ以外の場にも反映され得るのである。

このように、本書で提示された国際的な諸関係の展望は、国際的な諸関係を近づきがたく変容させにくいものとして描きだす主流派の絶望の展望に比べて、近づきやすく変化を受けやすいものである。本書の展望は、国際的な諸実践の根源的な複合性を認める一方で、まさしくその複合性ゆえにこうした諸実践は変化を受けやすいということを認める。本書で提示された、国際的な諸関係に関する理解の仕方によれば、一枚岩的な諸国家がときおりアナーキーに衝突しあうのではない。むしろ、われわれは、最も基礎的な部分で国際的な諸関係の影響を受けているのである。これには、人種の諸関係や階級諸関係の組織化が含まれるのと同様に、ジェンダー諸関係の構成も含まれる。もし国際的な諸関係が、最も基礎的な部分でわれわれに影響を及ぼすことができるのであれば、われわれもまたこれらの関係に影響を及ぼすことができるはずである。こうしてわれわれは、国際的な諸実践に自分たちすべてがつねに従事しているという点を理解する。抵抗の場は、現状に反対する人々につねに開かれている。世界政治はひとりひとりの問題であるとともに、可能性に満ちたものでもあるのだ。

＊3　**エージェンシー**　一定の歴史的構造の維持または変革について一定の共通の利害と構想を持ち、その実現のために、制度化された活動を連携して行う、エージェントの総体を言う。

＊4　**ジェンダー・バイアス**　「ジェンダー」は、文化的・社会的な差異／性差であり、「セックス」が生物学的性差と訳されるのと区別される。「男らしさ、女らしさ」という考え方は、ジェンダー・バイアスのかかった、つまり、文化的・社会的偏見に基づいた認識であると言える。

訳　注

＊1　**批判理論**　著者は、ジェンダーと国際関係論を考察するにあたって不可欠な規準として次の三つを挙げ、国際関係論の諸々のパラダイムを評価する。すなわち、観念と意味の社会的構築を論じることができるか否か、歴史的可変性を論じることができるか否か、権力を理論化することができるか否か、の三つの規準である。彼女は特に第2章第5節において、これら三つの規準を満たしているために、ジェンダー化された分析を国際関係論に組みこむうえで最も有望な諸研究と考えられる critical IR を吟味している。その際、この critical IR という表現は、そのような諸研究の総称として用いられている。この総称を翻訳するにあたり、訳者は critical に、批判理論的との訳語をあてた。その理由は、著者の議論は、従来の国際関係論が孕む実証主義的認識論と国家中心的思考を問題化する「批判理論」を掲げたロバート・コックスの議論と同じ方向性にあるからである。だが、その場合、彼女の言う critical IR を構成する諸研究の多様性を無視してしまう危険性がある。とりわけ、コックスやスティーブン・ギルに代表されるグラムシ学派系の議論と、ポスト構造主義やポストモダニズムに依拠した議論は、認識論的かつ存在論的な諸争点のすべてに関して必ずしも見解の一致を見ていないということを無視してしまう危険性がある。そこで、critical という語を翻訳するにあたり、訳者は次のような配慮を行っている。著者が critical という語を、先の三つの規準を満たす諸研究の総称として用いている場合、引用符なしで表現することにする。彼女が critical という語を、グラムシ学派系の「批判理論」の意味で用いていると判断できる場合、引用符を付して「批判理論」的と表現することにする。また、グラムシ学派系の「批判理論」に依拠していることを明示していない諸研究でも、グラムシ学派系の「批判理論」と同じ立場に立つ議論を展開していると彼女が判断し、そのような諸研究を critical と形容している場合も、同様に引用符を付して表現する。このような訳語上の配慮を行うことによって、ポスト構造主義やポストモダニズムに依拠した議論の問題点を指摘し、コックスが掲げる「批判理論」の方向へと向かおうとする彼女の意向を、最大限に尊重できるように思われる。

＊2　**リプロダクティブ・フリーダム**　1970年代にフェミニストは、性と生殖に関する自由（リプロダクティブ・フリーダム）を基本的人権として定義づけた。1994年の国連人口開発会議においてリプロダクティブ・ヘルス／ライツという概念が提唱され、政治的アジェンダとなった。その後、「女性の性と生殖に関する、健康と権利」の確立にかかわる包括的概念として確立され、今日にいたっている。

in Kristi Anne Stølen and Mariken Vaa（eds）, *Gender and Change in Developing Countries*（Norwegian University Press, 1991）, p. 278.

123）'The ILO Chooses an Interdepartmental Approach', *World of Work*, No. 2,1993, p. 3.

124） Virginia Galt, 'Union urged to promote women', *The Globe and Mail*, February 8,1993, p. A6.

125） Lotherington and Flemmen, *passim*.

126） *Ibid.*, pp. 295-6.

結　論

１） Zillah R. Eisenstein, *The Female Body and the Law*（Berkeley : University of California Press, 1988）, p. 205.

２） 関連事項としては、以下を参照。V. Spike Peterson, 'Transgressing Boundaries : Theories of Knowledge, Gender and Internatioal Relations', *Millennium*, 21（2）, 1992, pp. 183-206.

３） *Ibid.*

４） Richard K. Ashley, 'Living on Border Lines : Man, Poststructuralism and War', in J. Der Derian and M. J. Shapiro（eds）, *International/Intertextual Relations : Postmodern Readings of World Politics*（Lexington, Mass.:Lexington Books, 1989）, *passim*. また、以下も参照。Patrick M. Morgan, *Theories and Approaches to International Politics*（New Brunswick , New Jersey : Transaction Books, 1987）, chapter 1.

５） Anne Sisson Runyan and V. Spike Peterson, 'The Radical Future of Realism : Feminist Subversions of IR Theory', *Alternatives*, 16（1991）, p. 100.

６） *Ibid.*

７） ここで述べた一連の主張は、ジェンダーのみならず、すべての社会的諸関係に適用できるだろう。

８） Cynthia Enloe, *Bananas, Beaches and Bases : Making Feminist Sense of International Politics*（London : Pandora, 1989）, p. 2 and chapter 1 *passim*.

９） *Ibid.* ; and Jane Jenson, 'Different but not Exceptional : the Feminism of Permeable Fordism', *New Left Review*, 184, November-December 1990, p. 60.

105) Lubin and Winslow, *Social Justice for Women*, pp. 100-101.

106) ILO, *Standards and Policy Statements of Special Interest to Women Workers*, pp. 75-9. 'Women with Family Responsibilities Recommendation, 1965 (No. 123) : an ILO Survey', *Women at Work*, 1979, No. 1, p. 33. ＩＬＯにおける女性と子どもの捉え方を歴史的に見るには、以下を参照。Maria Baers, 'Women Workers and Home Responsibilities', *International Labour Review*, 69 (4), 1954, pp. 338-55 and 'Child Care Facilities for Women Workers', *International Labour Review*, 78 (1), 1958, pp. 99-109.

107) Lubin and Winslow, *Social Justice for Women*, p. 105.

108) M.-C. Séguret, 'Child-care Services for Working Parents', I*nternational Labour Review*, 120 (6), 1981, p. 711.

109) Galenson, *An American View, passim* ; Mainwaring, *A Canadian View*, chapter 14 ; Cox, 'Labour and Hegemony', and 'Labour and Hegemony : A Reply'.

110) Reinalda, 'Women as Transnational Political Force in Europe', p. 8.

111) 'Official Documents', *Women at Work*, 1977, No. 1, p. 26 ; 'ILC Will Discuss Women Workers' Questions in 1985', *Women at Work*, 1984, No. 1, p. 4.

112) 'The Right to Work : Is it Equal for Women?', *Women at Work*, 1984, No. 1, p. 4.

113) 'Primary Study on Protective Measures', *Women at Work*, No. 2,1977, p. 17.

114) 'Women Workers and the New International Economic Order', *Women at Work*, 1981, No. 1, p. 1.

115) 'ILO Activities : Report on the Employment of Women with Family Responsibilities', *Women at Work*, 1978, No. 1, p. 17.

116) ILO, *Equal Opportunities and Equal Treatment for Men and Women Workers : Workers With Family Responsibilities*, International Labour Conference, 66 th Session, 1980, Report VI (1) and Report VI (2). また、以下も参照。Séguret, 'Child Care Services for Working Parents', p. 711; 'Recommendation Concerning Equal Opportunities and Equal Treatment for Men and Women Workers : Workers with Family Responsibilities', *Women at Work*, 1982, No. 1, pp. 41-4 ; 'The ILO on Family Responsibilities', *Women at Work*, 1985, No. 1, p. 32 ; Lubin and Winslow, *Social Justice for Women*, p. 105.

117) Lubin and Winslow, *Social Justice for Women*, p. 105 ; Brocas *et al.*, *Women and Social Security*, pp. 67-9.

118) Krishna Ahooja-Patel, 'Work and Family : The New ILO Norms', in ILO, *Women at Work*, No. 2,1981, p. 1.

119) Reinalda, 'Women as Transnational Political Force in Europe', p. 10.

120) Brocas *et al*, *Women and Social Security*, p. 10.

121) *Ibid.*

122) 'Future Trends and Perspectives for ILO Action on Women Workers', *Women at Work*, 1987, No. 2, pp. 48-51 ; 'ILO Activities for the 1988-89 Biennium', *Women at Work*, 1987, No. 2, pp. 51-2 ; Lubin and Winslow, *Social Justice for Women*, p. 118 ; Ann Therese Lotherington and Anne Britt Flemmen, 'Negotiating Gender : The Case of the International Labour Organization',

Rosie the Riveter Revisited : Women, The War and Social Change (New York : New American Library, 1987), pp. 9-10. また、以下も参照。Margaret R. Higonnet and Patrice L. -R. Higonnet, 'The Double Helix', in Margaret Randolph Higonnet, *et al.*, (eds), *Behind the Lines : Gender and the Two World Wars* (New Haven, Conn. : Yale University Press, 1987) ; Tilly and Scott, *Women, Work and Family*, pp. 214-15 ; Lewis, *Women in England*, p. 153 ; Elisabeth Hagen and Jane Jenson, 'Paradoxes and Promises : Work and Politics in the Postwar Years', in J. Jenson, E. Hagen and C. Reddy (eds), *Feminization of the Labor Force, Paradoxes and Promises* (New York : Oxford University Press, 1988) ; Isabella Bakker, 'Women's Employment in Comparative Perspective', in *Ibid.*, Gluck, *Rosie The Riveter Revisited*, chapters 1 and 2.

91) Tilly and Scott, *Women, Work and Family*, p. 215.

92) *Ibid.*, pp. 217-8.

93) *Ibid.*, p. 219.

94) Hagen and Jensoon, 'Paradoxes and Promises', p. 3.

95) 'Meeting of Experts from the ILO Committee on Women's Work', *International Labour Review*, 54 (3-4), 1946, p. 202;'The Apprenticeship of Women and Girls', *International Labour Review*, 72 (4), 1965, pp. 283-302.

96) Lucille G. Caron, 'A Question of Basic Human Rights', *Women at Work*, 1986, No. 2, p. 4.

97) Lubin and Winslow, *Social Justice for Women*, p. 95.

98) ILO, *Equal Remuneration for Men and Women Workers*, Report V (1), pp. 3 and 7.

99) ILO, *Standards and Policy Statements of Special Interest to Women Workers*, pp. 41-4 ; ILO, *Equal Remuneration for Men and Women Workers for Work of Equal Value*, Internationa Labour Conference, Thirty-Third Session, Reports V (1), V (2) Geneva 1950, and Thirty-Fourth Session, Report VII (2), Geneva 1951 ; 'ILO Instrument on Equality of Remuneration', *Women at Work*, No. 1,1984, p. 6, 'Women's Wages', *International Labour Review*, 81 (2), 1960, pp. 95-109; Mainwaring, *A Canadian View*, p. 126.

100) 'Progress in Equal Pay Linked to General Status of Women and Men in Society', *Women at Work*, 1986, No. 2, p. 14 ; Lubin and Winslow, *Social Justice for Women*, p. 96.

101) 'Progress in Equal Pay', p. 14 ; 'Unequal Pay, Wherein Lies the Problem?', *Women at Work*, 1982, No. 2, p. 1 ; 'Women Workers : International Labour Standards', *Women at Work*, 1987, No. 2, p. 29 ; ILO, *Equal Opportunities and Equal Treatment for Men and Women in Employment*, International Labour Conference, 71st Session, Report VII, 1985 ; ILO, *Equal Remuneration : General Survey of the Reports on the Equal Remuneration Convention (No. 100) and Recommendation (No. 90), 1951*, Report III (Part 4B), International Labour Conference, 72nd Session, 1986, (Geneva : ILO, 1986), chapters 4 and 5.

102) ILO, *Standards and Policy Statements of Special Interest to Women Workers*, pp. 5-9.

103) *Ibid.*, p. 9.

104) 'The Right to Work : Is it Equal for Women?', *Women at Work*, 1983, No. 1, p. 1 ; ILO, *Standards and Statements of Special Interest to Women Workers*, p. 49. また、以下も参照。'The Apprenticeship of Women and Girls', *International Labour Review*, 72 (4), 1965, pp. 283-302.

71） Bell,‘Implementing Safety and Health Regulations’, p. 297.

72） ポリ塩化ビニルは、ゴムの生産に使用されていた。使用していた当時のアメリカ企業には、出産適齢期の女性を雇用しないという政策をとっていたところもあった。1970 年代後半に、多くの女性がこうした工場での雇用確保のための安全対策保持に携わり、議論が巻き起こった。以下を参照。*Ibid.*, p. 297 and Petchesky,‘Workers, Reproductive Hazards, and the Politics of Protection’, p. 237.

73） ＩＬＯについて書かれたものではないが、この議論は以下の文献に見られたものである Vilma R. Hunt,‘A Brief History of Women Workers and Hazards in the Workplace’, *Feminist Studies*, 5（2）, Summer 1979.

74） Hunt,‘A Brief Histroy of Women Workers and Hazards in the Workplace’, pp. 276,278-80.

75） *Ibid.*, p. 279.

76） ペーター・ストラーレンドルフ（Peter Strahlendorf）がこの点を指摘してくれたことに感謝している。カナダの公衆衛生と安全立法とのコンテクストでこの問題を検証するには、以下を参照。‘PPE for Women : *Vive la Différence!*’, *Occupational Health and Safety Canada*, 2（2）, 1986, p. 62. また、以下も参照。Robert and Parmeggiani,‘Fifty Years of International Collaboration’;and L. Parmeggiani,‘State of the Art:Recent Legislation on Workers' Health and Safety’, *International Labour Review*, 121（3）, May-June 1982, pp. 271-285.

77） ルービンとウィンズローも、以下で同様の指摘をしている。*Social Justice for Women*, pp. 48 and 251.

78） Fuss,‘Unemployment and Employment among Women’, pp. 463 and 465-9 ; Lubin and Winslow, *Social Justice for Women*, p. 41.

79） Fuss,‘Unemployment and Employment Among Women’, pp. 493-4.

80） *Ibid.*, p. 466.

81） Becker, *The Origins of the Equal Rights Amendment*, pp. 8-9,162-3,172 ; Lubin and Winslow, *Social Justice for Women*, p. 39.

82） Becker, *The Oigins of the Equal Rights Amendment*, pp. 171,175 ; League of Nations, *Handbook of International Organisations* (Geneva : League of Nations, 1938), pp. 269-70 ; ‘The Open Door International and Maternity Protection’, *International Labour Review*, 21 (2), 1930, pp. 217-18.

83） Lubin and Winslow, *Social Justice for Women*, p. 45 ; Becker, *The Origins of the Equal Rights Amendment*, pp. 9,165 ; Anderson and Winslow, *Woman at Work*, chapter 18.

84） Becker, *The Origins of the Equal Rights Amendment*, pp. 176-7.

85） *Ibid.*, p. 178 ; Anderson and Winslow, chapter 19.

86） Becker, *The Origins of the Equal Rights Amendment*, p. 178.

87） *Ibid.*, pp. 177-8.

88） *Ibid.*, p. 178.

89） Lubin and Winslow, *Social Justice for Women*, p. 213.

90） Ruth Milkman, *Gender at Work : The Dynamics of Job Segregation by Sex During World War II*（Chicago : University of Illinois Press, 1987）, p. 49. 以下も参照。Sherma Berger Gluck,

1988), p. 202.

58) John, 'Introduction', in John, *Unequal Opportunities*, p. 16.

59) また、以下も参照。Rosalind Petchesky, 'Workers, Reproductive Hazards and the Politics of Protection : An Introduction', *Feminist Studies*, 5 (2), Summer 1979, p. 240 ; Vilma R. Hunt, 'A Brief History of Women Workers and Hazards in the Workplace', *Feminist Studies*, 5 (2), Summer 1979, p. 275.

60) 例えば、以下を参照。Jane Lewis, *Women in England, 1870-1950 : Sexual Divisions and Social Change* (Sussex : Wheatsheaf Books, 1984), pp. 175-80 ; Tilly and Scott, *Women, Work, and Family*, p. 188 ; Ruth Frager, 'No Proper Deal : Women Workers and the Canadian Labour Movement 1870-1940', in L. Briskin and L. Yanz (eds), *Union Sisters : Women in the Labour Movement* (Toronto : The Women's Press, 1983), pp. 50-7.

61) Frager, 'No Proper Deal', p. 51 ; Davies, *Women and Work*, chapter 4.

62) *Ibid* ; また、以下も参照。Braybon, *Women Workers in the First World War*, pp. 30-1 ; Tilly and Scott, *Women, Work and Family*, pp. 188-9 ; Deborah Thom, 'The Bundle of Sticks : Women, Trade Unionists and Collective Organization before 1918', in John, *Unequal Opportunities*, pp. 261-89.

63) Henri Fuss, Chief of the Unemployment, Employment and Migration Section, ILO, 'Unemployment and Employment Among Women', *International Labour Review*, 31 (4), 1035, p. 465.

64) 'Maternity Protection : A Social Responsibility (ILO)', *Women at Work*, 1984. No. 2, pp. 1-2. また、以下も参照。'ILO Survey on Working Mothers', *Women at Work*, 1985, No. 1, p. 31 and Brocas, *et al.*, *Women and Social Security*, p. 58.

65) Lubin and Winslow, *Social Justice for Women*, p. 83 ; ILO, *Standards and Policy Statements of Special Interest to Women Workers*, pp. 68-71,83-6 ; 'Maternity Protection : A Social Responsibility', in ILO, *Women at Work*, No. 2,1984, pp. 1-2 ; 'Women Workers : International Labour Standards', in ILO, *Women at Work*, No. 2,1987, pp. 28-33 ; Marcel Robert and Luigi Parmeggiani, 'Fifty Years of International Collaboration in Occupational Safety and Health', *International Labour Review*, 99 (1), 1969, pp. 85-136.

66) Braybon, *Women Workers in the First World War*, chapter 5 ; Tily and Scott, *Women, Work and Family*, p. 57 ; Barbara Brookes, 'Women and Reproduction, 1860-1939', in Lewis, *Labour and Love*, pp. 149,166.

67) Eisenstein, *The Female Body and the Law*, p. 204.

68) *Ibid.*, p. 206. ＩＬＯ資料におけるこの議論に関する初期の事例については、以下を参照。'The Open Door International and Maternity Protection', *International Labour Review*, 21 (2), 1930, pp. 217-8.

69) Michael J. Wright, 'Reproductive Hazards and "Protective" Descrimination', *Feminist Studies*, 5 (2), Summer 1979, p. 303. また、以下も参照。Carolyn Bell, 'Implementing Safety and Health Regulations for Women in the Workplace', in *Ibid.*, p. 296 and Sandra Blakeslee, 'Fathers linked to child defects', *The Globe and Mail*, January 1,1991, p. A1.

70) Wright, 'Reproductive Hazards and "Protective" Discrimination', pp. 304-5.

る。以下を参照。＊ *If Women Counted: A New Feminist Economics*（New York : HarperCollins, 1988), p. 231.

45） 第 4 条約は、交代勤務を実施する産業が出てきたことや女性の高い管理職への進出、国家の危機に直面している政府からの要望などから、1934 年と 1948 年に見なおされた。以下を参照。ILO, *Partial Revision of the Convention*（*No. 4*）*Employment of Women During the Night*（*1919*）*and Convention*（*No. 41*）*Concerning Employment of Women During the Night*（*revised 1934*）, International Labour Conference, 31st Session, Report IX, 1948.

46） Lubin and Winslow, *Social Justice for Women*, p. 95. *Women at Work*, No. 3,1977, p. 34.

47） Lubin and Winslow, *Social Justice for Women*, p. 29 ; Jenson, 'Gender and Reproduction', p. 18 ; 'Final Text of the Labor Section', p. 449.

48） Reinalda, 'Women as Transnational Political Force in Europe', p. 7 ; Lubin and Winslow, *Social Justice for Women*, chapter 2.

49） Sasrah Eisenstein, *Give Us Bread But Give Us Roses* : *Working Women's Consciousness in the United States, 1890 to the First World War*（London:Routledge and Kegan Paul, 1983), especially chapter 4 ; Jane Lewis, 'The Working-Class Wife and Mother and State Intervention, 1870-1918', in Jane Lewis（ed.), *Labour and Love : Women's Experience of Home and Family, 1850-1940*（Oxford : Basil Blackwell, 1986), pp. 99-122 ; Alice Kessler-Harris, *Out to Work : A History of Wage Earning Women in the United States*（Oxford : Oxford University Press, 1982), p. 142 and chapter 4 and 6 *passim*. また、以下も参照。Louise A. Tilly and Joan W. Scott, *Women, Work and Family*（New Work : Holt, Rinehart & Winston, 1978) ; Gail Braybon, *Women Workers in the First World War : The British Experience*（London : Croom Helm, 1981) ; Angela V. John, 'Introduction', in Angela V. John（ed.), *Unequal Opportunities* : *Women's Employment in England 1800-1918*（Oxford : Basil Blackwell, 1986) ; Meta Zimmerck, 'Jobs for Girls : The Expansion of Clerical Work for Women, 1850-1914', in John, *Unequal Opportunities*.

50） Tilly and Scott, *Women, Work and Family*, p. 64 ; Ross Davies, *Women and Work*（London : Hutchinson, 1975), p. 44 ; Kessler-Harris, *Out to Work*, chapter 7.

51） Kesssler-Haris, *Out to Work*, pp. 188 and 191. また、以下も参照。Ann Corinne Hill, 'Protection of Women Workers and the Courts : A Legal Case History', *Feminist Studies*, 5 (2), Summer 1979, p. 251. 先に述べたように、出産休暇と給与の低下を補う手当てを 1913 年に初めて導入するなど「保護主義の傾向」が遅れていたフランスを、ここでは例外として挙げている。以下を参照。Jenson, 'Gender and Reproduction', p. 16 and Jenson, 'Paradigms and Political Discourse', p. 241.

52） Braybon, Women Workers in the First World War, p. 21 ; Kessler-Harris, *Out to Work*, chapter 3 and 4.

53） *Ibid.*, p. 21

54） *Ibid.*, p. 23.

55） Davies, *Women and Work*, p. 43.

56） *Ibid.*

57） Zillah R. Eisenstein, *The Female Body and the Law*（Berkeley : University of California Press,

法やＩＬＯが合理的なものであるということを国民に（特に議会に）十分説明することができなかったため、条約の批准に失敗したとしている。以下を参照。Moynihan,'The United States and the International Labor Organization', pp. 215-8.

25） Mainwaring, *A Canadian View*, pp. 18 and 23 ; Alcock, *History of the International Labour Organisation*, p. 38. また、以下も参照。Harold B. Butler,'The Washington Conference', in J. T. Shotwell, *The Origins of the International Labor Organization, passim.*

26） Haas, *Beyond the Nation-State*, pp. 143-4 and 145-9 *passim*.

27） Morse, *The Origin and Evolution of the ILO*, pp. 10-12,14 ; Johnston, ＊*The International Labour Organisation*, p. 91 ; Alcock, *History of the International Labour Organisation*, p. 46.

28） Morse, *Origin and Evolution of the ILO*, p. 16 ; Mainwaring, *A Canadian View*, p. 103.

29） この部分は、以下の文献の第１章と第２章に示唆を受けたものである。Carol Riegelman Lubin and Anne Winslow, *Social Justice for Women : The International Labor Organization and Women*（Durham : Duke University Press, 1990）.

30） Lubin and Winslow, *Social Justice for Women*, p. 21.

31） *Ibid*., pp. 22-3.

32） *Ibid*., pp. 25-6 ; Mary Anderson and Mary N. Winslow, *Woman at Work*（Minneapolis : University of Minnesota Press, 1951）, p. 125.

33） Butler,'The Washington Conference', p. 327.

34） Lubin and Winslow, *Social Justice for Women*, p. 27.

35） *Ibid*., pp. 30,32 ; Anderson and Winslow, *Woman at Work*, pp. 129-31.

36） Lubin and Winslow, *Social Justice for Women*, p. 29.

37） *Ibid*., p. 30.

38） *Ibid*.

39） Bob Reinalda,'Women as Transnational Political Force in Europe', Paper Prepared for the Inaugural Pan-European Conference of the EPCR Standing Group on International Relations, Heidelberg, Germany, 16-20 September, 1992, p. 7. また、以下も参照。Lubin and Winslow, *Social Justice for Women*, pp. 21-2,30.

40） Jenson,'Gender and Reproduction'; Jenson,'Paradigms and Political Discourse'.

41） 以下を参照。Susan D. Becker, *The Origins of the Equal Rights Amendment : American Feminism Between the Wars*（Westport : Greenwood Press, 1981）, chapter 5 and ILO, *Special Protective Measures for Women and Equality of Opportunity and Treatment*（ILO : Geneva, 1989）, chapter 2.

42） Rainalda,'Women as Transnational Political Force in Europe', p. 7.

43）'Final Texts of the Labor Section', in J. T. Shotwell（ed.）, *The Origins of the International Labor Organization*, pp. 424 and 449.

44） マリリン・ウォーリング（Marilyn Waring）は「女性が行っている仕事についての最適な情報源は、ＩＬＯが発行しているもののうちのいくつかであるのに、そのＩＬＯが、一方では女性が行っている労働の大部分について、仕事ではないという定義づけをする責任を負っているという『つねに存在している皮肉』〔引用符は訳者〕」と遭遇したと記してい

8） Alcock, *History of the International Labour Organisation*, pp. 11-13 ; Johnston, ＊ *The Inernational Labour Organisation*, p. 9 ; Dlevingue, 'The Pre-War History', pp. 34-6 ; Mahaim, 'The Historical and Social Importance of International Labor Legislation', p. 11;Moynihan, 'The United States and the International Labor Organization', pp. 15-16.

9） Cox, 'ILO : Limited Monarchy', p. 102 ; Mainwaring, *A Canadian View*, p. 3 ; Ernst B. Haas, *Beyond the Nation-State:Functionalism and International Organization*（Stanford, California: Stanford University Press, 1964）, p. 140.

10） Robert W. Cox, 'Labor and Hegemony', *International Organization*, 31（3）, Summer 1977, p. 387 and passim. また、以下も参照。R. W. Cox, 'Labour and Hegemony : A Reply', *International Organization*, 34（1）, Winter 1980, *passim* ; Moynihan, 'The United States and the International Labor Organization', p. 109.

11） Johnston, ＊ *The International Labour Organisation*, p. 11;Alcock, *History of the International labour Organisation*, pp. 14-15 ; Delevingne, 'The Pre-War History', p. 53 ; Carol Riegelman, 'War-Time Trade-Union and Socialist Proposals', in J. T. Shotwell, *The Origins of the International Labor Organization*, p. 57.

12） モイニハンは、英国案を受け入れる体制が整っていた理由の一つに、特にアメリカ合衆国をはじめとする他国の代表者が、最低限の準備しかせずに会議に参加したため、としている。Moynihan, 'The United States and the International Labor Organization', p. 113.

13） Morse, *The Origin and Evolution of the ILO*, pp. 5,9 ; Johnston, ＊ *The International Labour Organisation*, pp. 12-13 ; McMahon, 'The International Labour Organization', p. 179.

14） Mainwaring, *A Canadian View*, p. 14 ; Charles Picquenard, 'French Preparations', in J. T. Shotwell, *The Origins of the International Labor Organization*, p. 95 ; Edward J. Phelan, 'British Preparations', in *Ibid*., *passim*.

15） Haas, *Beyond the Nation-State*, p. 143.

16） Johnston, ＊ *The International Labour Organisation*, p. 13.

17） *Ibid*. ; Alcock, *History of the International Labour Organisation*, p. 27 ; Morse, *The Origin and Evolution of the ILO*, p. 9 ; Mainwaring, *A Canadian View*, p. 14.

18） Edward L. Morse, 'The Westphalia System and Classical Statecraft', in E. L. Morse, *Modernaization and the Transformation of Statecraft*（Toronto : Macmillan, 1976）, pp. 28,32-4.

19） Mainwaring, *A Canadian View*, pp. 14-15.

20） Alcock, *History of the International Labour Organisation*, pp. 22,30 ; Morse, *The Origin and Evolution of the ILO*, pp. 9-10. また、以下も参照。ILO, *Standards and Policy Statements of Special Interest to Women Workers*（Geneva : ILO, 1980）, pp. 1-3.

21） Alcock, *History of the International Labour Organisation*, pp. 28-9 ; Mainwaring, *A Canadian View*, pp. 16-17.

22） Mainwaring, *A Canadian View*, p. 16.

23） Haas, *Beyond the Nation-State*, pp. 143 and 196. また、以下も参照。Moynihan, 'The United States and the International Labor Organization', pp. 159-61.

24） モイニハンは、アメリカ合衆国では国務長官やウイルソン大統領ですら、国際労働立カ合衆国において、性・生殖における自由な選択をアメリカ人女性が行う権利を制限しようとする企てが進行中であることを確認し、これが多くの外国に悪影響を及ぼしていることを認めて、いかなる同様の企てにも対抗しようとするＰＰＦＡの勇敢な努力に対して、精神的な支持を表明するものである」。

123） IPPF, *Strategic Plan-Vision 2000*, (London : IPPF, 1993), pp. 1,5, and *passim* ; IPPF, *Meeting Challenges : Promoting Choices, A Report on the 40th Anniversary IPPF Family Planning Congress, New Delhi, India*, (UK : The Parthenon Publishing Group Limited, 1993), *passim*.

124）'Secretary General's Report,' *1992-93 Annual Report*, p. 4.

125） Interview with Planned Parenthood Federation of Canada Staff, August 25,1993.

第５章

１） 本章は、以下の拙稿を加筆・修正したものである。'Gender, International Relations and the Case of the ILO', *Review of International Studies*, 20 (4). October 1994.

２） Jane Jenson, 'The Talents of Women, the Skills of Men : Flexible Specialisation and Women', in Stephen Wood (ed.), *The Transformation of Work* (London : Unwin Hyman, 1989).

３） こうした歴史については、以下の文献でも簡単に触れられている。Anne-Marie Brocas, Anne-Marie Cailloux and Virginie Oget, *Women and Social Security : Progress Towards Equality of Treatment* (Geneva : ILO, 1990), pp. 1-2.

４） R. W. Cox, 'ILO : Limited Monarchy', in R. W. Cox and H. K. Jacobson (eds), *The Anatomy of Influence : Decision Making in International Organization* (New Haven : Yale University Press, 1974), p. 102, David A. Morse, *The Origin and Evolution of the ILO and its Role in the World Community* (Ithaca : Cornell University, 1969), p. 6 ; G. A. Johnston, ＊ *The International Labour Organisation : Its Work for Social and Economic Progress* (London : Europa Publications, 1970), p. 5;Ernest Mahaim, 'The Historical and Social Importance of International Labor Legislation', in James T. Shotwell (ed.), *The Origins of the Intenational Labor Organization*, Vol. I (New York : Columbia University Press, 1934), pp. 3-6 ; Daniel Patrick Moynihan, 'The United States and the International Labor Organization, 1889-1934', *Ph. D Dissertation*, Fletcher School of Law and Diplomacy, Tufts University, Massachusetts, August 1,1960, pp. 7-8.

５） Antony Alcock, *History of the International Labour Organisation* (London : Macmillan, 1971), pp. 5-6 ; Johnston, ＊ *The International Labour Organisation*, p. 6.

６） Alcock, *History of the International Labour Organisation*, pp. 7-11 ; Johnston, ＊ *The International Labour Organisation*, p. 10 ; Sir Malcolm Delevingne, 'The Pre-War History of International Labor Legislation', in James T. Shotwell, *The Origins of the International Labor Organization*, pp. 29ff. また、以下も参照。John McMahon, ' The International Labour Organization', in Evan Luard (ed.), *The Evolution of International Organizations* (London:Thames and Hudson, 1966), pp. 178-9.

７） John Mainwaring, *The International Labour Organization : A Canadian View* (Ottawa:Labour Canada, 1986), p. 11 ; Alcock, *History of the International Labour Organisation*, p. 12. また、以下も参照。Moynihan, 'The United States and the International Labor Organization', pp. 13-14.

Ａも対象とすべきというものであった。この政策は、インドなど、中絶サービスを人口調節策の一つとして合法化している国への援助を差し止めないことをアメリカ合衆国政府が決めて以降、国際組織のみを対象とするように変更された。

112） 人口プログラムの多くは非常に強制的である。バース・コントロールの手段を受ける人に奨励金を払うプログラムもあれば、明らかに強制的な手段をとるプログラムもある。最も知られる明確な例は 1970 年代のインドのケースで、各州が強制的不妊立法、時には不妊強制の速攻プログラムの導入を許された。その結果、1975 年 6 月から 1977 年 3 月の間に 1100 万人が不妊となった（その多くは精管切除によるものである）。ちなみに 1974 年から 75 年の期間には、130 万人の不妊であった。以下を参照。Henry P. David, 'Incentives, Reproductive Behaviour and Integrated Community Development in Asia', *Studies in Family Planning*, 13（5）, May, 1982, p. 166;and Veena Soni, 'Thirty Years of the Indian Family Planning Program : Past Performance, Future Prospects', *International Family Planning Perspectives*, 9（2）June 1983, p. 36.

113） 'Free market as contraceptive', Editorial, *The New York Times*, June 21,1984 ; Philip J. Hilts, 'Population delegates alter course', *The Washington Post*, July 25,1984;P. J. Hilts, 'Foes rap Reagan policy on population control', *The Washington Post*, July 26,1984, p. A9 ; Charlotte Salkowski, 'US may take abortion issue to world stage', *Christian Science Monitor*, June 22,1984, p. 1.

114） Bill Keller, 'US policy on abortion : a likely target named', *The New York Times*, July 14,1984;'Family planning under assault', *The Washington Post*, April 12,1985, p. A24 ; Charlotte Salkowski, 'US position on population criticized', *Christian Science Monitor*, July 31,1984, p. 3.

115） *Ibid.*, IPPF/Western Hemisphere Region staff person, Telephone Interview, May 27,1986 ; David K. Willis, 'Population growth : a critical north-south issue?', *Christian Science Monitor*, March 5,1985.

116） IPPF/WHR, Internal Memo to all FPA Presidents, from Central Executive Committee, January 8,1985.

117） Hartmann, *Reproductive Rights and Wrongs*, p. 114.

118） Interviews with IPPF staff and volunteers, November 6-10,1989 and August 25,1993.

119） Frances Dennis, *The Tokyo Experience : A Roving Reporter at the 1986 Members' Assembly*（London : IPPF, 1987）, pp. 11,24 ; Bradman Weerakoon, 'Secretary General's Report to Central Council : Managing Change', *Minutes of Central Council Meeting, 8-10 November 1988*, (London : IPPF, 1988）, Appendix B. p. 1.

120） 'New US Administration Reverses Restrictive Policies', Forum, Vol. IX, No. 1, May 1993, p. 36 ; IPPF, *1992-93 Annual Report*, p. 30.

121） Halfdan Mahler, 'IPPF:Turning Obstacles into Opportunities', *Address to the 1989 Members' Assembly*, 7-10 November, 1989, Ottawa, Canada.

122） *Ibid.* ; IPPF, 'Pro-Choice is Pro-Family is Pro-Women is Pro-Life', *IPPF Press Release*, November 7,1989. また、1989 年に開催された会員団体総会がＰＰＦＡに向けて出した、次の支持声明も参照。「オタワにおいて開催された 1989 年度会員団体総会は、現在アメリ

98） IPPF, *Planned Parenthood and Women's Development: Lessons from the Field*（London: IPPF, 1982）, p. 55.

99） IPPF/WHR, *We hold Up Half the Sky*, pp. 5-7 ; IPPF, *Planned Parenthood and Women's Development : Lessons from the Field, passim.*

100） IPPF, *Planned Parenthood and Women's Development : An Analysis of Experience*, p. 6 にある、1976年4月～5月の経営企画委員会でＩＰＰＦが採択した「女性の開発」決議。

101）'Injectable contraceptive drug gets approval for use in US' *The Toronto Star*, October 30,1991, p. A2.

102） Jill Rakusen, 'Depo-Provera:the Extent of the Problem', in *Women, Health and Reproduction*, p. 77 and *passim* ; Greer, *Sex and Destiny*, p. 149 ; and Phillida Bunkle, 'Calling the Shots? The International Politics of Depo-Provera', in R. Ardetti, R. Duelli Klein and S. Minden（eds）, * *Test-Tube Women : What Future for Motherhood?*（London : Pandora Press, 1984）, *passim* ; Hartman, *Reproductive Rights and Wrongs*, chapter 10 ; IPPF, 'Appendix I, 1982 Europe Regional Council Resolution on Injectable Contraception,' and 'Appendix B, Depo-Provera-IPPF Action Highlights', *Report of the Programme Committee Meeting*, June 4-6,1982.

103） PPFA, *Highlights of the PPFA Issues Manual*（New York : PPFA, n. d.）.

104） Richard Benson Gold and Peters D. Willson, 'Depo-Provera:New Developments in a Decade-Old Controversy', *International Family Planning Perspectives*, 6（4）, December 1980, pp. 156,158.

105） IPPF, *Analysis of 1982 FPA Annual Reports*（London : IPPF, 1983）, p. 30 ; IPPF, *Male Involvement in Family Planning : Report on an IPPF Staff Consultation*（London : IPPF, 1984）, pp. 1-2. また、以下も参照。IPPF, *Male Involvement in Family Planning* : *Programme Initiatives*（London : IPPF, 1984）; and, IPPF, *Male Involvement in Planned Parenthood* : *Global Review and Strategies for Programme Development*（London : IPPF, 1989）.

106） IPPF, *Male Involvement in Planned Parenthood:Global Review and Strategies for Programme Development.* 特に、同書の pp. 10-18 と the Annex on country reports, pp. 18-67 を参照。

107） Arturo C. Carlos, 'Male Involvement in Family Planning : Trends and Directions', in IPPF, *Male Involvement in Family Planning : Programme Initiatives*, p. 2.

108） Karen Dubinsky, 'Lament for a "Patriarchy Lost"? Anti-Feminism, Anti-Abortion and R. E. A. L. Women in Canada', *Feminist Perspectives*, March 1985, p. 33 ; Zillah Eisenstein, *Feminism and Sexual Equality*（New York : Monthly Review Press, 1984）, p. 16 ; Petchesky, *Abortion and Women's Choice*, p. 247.

109）'US said to refuse Planned Parenthood a $17 million grant', *The New York Times*, December 13,1984 ; Marianne Szegedy-Maszak, 'Calm, Cool and Beleaguered', *The New York Times Magazine*, August 6,1989, p. 62.

110） In Rosalind P. Petchesky, 'Antiabortion, Anti-feminism and the Rise of the New Right', *Feminist Studies*, 7（2）, Summer 1981, p. 221.

111） Phil Gailey, 'White House urged not to bar aid to countries supporting abortion', *The New York Times*, June 20,1984, p. A10 ; Bill Keller, 'US revises stand on aid and abortion', *The New York Times*, July 13,1984, p. A3. レーガン政権の当初の政策は、発展途上国と各国のＦＰ

81) *Resolution of the United Nations World Population Conference*, Bucharest, 19-30 August 1974, chapter 1, paragraph 43, in IPPF, *Planned Parenthood and Women's Development : An Analysis of Experience* (London : IPPF, 1980), p. 5.

82) Hartmann, *Reproductive Rights and Wrong*, chapter 7.

83) 女性解放運動の「第二波」については、以下を参照。Drude Dahlerup (ed.), *The New Women's Movement : Feminism and Political Power in Europe and the USA* (London : Sage Publications, 1986) ; Anna Coote and Beatrix Campbell, *Sweet Freedom*, 2nd edition (Oxford : Basil Blackwell, 1987).

84) Gordon, *Woman's Body, Woman's Right*, Second Edition, pp. 402-3 and chapter 14 *passim*.

85) IPPF, *Family Planning in a Changing World*, p. 20 ; IPPF, *Planned Parenthood and Women's Development : An Analysis of Experience*, p. 6.

86) IPPF/WHR, *We Hold Up Half the Sky : Technical Assistance to Women in Development Programs of Selected Family Planning Associations of the International Planned Parenthood Federation Western Hemisphere Region, Inc.* (New York : IPPF/WHR, n. d.), p. 2.

87) Avabai B. Wadia, 'Challenges, Needs and Opportunities', *Presidential Adress*, in IPPF, *Members' Assembly Minutes, Monday 10th to Friday 14th November 1986, Tokyo, Japan* (IPPF: London, 1986), Appendix A. pp. 3-4.

88) IPPF, *The Human Right to Family Planning*, p. 14.

89) Interviews with IPPF staff, November 6-10,1989 ; IPPF, *Family Planning and the Health of Women and Children : A Report of a Meeting of the IPPF International Medical Advisory Panel and the IPPF Programme Committee* (London : IPPF, 1986).

90) S. Avabia B. Wadia, 'Presidential Address', *IPPF's Member's Assembly, 1989,* Ottawa, Ontario, Canada, November 8,1989 ; IPPF, *Harare Declaration on Family Planning for Life* (Harare, Zimbabwe : IPPF, October 6,1989).

91) IPPF, *Family Planning and the Health of Women and Children*, pp. 3-4.

92) IPPF, *Planned Parenthood and Women's Development : An Analysis of Experience*, p. 5 ; IPPF, *Planned Parenthood - Women' s Development - The Evaluation of an IPPF Strategy* (London : IPPF, 1982), p. 2にある、ＩＰＰＦが1972年に経営企画委員会で採択した「女性の地位と家族計画」決議。

93) IPPF, *Planned Parenthood— Women's Development—The Evaluation of an IPPF Strategy*, p. 2 ; IPPF, *1952-1982, Report by the Secretary-General to the Central Council*, (London : IPPF, 1983), p. 9.

94) IPPF, *Planned Parenthood and Women's Development : An Analysis of Experience*, pp. 6-7 ; IPPF, *Planned Parenthood - Women' s Development — The Evaluation of an IPPF Strategy* (London : IPPF, 1982), p. 3.

95) IPPF, *Planned Parenthood and Women's Development : An Analysis of Experience*, p. 7.

96) IPPF, *Planned Parenthood— Women's Development — The Evaluation of an IPPF Strategy*, p. 4

97) *Ibid.*, p. 5.

64）　Suitters, *Be Brave and Angry*, chapter 11.

65）　*Ibid*., pp. 74,75,197.

66）　Suitters, *Be Brave and Angry*, pp. 198-200.

67）　IPPF, *A Review of the IPPF Programming Process*, p. 27 ; IPPF, *Family Planning in a Changing World*, p. 38 ; IPPF, *1992-93 Annual Report*, p. 30 ; Suitters, *Be Brave and Angry*, pp. 92,93,96,197,268,299,311.

68）　Suitters, *Be Brave and Angry*, pp. 195-6.

69）　*Ibid*., pp. 204-5. また以下も参照。Mass, *Population Target*, pp. 36,37,40 ; Petchesky, *Abortion and Woman' s Choice*, p. 118 ; Reed, *From Private Vice*, p. 282.

70）　Gordon, *Woman's Body, Woman's Right*, p. 393. また、こうした歴史の検討、ＩＰＰＦの政策がブラジルという国特有の状況の下でどのように実施されたのか、そうした政策に対して女性やその他の人々がどう対応したかの優れた記述については、以下を参照。Carmen Barroso and Cristina Bruschini, 'Building Politics from Personal Lives : Discussions on Sexuality Among Poor Women in Brazil', In Chandra Talpade Mohanty, Ann Russo and Lourdes Torres（eds）, *Third World Women and the Politics of Feminism*（Bloomington : Indiana University Press, 1991）.

71）　Germaine Greer, *Sex and Destiny*,（London : Secker and Warburg, 1984）, p. 323 ; Suitters, *Be Brave and Angry*, pp. 308-9.

72）　Donald P. Warwick, *Bitter Pills : Population Policies and their Implementation in Eight Developing Countries*（Cambridge : Cambridge University Press. 1982）, pp. 44-5.

73）　Interviews with former IPPF staff, November 6-10,1989 ; Suitters, *Be Brave and Angry*, chapter 11.

74）　Suitters, *Be Brave and Angry*, p. 396.

75）　Hartmann, *Reproductive Rights and Wrongs*, pp. 56,57,61,63.

76）　より正確には、これによって初めて「人口と開発」のシナリオへの挑戦が形づくられた。ニューデリーでの第 6 回国際会議の際に、バース・コントロールが、経済的・社会的発展に影響を与える人口増加率に十分なインパクトを与えられるかどうかについて、議論が続けられた。しかし、人口増加率が低開発を引き起こすという基本的な想定は変わらないままだった。以下を参照。Suitters, *Be Brave and Angry*, p. 170.

77）　Mass, 1976, *Population Target*, p. 66.

78）　'The Great Population Debate', Editorial, *International Family Planning Perspectives*, 9（4）, December 1983, p. i.

79）　Bonnie Mass, 'An Historical Sketch of the American Population Control Movement', in V. Navarro, *Imperialism, Health and Medicine*（London : Pluto Press, 1982）, p. 198.

80）　以下を参照。Stephen Gill and David Law, *The Global Political Economy*,（Baltimore : Johns Hopkins University Press, 1988）, chapters 8-14 ; Joan E. Spero, ＊ *The Politics of International Economic Relations*, 4th edition（New York : St Martin's, 1990）, chapters 1-3,7 and Conclusion ; R. W. Cox, 'Ideologies and the New International Economic Order', *International Organization*, 33,1979, pp. 257-302.

41) S. Avabia B. Wadia, 'Opening Address', *IPPF Members' Assembly*, l989, Ottawa, Ontario, Canada, November 7, 1989. IPPF, *1992-93 Annual Report* (London : IPPF, 1993), p. 30.

42) IPPF, *A Review of the IPPF Programming Process*, p. 17

43) IPPF, *Three Year Plan, 199l-l993* (Ottawa:IPPF, 1989), Draft Copy, p. 25;IPPF, *A Review of the IPPF Programming Process*, p. 17;IPPF, *Annual Report Supplement, l986-l987* (London: IPPF, 1987), p. 6.

44) 1957年、ＩＰＰＦは、連盟の会員に新しいカテゴリーとして賛助会員（affiliate member）を追加した。この会員カテゴリーは、政府組織や機関の参加を認めるために設置された。以下を参照。Suitters, *Be Brave and Angry*, p. 160.

45) IPPF, *Family Planning in a Changing World* (London : IPPF, 1987), p. 27 ; IPPF, *A Review of the IPPF Programming Process*, pp. 16,17.

46) IPPF, *A Review of the IPPF Programming Process*, p. 18 ; IPPF, *Family Planning in a Changing World*, pp. 42-3.

47) IPPF, *A Review of the IPPF Programming Process*, p. 19 ; IPPF, 'The Process of Policy Formulation Within the IPPF', *IPPF Fact Sheet* (London : IPPF, 1981), pp. 1-3 ; IPPF, *Family Planning in a Changing World*, p. 42.

48) IPPF, *A Review of the IPPF Programming Process*, p. 21 ; IPPF, 'The Process of Policy Formulation', pp. 1-2.

49) IPPF, *A Review of the IPPF Programming Process*, pp. 21-6 ; IPPF, *Family Planning in a Changing World*, pp. 46-7 ; Coopers and Lybrand Associates, *Renewing the IPPF Secretariat* (London : IPPF, 1986), pp. 1-5.

50) IPPF, *A Review of the IPPF Programming Process*, p. 47. また、ＩＮＧＯの特徴の検討については、以下を参照。Harold K. Jacobson, *Networks of Interdependence : International Organizations and the Global Political System*, 2nd edition (New York : Alfred A. Knopf, 1984), pp. 5-11.

51) IPPF, *A Review of the IPPF Programming Process*, p. 28.

52) Suitters, *Be Brave and Angry*, pp. 74,125.

53) *Ibid.*, pp. 23-5,131 and chapters 4 and 5 *passim.*

54) *Ibid.*, pp. 114.131.

55) *Ibid.*, p. 68.

56) *IPPF in Action*, p. 32 ; 'Constitution of the IPPF' in Suitters, *Be Brave and Angry*, p. 398.

57) IPPF, *The Human Right to Family Planning : Report of the Working Group on the Promotion of Family Planning as a Basic Human Right* (London : IPPF, 1984), p. 8.

58) Suitters, *Be Brave and Angry*, p. 173.

59) *Ibid.*, pp. 184-5.

60) *Ibid.*, pp. 39,171.

61) *Ibid.*, pp. 41,171-2.

62) *Ibid.*, p. 124.

63) IPPF, *Family Planning in a Changing World*, p. 20 ; Suitters, *Be Brave and Angry*, pp. 192,256.

20） Kennedy, *Birth Control in America*, p. 121.

21） Reed, *From Private Vice*, p. 137.

22） Kennedy, *Birth Control in America*, p. 270. また、p. 257 も参照。IPPF, *IPPF Issues Manual*, n. d.（c. 1987-88），1.1.5.1/03-04.

23） Kennedy, *Birth Control in America*, pp. 101n, 103 ; Suitters, *Be Brave and Angry*, pp. 3-4 ; McLaren and McLaren, *The Bedroom and the State*, p. 175, fn. 36 ; Reed, *From Private Vice*, chapters 21 and 22.

24） Bonnie Mass, *Population Target : The Political Economy of Population Control in Latin America*（Brampton : Charters Publishing Co., 1976），p. 33 ; Petchesky, *Abortion and Woman's Choice*, p. 118 ; Reed, *From Private Vice*, pp. 303-4.

25） Mass, *Population Target*, pp. 36,37,40 ; Petchesky, *Abortion and Woman's Choice*, p. 118 ; Reed, *From Private Vice*, p. 282 ; Linda Gordon, *Woman's Body, Woman's Right : Birth Control in America*, Second Edition（New York : Penguin Books, 1990），pp. 393-4.

26） Suitters, *Be Brave and Angry*, pp. 27,31.

27） Fred Halliday, ＊ *The Making of the Second Cold War*（London : Verso, 1983），p. 8.

28） R. W. Cox, ＊ 'Social Forces, States and World Orders : Beyond International Relations Theory', in R. O. Keohane, *Neorealism and its Critics*（New York : Columbia University Press, 1986），p. 224. また、以下も参照。Joan Edelman Spero, ＊ *The Politics of International Economic Relations*, Fourth Edition（New York : St. Martin's Press, 1990），chapter 1 ; Robert O. Keohane, ＊ *After Hegemony:Cooperation and Discord in the World Political Economy*（Princeton : Princeton University Press, 1984），pp. 9,140.

29） Gordon, *Woman's Body, Woman's Right*, Second Edition, p. 398 ; Halliday, ＊ *The Making of the Second Cold War*, p. 8.

30） Suitters, *Be Brave and Angry*, pp. 17-18,67.

31） Gordon, *Woman's Body, Woman's Right*, Second Edition, p. 396.

32） Reed, *From Private Vice*, p. 286 and p. 284;Gordon, *Woman's Body, Woman's Right*, p. 276.

33） Suitters, *Be Brave and Angry*, pp. 74,197,314. グリーズメルの『人口爆発』は、ポール・アーリッヒ（Paul Ehrlich）の同タイトルの書籍に先立つものである。また、以下も参照。Betsy Hartmann, *Reproductive Rights and Wrongs : The Global Politics of Population Control and Contraceptive Choice*（New York : Harper and Row, 1987），p. 101.

34） Suitters, *Be Brave and Angry*, pp. 32,54,71.

35） *Ibid.*, p. 131.

36） Interviews, former IPPF staff, November 10,1989 ; Suitters, *Be Brave and Angry*, p. 42.

37） Suitters, *Be Brave and Angry*, p. 72.

38） *Ibid.*, pp. 45,49.

39） *Ibid.*, p. 124.

40） IPPF, *A Review of the IPPF Programming Process*,（London : IPPF, 1982），pp. 13-14 ; Suitters , *Be Brave and Angry*, pp. 1,56,57, and chapters 1 and 2, *passim* ; *IPPF in Action*,（London : IPPF, 1984），p. 32.

3） Kennedy, *Birth Control in America*, p. 23;Suitters, *Be Brave and Angry*, p. 2;Angus McLaren and Arlene Tiger McLaren, *The Bedroom and the State : The Changing Practices and Politics of Contraception and Abortion in Canada, 1880-1980*（Toronto : McClelland & Stewart, 1986), pp. 13,72.

4） Angus McLaren, *Birth Control in Nineteenth Century England*,（London : Croom Helm, 1978), p. 197 ; Linda Gordon, *Woman's Body, Woman's Right : A Social History of Birth Control in America*（London : Penguin Books, 1976), p. 98 ; Linda Gordon, 'The Struggle for Reproductive Freedom : Three Stage of Feminism', in Z. Eisenstein, *Capitalist Patriarchy and the Case for Socialist Feminism*（New York : Monthly Review Press, 1979), p. 113 ; James Reed, *From Private Vice to Public Virtue : The Birth Control Movement and American Society Since 1980*（New York : Basic Books, 1978), chapter 4.

5） Gordon, 'The Struggle for Reproductive Freedom', p. 113.

6） McLaren, *Birth Control in Nineteenth Century England*, p. 198 ; Gordon, *Woman's Body, Woman's Right*, pp. 99-100 ; Gordon, 'The Struggle for Reproductive Freedom', p. 113 ; and Kennedy, *Birth Control in America*, chapter 2.

7） McLaren and McLaren, *The Bedroom and the State*, p. 12 ; Reed, *From Private Vice*, p. 53. ストープスの議論については以下を参照。Jane Lewis, *The Politics of Motherhood*（London: Croom Helm, 1980), chapter 7, and Ruth Hall, *Marie Stopes*（London : André Deutsch, 1977).

8） Kennedy, *Birth Control in America*, pp. 1,16,22.

9） *Ibid.*

10） Gordon, *Woman's Body, Woman's Right*, pp. 215-16.

11） Kennedy, *Birth Control in America*, p. 30.

12） *Ibid.* pp. 24,27,30-2.

13） Gordon, *Woman's Body, Woman's Right*, p. 293.

14） *Ibid.*, pp. 257,293;Rosalind P. Petchesky, *Abortion and Woman's Choice : The State, Sexuality and Reproductive Freedom*（New York : Longman, 1984), p. 92 ; Kennedy, *Birth Control in America*, pp. 93-4,105-7, and chapter 4.

15） Reed , *From Private Vice*, p. 53.

16） Gordon, *Woman's Body, Woman's Right*, p. 343.

17） *Ibid.*, pp. 343-4 ; Petchesky, *Abortion and Woman's Choice*, p. 92 ; Gordon, 'The Struggle for Reproductive Freedom', p. 119. サンガーがこうした主張の変化をどの程度信じていたのか、戦略的な試みとしてとり入れただけなのかについては、議論があるところである。例えば、ジェームズ・リード（James Reed）は、サンガーはこうした妥協にいやいやながら合意しただけで、計画出産（Planned Parenthood）という用語を「ひどく嫌っていた」と言っている（*From Private Vice*, p. 122)。

18） McLaren and McLaren, *The Bedroom and the State*, p. 13 ; Kennedy, *Birth Control in America*, pp. 111-15.

19） Gordon, *Woman's Body, Woman's Right*, pp. 281-2, 349 ; Kennedy, *Birth Control in America*, pp. 111-12.

Organization as a Field of Study', *International Organization*, 40 (4), Autumn 1986.

21) Harold K. Jacobson, *Networks of Interdependence : International Organizations and the Global Political System*, 2nd ed. (New York : Alfred A. Knopf, 1984), pp. 4-5 and chapter one. また、以下も参照。Lyman Cromwell White, *International Non-Governmental Organizations : Their Purposes, Methods and Accomplishments* (New Jersey : Rutgers University Press, 1951), pp. 3-4 ; Werner J. Feld and Robert S. Jordan, *International Organizations : A Comparative Approach* (New York : Praeger Publishers, 1983), chapter 1.

22) Jacobson, *Networks of Interdependence*, pp. 7-12 ; Feld and Jordan, *International Organizations*, pp. 11-14,25-9. 当然のことながら、どのような分類図式にも必ず例外があるのであって、より連合体的な組織形態を採用しているように思われる多くのＩＧＯがあるかもしれないし、より階層的に組織化されているように思われるＩＮＧＯもあるかもしれない。ここでの中心的なねらいは、国際的な諸関係を探究する研究者が国際諸組織や国際諸制度を研究する際に見せてきた相異なる取り組み方の存在を、単に示すことであるにすぎない。

23) Kratochwil and Ruggie, 'International Organization : A State of the Art on an Art of the State', pp. 755-6. また、以下も参照。R. W. Cox and H. K. Jacobson, *The Anatomy of Influence : Decision Making in International Organization* (New Haven : Yale University Press, 1974).

24) Cox and Jacobson, *The Anatomy of Influence*, p. 3.

25) Kratochwil and Ruggie, 'International Organization : A State of the Art on an Art of the State', pp. 756-8.

26) Robert W. Cox, 'Gramsci, Hegemony and International Relations : An Essay in Method', *Millennium*, 12 (2), Summer 1983, p. 172.

27) R. W. Cox, 'The Crisis of World Order and the Problem of International Organization in the 1980s', *International Journal*, 35 (2), Spring 1980, p. 375.

28) *Ibid.*, p. 380. また、以下も参照。Mark Neufeld, 'Interpretation and the "Science" of International Relations', *Review of International Studies*, 19,1993, pp. 54-6.

29) Cox, 'The Crisis of World Order and the Problem of International Organization in the 1980s', p. 377.

30) 以下を参照。Robert W. Cox, 'Ideologies and the New International Economic Order', *International Organization*, 33,1979.

31) Cox, * 'Social Forces', *passim* ; Cox, 'The Crisis of World Order', p. 377 ; Cox, 'Gramsci, Hegemony and International Relations', pp. 172-3.

第４章

１) 本章は、以下の拙稿を加筆・修正したものである。'Planned Parenthood the New Right : Onslaught *and* Opportunity?', *Studies in Political Economy*, 35, Summer 1991.

２) Beryl Suitters, *Be Brave and Angry : Chronicles of the International Planned Parenthood Federation* (London : IPPF, 1973), p. 2. このように使われている「バース・コントロール」という用語は、マーガレット・サンガーが 1914 年にのみ引用したときのように、やや無政府主義的である。

Studies, 19,1993, p. 44.

3） この事例に関しては、シンシア・エンローに感謝したい。Cynthia Enloe, *Bananas, Beaches and Bases : Making Feminist Sense of International Politics*（London : Pandora, 1989）, chapter 8.

4） 以下を参照。Jane Jenson, 'Paradigms and Political Discourse', p. 239.

5） ピーター・ゴウレヴィッチは、ジェンダーと国際的な諸関係に関しては論じていないが、危機のこうした捉え方は彼から引きだされたものである。Peter Gourevitch, *Politics in Hard Times* : *Comparative Responses to International Economic Crises*（Ithaca:Cornell University Press, 1986）, chapter 6.

6） Philip Abrams, *Historical Sociology*（Ithaca, New York : Cornell University Press, 1982）, p. xiii.

7） 国際関係理論におけるこうした緊張関係をめぐる議論に関しては、以下を参照。Alexander E. Wendt, 'The Agent-Structure Problem in International Relations Theory', *International Organization* , 41（3）, Summer 1987.

8） Robert W. Cox, ＊ 'Social Forces, States and World Orders : Beyond International Relations Theory', *Millennium*, 10（2）, Summer 1981, p. 135.「歴史的構造」というコックスの概念は、ジェイン・ジェンソンが「社会のパラダイム（societal paradigm）」と表現するものに類似したものである。以下を参照。Jenson, 'Paradigms and Political Discourse', pp. 236-40.

9） Cox, ＊ 'Social Forces', p. 137.

10） 以下を参照。Wendt, 'The Agent-Structure Problem', p. 338.

11） Cox, ＊ 'Social Forces', p. 136.

12） Bradley S. Klein, 'Strategic Discourse and its Alternatives', *Occasional Paper No. 3*（New York : Center on Violence and Human Survival, 1987）, p. 3. クラインは解釈理論一般に関して論じているが、ジェンダーに関しては論じていない。また、以下も参照。Seyla Benhabib and Drucilla Cornell, 'Introduction : Beyond the Politics of Gender', in S. Benhabib and D. Cornell（eds）, *Feminism as Critique*（Minneapolis : University of Minnesota Press, 1987）.

13） Jenson, 'Paradigms and Political Discourse', p. 238. また、以下も参照。Jane Jenson, 'Gender and Reproduction : Or, Babies and the State', *Studies in Political Economy* , 20, Summer 1986.

14） Joan W. Scott, ＊ *Gender and the Politics of History*（New York : Columbia University Press, 1988）, p. 43.

15） *Ibid.*, p. 43.

16） Cox, ＊ 'Social Forces', p. 136.

17） これは、以下を修正したものである。Wendt, 'The Agent-Structure Problem', p. 359.

18） Cox, ＊ 'Social Forces', p. 136.

19） *Ibid.*

20） この節は、おもに以下を参照している。Friedrich Kratochwil and John Gerard Ruggie, 'International Organization : A State of the Art on an Art of the State', *International Organization*, 40（4）, Autumn 1986. また、以下も参照。J. Martin Rochester, 'The Rise and Fall of International

Critical International Relations Theory', in *Ibid*., pp. 91-5.

80) Walker, 'Sovereignty, Security and the Challenge of World Politics'.

81) *Ibid*., p. 33.

82) Craig Murphy and Roger Tooze, 'Introduction', in Craig Murphy and Roger Tooze (eds), *The New International Political Economy* (Boulder, CO : Lynne Rienner, 1991), pp. 4-5.

83) R. W. Cox, * 'Social Forces, States and World Orders : Beyond International Relations Theory' ; Murphy and Tooze, 'Getting Beyond the "Common Sense" of the IPE Othodoxy' ; Stephen Gill, 'Gramsci and Global Politics : Towards a Post-Hegemonic Research Agenda' and 'Epistemology, Ontology, and the "Italian School"', in S. Gill (ed.), *Gramsci, Historical Materialism and International Relations* (Cambridge : Cambridge University Press, 1993).

84) 例えば、マーフィーとトゥーズの論文集や以下を参照。Dennis C. Pirages and Christine Sylvester (eds), *Transformation in the Global Political Economy* (London : Macmillan, 1990) and Richard Stubbs and Geoffrey Underhill (eds), *Political Economy and the Changing Global Order* (Toronto : McClelland & Stewart Inc., 1994).

85) Murphy and Tooze, 'Getting Beyond the "Common Sense" of the IPE Orthodoxy', pp. 27-8.

86) Gill, 'Epistemology, Ontology, and the "Italian School"', p. 25.

87) Whitworth, 'Gender in the Inter-Paradigm Debate', pp. 265,270. また、以下も参照。Christine Sylvester, 'Reginas and Regimes : Feminist Musings on Cooperative Autonomy in International Relations', in *Feminist Theory and International Relations in a Postmodern Era* (Cambridge : Cambridge University Press, 1994).

88) Fraser, 'What's Critical About Critical Theory?', p. 31.

89) この主張は、以下の文献に示唆を受けたものである。Mark Laffey, 'Ideology and the Limits of Gramscian Theory in International Relations', Paper Presented at the International Studies Association Annual Meetings, April 1-4,1992, Atlanta, Georgia.

90) Laffey, 'Ideology and the Limits of Gramscian Theory', p. 2 and *passim*. この点で、コックスの* 'Social Forces' 論文と彼の後の著作である *Production, Power, and World Order : Social Forces in the Making of History* (New York : Columbia University Press, 1987) を対比することは有益である。

91) Neufeld, 'Interpretation and the "Science" of International Relations', p. 44.

92) Jane Jenson, 'Different but not Exceptional : the Feminism of Permeable Fordism', *New Left Review*, 184, November-December 1990, p. 60.

第3章

1) これらの言いまわしは、ジェイン・ジェンソンに示唆を受けたものである。Jane Jenson, 'Paradigms and Political Discourse : Protective Legislation in France and the United States Before 1914', *Canadian Journal of Political Science*, 22 (2), June 1989, pp. 235-58.

2) 'Postmodernism and Gender Relations in Feminist Theory', in Linda J. Nicholson (ed.), *Feminism / Postmodernism* (New York : Routledge, 1990), p. 44. また、以下も参照。Mark Neufeld, 'Interpretation and the "Science" of International Relations', *Review of International*

Inside/Outside : International Relations as Political Theory（Cambridge : Cambridge University Press, 1993）, chapter 2 and *passim* ; Alex Roberto Hybel and Thomas Jacobsen, 'Is there a Realist Tradition? Thucydides, Machiavelli, and Hobbes Revisited', Paper Presented at the International Studies Association Annual Meeting, London, March 29 to April 2, 1989.「〔現実主義的伝統を中心とする〕当該学問領域への挑戦」（とりわけ、ウィリアムズ）の必ずしもすべてが、ポストモダニズム的なパースペクティヴから行われているわけではない。

69） Daniel Garst, 'Thucydides and Neorealism', *International Studies Quarterly*, 33（3）, 1989, pp. 3-27. また、以下も参照。Alex Roberto Hybel and Thomas Jacobsen, 'Is there a Realist Tradition? Thucydides, Machiavelli, and Hobbes Revisited', Paper Presented at the International Studies Association Annual Meeting, London, March 29 to April 2,1989

70） Garst, ' Thucydides and Neorealism', p. 6.

71） *Ibid.*, p. 6.

72） *Ibid.*, p. 13.

73） Robert Gilpin, 'The Richness of the Tradition of Political Realism', in R. O. Keohane, *Neorealism and its Critics*, p. 306. Hybel and Jacobsen, 'Is there a Realist Tradition?', p. 33.

74） R. B. J. Walker, 'The Prince and "the Pauper" : Tradition, Modernity, and Practice in the theory of International Relations', in James Der Derian and Michael J. Shapiro, *International/Intertextual Relations*, p. 33.

75） *Ibid.*, p. 41.

76） Bradley Klein, 'After Strategy : The Search for a Post-Modern Politics of Peace', *Alternatives*, 12,1988, pp. 293-318 ; Bradley S. Klein, 'Strategic Discourse and its Alternatives', *Occasional Paper No. 3*（New York : Center on Violence and Human Survival, 1987）.

77） R. B. J. Walker, 'Sovereignty, Security and the Challenge of World Politics', *Alternatives*, 15（1）, 1990 ; Ashley, 'Living on Border lines' ; Richard K. Ashley, 'Untying the Sovereign State : A Double Reading of the Anarchy Problematique', *Millennium*, 17（2）, Summer 1988, pp. 227-62

78） これは、'Foucault on Freedom and Truth', *Political Theory*, 12（2）, May 1984, p. 162 において、チャールズ・テーラー（Charles Taylor）が行った、ポスト構造主義とフーコーに対する、より全般的な批判を言い換えたものである。以下を参照。Richard Ashley, 'The Geopolitics of Geopolitical Space : Toward a Critical Social Theory of International Politics', *Alternatives*, 12,（1987）, pp. 403-34.

79） Ramashray Roy, 'Limits of Genealogical Approach to International Politics', *Alternatives*, 13,1988, p. 7. この対話における他の批判やアシュレイの返答以外には、以下も参照。R. B. J. Walker, 'Genealogy, Geopolitics and Political Community : Richard K. Ashley and the Critical Social Theory of International Politics', in *Ibid.*, pp. 84-88, and R. K. Ashley, 'Geopolitics, Supplementary, Criticism : A Reply to Professors Roy and Walker', in *Ibid.*, pp. 88-102. 基礎定立主義的な批判理論的国際関係理論と、反基礎定立主義的な批判理論的国際関係理論との別の論争に関しては、以下を参照。N. J. Rengger, 'Going Critical? A Response to Hoffman', *Millennium*, 17（1）, Spring 1988, pp. 81-89 and Mark Hoffman, 'Conversations on

48) Keenes *et al.*, 'The Reconstruction of Neorealism from Counter-Hegemonic Discourse', p. 15.

49) 以下を参照。John W. Burton, 'World Society and Human Needs', in Light and Groom, *International Relations*, p. 47 ; C. R. Mitchell, 'World Society as Cobweb : States, Actors and Systemic Processes', in Michael Banks, *Conflict in World Society* (1984), pp. 59-61.

50) A. V. S. de Rueck, 'A Personal Synthesis', in Light and Groom, *International Relations*, p. 101.

51) Edward E. Azar and John W. Burton, 'Lessons for Great Power Relations', in E. E. Azar and J. W. Burton, *International Conflict Resolution : Theory and Practice* (Sussex : Wheatsheaf Books, 1986), pp. 117-8 ; and John W. Burton, *Global Conflict : The Domestic Sources of International Crisis* (Sussex : Wheatsheaf Books, 1984), pp. 12-3.

52) Azar and Burton, 'Lessons for Great Power Relations', p. 122.

53) J. W. Burton, 'The Procedures of Conflict Resolution', in Azar and Burton, *International Conflict Resolution*, p. 99 and *passim* ; Burton, *Global Conflict*, p. 140 and chapter 16.

54) Chris Brown, 'International Theory : New Directions?', *Review of International Studies*, 7,1981, p. 177.

55) Brian Fay, *Social Theory and Political Practice*, (London : George Allen and Unwin, 1975), pp. 90-1.

56) A. V. S. de Rueck, 'Power, Influence and Authority', in Light and Groom, *International Relations*, p. 114.

57) Cox, 'Gramsci, Hegemony and International Relations', p. 164.

58) Cox, ＊ 'Social Forces, States and World Orders', p. 137.

59) Mitchell, 'World Society as Cobweb', p. 70 ; Burton, *Global Conflict*, chapters 1,2,15,16.

60) Richard Falk, *The End of World Order* (New York : Holmes and Meier Publishers, 1983), pp. 11-5.

61) *Ibid.*, p. 74.

62) *Ibid.* ; また、以下も参照。Mark Hoffman, 'Critical Theory and the Inter-Paradigm Debate', *Millennium*, 16 (2), Summer, 1987, p. 242.

63) Hoffman, 'Critical Theory and the Inter-Paradigm Debate', p. 242 ; Falk, *The End of World Order*, pp. 77,89.

64) Betty A. Reardon, ＊ *Sexism and the War System* (New York:Teachers College Press, 1985), pp. 26,31.

65) Hoffman, 'Critical Theory and the Inter-Paradigm Debate' p. 242.

66) *Ibid.*, pp. 237-8 and *passim*.

67) Michael J. Shapiro and James Der Derian, Foreword , in M. J. Shapiro and J. Der Derian , *International/Intertextual Relations*, p. xiv.

68) 例えば、以下を参照。Daniel Garst, 'Thucydides and Neorealism', *International Studies Quarterly*, 33 (3), 1989, pp. 3-27; Michael Williams, 'Reason and Realpolitik:Kant's "Critique of International Politics"', *Canadian Journal of Political Science*, 25 (1), March 1992 ; and 'Rousseau, Realism and Realpolitik', *Millennium*, 18 (2), Summer 1989 ; R. B. J. Walker,

‘International Regimes:Problems of Concept Formation’, *World Politics*, 32, April 1980, pp. 332-3.

38) Cox, ＊ ‘Social Forces’, p. 139 ; Krasner, ‘Structural Causes and Regime Consequences’, pp. 335-8. このような理解の仕方に基づけば、19 世紀中葉における英国と、20 世紀中葉におけるアメリカ合衆国は双方とも、ヘゲモンとして特徴づけられ得るものである。1820 年の時点で英国は、世界の石炭産出量の 3 分の 2、世界の鉄生産量の半分、世界の鋼生産量の 7 分の 5、世界の綿織物生産量の約半分を生産していた。1880 年まで英国は、一人あたりの所得額が世界で最も高かったのであり、世界の貿易と投資に占める英国の占有率は、他の諸国のそれのほぼ 2 倍になっていた。覇権安定論が予想していたように、英国がパワーの面で絶頂期にあった 19 世紀中葉における国際貿易の特色は、徐々に強められていく開かれた経済としてのその性格にあった。英国は 1820 年代に貿易障壁を低くしはじめたとともに、1860 年にはフランスとのコブデン=シュヴァリエ関税条約に調印した。〔また〕英国は、自らの軍事力を行使して、ラテンアメリカやアフリカに英国との植民地貿易を開始させた。同様に、第 2 次世界大戦後アメリカ合衆国は、1880 年代に英国が達成した規模に匹敵する、世界貿易と投資に占める相対的な占有率を実現したとともに、英国がこれまで経験してきた水準をはるかにしのぐ、高い水準の生産性を達成した。戦後期において、国際貿易システムの構造は次第に開かれたものとなっていき、1958 年までにヨーロッパ通貨の兌換性が回復された。例えば、以下を参照。R. O. Keohane, ＊ *After Hegemony*（Princeton : Princeton University Press, 1984）, p. 36 ; E. J. Hobsbawm, ＊ *Industry and Empire*（UK : Penguin Books, 1969）, p. 134.

39) レジーム分析への外部からの批判としては、以下を参照。Susan Strange, ‘*Cave! hic dragones* : A Critique of Regime Analysis’, *International Organization*, 36（2）, Spring 1982, pp. 479-96.

40) Krasner, ‘Structural Causes and Regime Consequences’, pp. 338-41.

41) Keohane, ＊ *After Hegemony*, pp. 85,107 and chapter 6 *passim*.

42) とりわけ以下を参照。R. O. Keohane, ‘International Institutions : Two Approaches’, *International Studies Quarterly*, 32,1988.

43) F. Kratochwil and J. G. Ruggie, ‘International Organization : A State of the Art on an Art of the State’, *International Organization*, 40（4）, Autumn 1986, p. 764.

44) とりわけ以下を参照。Oran R. Young, *International Cooperation : Building Regimes for Natural Resources and the Environment*（Ithaca : Cornell University Press, 1989）, chapter 1 and 3.

45) Kratochwil and Ruggie, ‘International Organization : A State of the Art on an Art of the State’, p. 764. また、以下も参照。Neufeld, ‘Interpretation and the “Science” of International Relations’, pp. 54-5.

46) Craig Murphy and Roger Tooze, ‘Getting Beyond the “Common Sense” of the IPE Othodoxy’, in Murphy and Tooze, *The New International Political Economy*, p. 18. マーフィーとトゥーズは実証主義一般を論じているが、この批判は、ここで考察中のレジーム分析に適用される。

47) S.Haggard and B.A.Simmons, ‘Theories of International Regimes’, *International Organization*, 41（3）, Summer 1987, pp. 492,513-15.

23) Holsti, *The Dividing Discipline*, pp. 139-40.

24) R. K. Ashley, 'The Poverty of Neorealism', *International Organization*, 38 (2), 1984, p. 270.

25) Richard K. Ashley, 'Political Realism and Human Interests', *International Studies Quarterly*, 25 (2), June, 1981, pp. 209-10. アシュレイがこの点に関してモーゲンソーに言及しているのは、以下の箇所である。＊ *Politics Among Nations*, 5th edition, pp. 5,23,224.

26) Ashley, 'The Poverty of Neorealism', pp. 270-1 ; Morgenthau, ＊ *Politics Among Nations*, pp. 8-9.

27) Morgenthau, ＊ *Politics Among Nations*, p. 9.

28) Cox, ＊ 'Social Forces, States and World Orders', p. 137.

29) Morgenthau, ＊ *Politics Among Nations*, pp. 4, 8 ; Ashley, 'Political Realism and Human Interests', pp. 210,225. また、以下も参照。Robert G. Gilpin, 'The Richness of the Tradition of Political Realism', in Keohane, *Neorealism and its Critics*, p. 306.

30) E. H. Carr, ＊ *The Twenty Years' Crisis, 1919-1939* (New York : St. Martin's Press, 1966 [1946]), p. 10. また、以下も参照。chapter 1 and pp. 67-8.

31) *Ibid.*, p. 68.

32) Robert W. Cox, 'Multilateralism and World Order', *Review of International Studies*, no. 18,1992, p. 168.

33) 以下を参照。Russell Keat and John Urry, *Social Theory as Science* (London : Routledge and Kegan Paul, 1975), Introduction and chapter 2.

34) この批判を詳しく論じたものとしては、以下を参照。Neufeld, 'Reflexivity and International Relations Theory'.

35) ロブ・フォーカーは、モーゲンソーとカーの研究作業は「人間の経験の、不完全で歴史性を孕んだ性格に開かれた」空間を創出するというよりも、こうした議論の展開を効果的に閉ざしてしまうと論じる。Ramasharay Roy, R. B. J. Walker and Richard K. Ashley, 'Dialogue : Towards a Critical Social Theory of International Politics', *Alternatives*, 13 (1988), p. 85. このような空間が徐々に制限されていくそれ以外の論点も存在する。その一例としては、現実主義におけるイデオロギーの論じ方が挙げられよう。以下を参照。Sasson Sofer, 'International Relations and the Invisibility of Ideology', *Millennium*, 16 (3), 1987, pp. 489-521.

36) Stephen Krasner, 'Structural Causes and Regime Consequences : Regimes as Intervening Variables', in S. Krasner (ed.), *International Regimes* (Ithaca : Cornell University Press, 1983), Introduction.

37) R. O. Keohane, 'The Theory of Hegemonic Stability and Changes in International Economic Regimes, 1967-1977', in Ole Holsti, Randolph Siverson and Alexander L. George (eds), *Change in the International System* (Boulder, Colo. : Westview Press, 1980), pp. 136-7 ; J. G. Ruggie, 'International Regimes, Transactions, and Change : Embedded Liberalism in the Postwar Economic Order', *International Organization*, 36 (2), Spring 1982, p. 381 ; Krasner, 'Structural Causes and Regime Consequences', pp. 322-3 ; Duncan Snidal, 'The Limits of Hegemonic Stability Theory', *International Organization*, 39 (4), Autumn, 1985, pp. 579 ; Oran R. Young,

際的な諸関係を「蜘蛛の巣」として、すなわち、多国籍企業やエスニック集団などといった国家以外の諸々のアクターと結びついた国家を含む、非常に多くの交差的関係からなるネットワークとして見る。そして構造主義的パラダイムは、主として生産諸様式に関心を抱くものであり、弱体化された諸々の周辺から強力な諸々の中心へと富をつねに搾取しつづける、強力な肢を持った、頭が複数ある蛸〔多方面に影響力を及ぼす支配的諸勢力をともなった世界のメタファー〕として世界政治を描きだす。これら三つのパラダイムのうちの最後のものである構造主義は、諸理論からなるかなり乱雑な集合体（例えばバンクスはこの集合体の中に、国際関係論における純粋に構造主義的な説明を明白に拒絶している二人の研究者であるリチャード・アシュレイとロバート・コックス（Robert Cox）の双方を含めている）である。ここで論じられることであるが〔この構造主義的パラダイムは〕1970年代から1980年代初頭にかけての時期に、多元主義パラダイムが行ったのと同じ方法で、現実主義との「論争」に従事したわけではない。現実主義と多元主義、そして、マーク・ホフマン（Mark Hoffman）が近年、国際関係理論の新たな段階と表現した批判理論的な国際関係理論を含むために、バンクスのパラダイム間論争に関する考え方をここでは修正することにする（'Critical Theory and the Inter-Paradigm Debate', *Millennium*, 16（2）, Summer, 1987, pp. 231-49）。批判理論的な国際関係理論には、ロバート・コックスの言を借用して言えば、「諸制度や社会的な権力諸関係を当然視せず、それらの起源に関心を抱くとともに、それらは絶えざる変化の過程にあるのではないかという点に関心を抱くことによって、そうした制度や権力関係を問題化する」多様なアプローチが含まれるのである（in Hoffman, 'Critical Theory and the Inter-Paradigm Debate', p. 238）。ウォーラーステイン（Immanuel Wallerstein）や、かなり最近のフォークの研究の他、アシュレイ、およびコックスのような研究者たちがここに含まれることになろう。

18）現実主義と、その経済的変種である経済的ナショナリズムや重商主義は、現実主義という用語の下にまとめて論じられることになる。国際政治経済学における現実主義的な思考に関する優れた概説としては、以下を参照。Robert Gilpin, ＊ *The Political Economy of International Relations*（Princeton : Princeton University Press, 1987）, especially chapter 2. ここで概説される国際政治経済学とは異なった、国際政治経済学の相異なる諸々のアプローチに対するフェミニズムの批判としては、以下を参照。J. Ann Tickner, 'On the Fringes of the World Economy : A Feminist Perspective', in Craig N. Murphy and Roger Tooze（eds）, *The New International Political Economy*（Boulder, CO : Lynne Rienner Publishers, 1991）and *Gender in International Relations: Feminist Perspective on Achieving Global Security*（New York: Columbia University Press, 1992）, chapter 2.

19）R. O. Keohane, 'Theory of World Politics : Structural Realism and Beyond', in *Neo-Realism and its Critics*, pp. 163-5 ; Holsti, *The Dividing Discipline*, p. 8. 以下で論じられるのは、一般的に「伝統」とされるこのような思考法に対する数々の批判である。

20）H. J. Morgenthau, ＊ *Politics Among Nations*, 5th edition（New York : Alfred A. Knopf, 1978）, pp. 9,30.

21）*Ibid.*, pp. 12,29-30.

22）*Ibid.*, pp. 29-30.

論における「異議申し立ての」声に傾倒した *International Studies Quarterly* の特別号である。この特別号はフェミニズム研究者を含みさえしていない。以下を参照。Marysia Zalewski, 'Feminist Theory and International Relations', in Mike Bowker and Robin Brown (eds), *From Cold War to Collapse : Theory and World Politics in the 1980s* (Cambridge:Cambridge University Press1993), p. 136.

6) Lapid, 'The Third Debate', p, 238. また、以下も参照。Emin Fuat Keyman and Jean-François Rioux, 'Beyond the Inter-Paradigm Debate:Four Perceptions of the "Crisis" in the Study of International Relations,' Paper Presented at the Annual Meeting of the Canadian Political Science Association, Quebec City, June 1-3, 1989, p. 1.

7) Banks, 'The Inter-Paradigm Debate', p. 11. また、以下も参照。Ernie Keenes, Gregg Legare and Jean-François Rioux, 'The Reconstruction of Neo-Realism from Counter-Hegemonic Discourse', *Carleton University Occasional Papers*, No. 14, Spring 1987, p. 9; and Steve Smith 'Paradigm Dominance in International Relations : The Development of International Relations as a Social Science', *Millennium,* 16 (2), 1987, pp. 189-206.

8) Stephen Gill, 'Reflections on Global Order and Sociohistorical Time', *Alternatives*, 16, 1991, p. 278.

9) Lapid, 'The Third Debate', pp. 239-41.

10) 例えば、以下を参照。K. J. Holsti, *The Dividing Discipline : Hegemony and Diversity in International Theory* (Boston : Allen and Unwin1985), chapters 5 and 6.

11) Jane Jenson, 'Changing Discourse Changing Agendas : Political Rights and Reproductive Politics in France', in M. Katzenstein and C. Mueller (eds), *The Women's Movement in Western Europe and the USA : Consciousness Political Opportunity and Public Policy* (Philadelphia : Temple University Press, 1987), p. 65.

12) 以下を参照。Mark Neufeld, 'Interpretation and the "Science" of International Relations', *Review of International Studies*, 19,1993, pp. 39-61 and 'Reflexivity and International Relations Theory', *Millennium*, 22 (1), 1993, pp. 53-76.

13) Lapid, 'The Third Debate', p. 241.

14) Richard Ashley, 'Living on Border lines : Man, Poststructuralism and War', in J. Der Derian and M. J. Shapiro (eds), *International/Intertextual Relations : Postmodern Readings of World Politics* (Lexington, Mass : Lexington Books, 1989).

15) このような研究の優れた論文集としては、以下を参照。Peterson, *Gendered States*.

16) 以下を参照。R. W. Cox, 'Gramsci, Hegemony and International Relations : An Essay in Method', *Millennium*, 12 (2), Summer, 1983, p. 164 ; R. W. Cox, * 'Social Forces, States and World Orders:Beyond International Relations Theory', *Millennium*, 10 (2), Summer, 1981, p. 137 ; Steven Lukes, * *Power : A Radical View* (London : Macmillan, 1974), p. 34.

17) バンクス (Michael Banks) は、国際関係論には目下のところ、現実主義と多元主義、そして構造主義の三つのパラダイムが存在するとの考えを示している。現実主義的パラダイムは、主として国家中心的なものであり、断続的に衝突しあう「ビリヤード・ボール」のような諸国家からなるシステムとして世界政治を描きだす。多元主義パラダイムは国

81) *Ibid.*, ch. 7.

82) *Ibid.*, p. 185.

83) 以下を参照。Betsy Hartmann, *Reproductive Rights and Wrongs : The Global Politics of Population Control and Contraceptive Choice*（New York : Harper and Row, 1987）and Sandra Whitworth, 'Planned Parenthood and the New Right : Onslaught *and* Opportunity?', *Studies in Political Economy*, 35, Summer 1991. ここで「女性たち」という語を用いているのは、以下の理由による。すなわち、女性たちは、人口調節プログラムの唯一の対象ではない（特にインドでは、いくつかの精管切除の試みがこれまで広く行われてきた）ものの、人口調節プログラムの主要な焦点であることにかわりはないからである。

84) G. A. Johnston, ＊ *The International Labour Organisation : Its Work for Social and Economic Progress*（London : Europa Publications, 1970）, p. 227.

85) 国際関係論という学問の「中枢」がフェミニズムの学問にどのように抵抗しているのかを示した興味深い議論としては、以下を参照。V. Spike Peterson, 'Transgressing Boundaries', pp. 198 ff.

第２章

１）この用語は、メアリ・オブライアン（Mary O'Brien）の用語であり、以下の文献の該当箇所からの引用である。*The Politics of Reproduction*（Boston : Routledge and Kegan Paul, 1981）, p. 5 and *passim*. 本章は、以下の拙稿を加筆・修正したものである。'Gender in the Inter-Paradigm Debate', *Millennium*, 18（2）, Summer 1989.

２）以下を参照。Richard K. Ashley, 'The Poverty of Neorealism', in R. O. Keohane（ed.）, *Neorealism and its Critics*（New York : Columbia University Press, 1986）, pp. 255-300 ; and Fred Halliday, 'State and Society in International Relations : A Second Agenda', *Millennium*, 16（2）; N. J. Rengger, 'Serpents and Doves in Classical International Theory', *Millennium*, 17（2）, Summer 1988, p. 215;John G. Ruggie, 'Continuity and Transformation in the World Polity: Toward a Neorealist Synthesis', in *Neorealism and its Critics,* pp. 131-57 ; R. B. J. Walker 'Realism Change and International Political Theory', *International Studies Quarterly,* 31, 1987, pp. 65-86 ; V. Spike Peterson（ed.）*Gendered States : Feminist（Re）Visions of International Relations Theory*（Boulder, CO : Lynne Rienner Publishers, 1992）.

３）Michael Banks, 'The Inter-Paradigm Debate', in M. Light and A. J. R. Groom（eds）, *International Relationas : A Handbook of Current Theory*（London : Frances Pinter, 1985）p. 20. また、以下も参照。Yosef Lapid, 'The Third Debate : On the Prospects of International Theory in a Post-Positivist Era', *International Studies Quarterly,* 33, 1989, pp. 235-54.

４）James Der Derian, 'Introducing Philosophical Traditions in International Relations', *Millennium,* 17（2）, Summer 1988, p. 189.

５）同じ方向性にある議論としては、以下を参照。Nancy Fraser, 'What's Critical about Critical Theory? The Case of Habermas and Gender', in S. Benhabib and D. Cornell（eds）, *Feminism as Critique*（Minneapolis : University of Minnesota Press, 1987）, pp. 31-55. このことは全般的に言えることであるが、その好例としてしばしば挙げられるのは、国際関係

参照。Eleanor M. MacDonald, 'The Political Limitations of Post-modern Theory', *Ph. D Dissertation*, Department of Political Science, York University, North York, Ontario, September 1990.

62) Alcoff, 'Cultural Feminism Versus Post-Structuralism', p. 420.

63) MacDonald, 'The Political Limitations of Post-modern Theory', p. 131.

64) Zalewski, 'Feminist Theory and International Relations', p. 137. 本文中の参考文献は除去してある。

65) Goetz, 'Feminism and the Limits of the Claim to Know', pp. 490-1.

66) Scott, ＊ *Gender and the Politics of History*, p. 2.

67) Catharine A. MacKinnon, ＊ *Feminism Unmodified: Discourses on Life and Law* (Cambridge, MA : Harvard University Press, 1987), p. 234.

68) Alcoff, 'Cultural Feminism Versus Post-Structuralism', p. 431.

69) Scott, ＊ *Gender and the Politics of History*, p. 31.

70) Joan Wallach Scott, 'Rewriting History', in M. Randolph Higonnet *et al.*, *Behind the Lines: Gender and the Two World Wars* (New Haven : Yale University Press, 1987), p. 153.

71) R. W. Cox, 'Postscript', in R. O. Keohane (ed.), *Neorealism and its Critics* (New York: Columbia University Press, 1986), p. 242.

72) Cynthia Enloe, *Bananas, Beaches and Bases : Making Feminist Sense of International Politics* (London : Pandora, 1989), p. 4.

73) Scott, 'Rewriting History', p. 27.

74) 以下を参照。Enloe, *Does Khaki Become You?*, chapter one. また、以下も参照。Elshtain, ＊ *Women and War*, 'Introduction'; and Margaret R. Higonnet and Patrice L.-R. Higonnet, 'The Double Helix', in Higonnet *et al.* (eds), *Behind the Lines*.

75) Kardam, 'Social Theory and Women in Development Policy', pp. 75-6 and *passim*. また、以下も参照。Adele Mueller, '"In and Against Development": Feminists Confront Development on its Own Ground', Paper Given at a Women's Studies Colloquium, August 9, 1989, Carleton University, Ottawa, Ontario; Adele Mueller 'Power and Naming in the Development Institution : Targeting Women in Peru', n. d.

76) この部分は、以下の文献に示唆を受けたものである。Abigail Bakan, 'Whither Woman's Place? A Reconsideration of Units of Analysis in International Political Economy', Paper Presented at the Annual Meetings of the Canadian Political Science Association, Victoria, British Columbia, May 1990. また、以下も参照。Maria Mies, ＊ *Patriarchy and Accumulation on a World Scale : Women in the International Division of Labour* (London : Zed Books, 1986); Gita Sen and Caren Grown, *Development, Crises, and Alternative Visions : Third World Women's Perspectives* (New York: Monthly Review Press, 1986); June Nash and Maria Patricia Fernandez-Kelly (eds), *Women, Men and the International Division of Labor* (Albany : State University of New York Press, 1983).

77) Sen and Grown, *Development, Crises and Alternatives*, pp. 30-1.

78) *Ibid.*, p. 37.

79) Enloe, *Bananas, Beaches and Bases*, p. 33.

80) *Ibid.* pp. 36-7.

フェミニズムと同じものである。彼の以下の論文を参照。'International Relations Theory : Contributions of a Feminist Standpoint', *Millennium*, 18（2）, Summer 1989, pp. 245-254.

51） Marja ten Holder, 'Women in Combat : A Feminist Critique of Military Ideology, or , Will Amazons Cause Armageddon?', *MA Thesis*, Carleton University, Ottawa, Ontario, August 1988.

52） 例えば、以下の文献にあるいくつかの論評を参照。V. Spike Peterson, 'Clarification and Contestation : A Conference Report on Woman, the State and War : What Difference Does Gender Make?'（Los Angeles : University of Southern California Center for International Studies, 1989) and Christine Sylvester, *Feminist Theory and International Relations in a Postmodern Era*（Cambridge : Cambridge University Press, 1994）.

53） Zalewski, 'Feminist Theory and International Relations', p. 140.

54） Jane Flax, 'Postmodernism and Gender Relations in Feminist Theory', p. 56.

55） 以下を参照。Chandra Talpade Mohanty, 'Under Western Eyes: Feminist Scholarship and Colonial Discourses', in Chandra Talpade Mohanty, Ann Russo and Lourdes Torres（eds）, *Third World Women and the Politics of Feminism*（Bloomington : Indiana University Press, 1991）, p. 55 and *passim* and 'Cartographies of Struggle : Third World Women and the Politics of Feminism', in *Ibid.*

56） Michel Foucault, 'Why Study Power? : The Question of the Subject', in H. L. Dreyfus and P. Rabinow（eds）, ＊ *Beyond Structuralism and Hermeneutics : Michel Foucault*（Chicago : University of Chicago Press, 1983）, p. 212. これは、以下の文献から引用したものである。Alcoff, 'Cultural Feminism Versus Post-Structuralism', p. 415.

57） Alcoff, 'Cultural Feminism Versus Post-Structuralism', pp. 407, 415 and *passim.*

58） Julia Kristeva, 'Woman can never be defined', in Elaine Marks and Isabelle de Courtivron（eds）, *New French Feminisms*（New York : Schocken, 1981）, p. 137. これは、以下の文献から引用したものである。Anne Marie Goetz, 'Feminism and the Limits of the Claim to Know : Contradictions in the Feminist Approach to Women in Development', *Millennium*, 17（3）, Winter 1988, p. 489.

59） Julia Kristeva, 'Oscillation Between Power and Denial', in Marks and de Courtivron , *New French Feminisms*, p. 166.

60） Alcoff, 'Cultural Feminism Versus Post-Structuralism', p. 418.

61） *Ibid.*, p. 419 ; Goetz, 'Feminism and the Limits of the Claim to Know', p. 489. アン・S・ランヤンとV・スパイク・ピーターソンは、フェミニスト・ポストモダニズムを擁護して次のように論じている。「自らは真理へと到達することができると自称する諸々の主張が蝕まれてしまったからといって、［そのことは］次のことを意味しない。すなわち、（いかに偏ったものであろうとも）自分たちは抑圧されているとの女性たちの説明は、単なる虚構にすぎないものであるということを、それは意味しないのである」。これは、多くのポストモダニストによってなされる重要な主張であるが、このような主張と、ポストモダニズム的な理論化を構成するそれ以外の主張とは矛盾するのではないかという点は、十分に取り組まれていない。Runyan and Peterson, 'The Radical Future of Realism', p. 75. ポスト構造主義に関するこのような批判を、より精緻に解説したものとしては、以下を

39) Sara Ruddick, 'Pacifying the Forces : Drafting Women in the Interests of Peace', *Signs*, 8（3), 1983, pp. 478-9. 最近の研究においてラディックは、この種の議論に付随する諸問題を理解しているように思われるが、それらの問題からいまだに抜けきれていない。以下を参照。Sara Ruddick, 'Mothers and Men's Wars', in Harris and King （eds), *Rocking the Ship of State*.

40) R. W. Cox, ＊ 'Social Forces, States and World Orders : Beyond International Relations Theory', in R. O. Keohane （ed.), *Neorealism and its Critics* （New York:Columbia University Press, 1986), p. 207.

41) Hawkesworth, 'Knowers, Knowing, known', p. 536. また、以下も参照。Runyan and Peterson, 'The Radical Future of Realism', pp. 73-4. これらの研究者は、フェミニズム的見地に基づく理論家であると自称している。私が用いているような意味でのラディカル・フェミニズムという用語では完全に括れないが、ここでのわれわれの目的を踏まえれば、こうした研究者たちはラディカル・フェミニズムに近い立場にあると難なく言うことができよう。

42) *Ibid.*

43) 以下を参照。Teresa de Lauretis, 'Feminist Studies/ Critical Studies : Issues, Terms, and Contexts', in T. de Lauretis （ed.), *Feminist Studies/ Critical Studies*（Bloomington : Indiana University Press, 1986), p. 9 ; and Biddy Martin and Chandra Talpade Mohanty, 'Feminist Politics : What's Home Got to Do With It?', in *Ibid.* この争点についての興味深い議論に関しては、とりわけ p. 193 を参照。国際関係論におけるこの種の議論については、以下を参照。Zalewski, 'Feminist Theory and International Relations', p, 126.

44) Segal, ＊ *Is the Future Female?*, p. 37. また、以下も参照。Michele Barrett, 'The Concept of "Difference"', *Feminist Review*, 26, July 1987, p. 31.

45) Nancy Fraser and Linda J. Nicholson, 'Social Criticism Without Philosophy : An Encounter Between Feminism and Post-modernism', in L. J. Nicholson （ed.), *Feminism/ Postmodernism*（New York : Routledge, Chapman and Hall, 1990), pp. 29-30.

46) このことについては、とりわけJ・アン・ティックナー（J. Ann Tickner）の以下の文献を参照。*Gender in International Relations* : *Feminist Perspectives on Achieving Global Security*（New York : Columbia University Press, 1992).

47) Sandra Harding, 'The Instability of the Analytical Categories of Feminist Theory', *Signs*, 11（4), 1986, p. 646. また以下も参照。Linda Alcoff, 'Cultural Feminism Versus Post-Structuralism: The Identity Crisis in Feminist Theory', *Signs*, 13 （3), 1988, p. 413.

48) Judith Grant, 'I Feel Therefore I am : A Critique of Female Experience as the Basis for a Feminist Epistemology', *Women and Politics*, 7 （3), Fall 1987, p. 103 and *passim*.

49) このことを批判したものとしては、以下を参照。Christine Sylvester, 'Some Dangers in Merging Feminist and Peace Projects', *Alternatives*, XII, 1987, p. 499 and Segal, ＊ *Is the Future Female?* , chapter 5.

50) コヘーンは、フェミニズム国際関係理論の最も有用な出発点はフェミニズム的見地に基づく理論であると考えているが、その基本的な議論の大枠は、私の言うラディカル・

議論を概略的に述べ、フェミニストたちがこれまでこうした議論をどのように取りあげてきたのかについても論じているものとしては、以下の文献が挙げられよう。Susan Hekman, 'The Feminization of Epistemology : Gender and the Social Sciences', *Women and Politics*, 7 (3), Fall 1987, pp. 69-71. また、以下も参照。Runyan and Peterson, 'The Radical Future of Realism', and V. Spike Peterson, 'Transgressing Boundaries : Theories of Knowledge, Gender and International Relations', *Millennium*, 21 (2), 1992, pp. 183-206.

35) 以下を参照。Tickner, 'Hans Morgenthau's Principles of Political Realism', pp. 430-7 and *Gender in International Relations*. こうした諸々のアプローチに関する概要としては、以下も参照。Kathy E. Ferguson, 'Male-Ordered Politics : Feminism and Political Science', in Terence Ball (ed.), *Idioms of Inquiry* (Albany : SUNY Press, 1987), pp. 220-3 ; and Lynne Segal, ＊ *Is the Future Female?* (London : Virago Press, 1987), chapter 5. はっきりとフェミニズム的なパースペクティヴから行われたものではないが、国際関係論の術語を定義しなおす試みに関しては、以下を参照。Berenice A. Carroll, 'Peace Research : The Cult of Power', *Conflict Resolution*, 16 (4), 1972, pp. 585-616.

36) キャロル・コーン (Carol Cohn) は、戦争に関してではなく戦略的言説に関して、同じような一連の議論を展開している。以下を参照。'Sex and Death in the Rational World of Defense Intellectuals', *Signs*, 12 (4), 1987 and 'Emasculating America's Linguistic Deterrent', in Adrienne Harris and Ynestra King (eds), *Rocking the Ship of State : Toward a Feminist Peace Politics* (Boulder : Westview Press, 1989).

37) 例えば、以下を参照。Pam McAllister (ed.), *Reweaving the Web of Life : Feminism and Nonviolence* (Philadelphia : New Society Publishers, 1982) ; Robin Morgan, *The Anatomy of Freedom : Feminism, Physics and Global Politics* (New York : Anchor Press, 1982) ; Betty A. Reardon, ＊ *Sexism and the War System* (New York : Teachers College Press, 1985) ; Virginia Woolf, *Three Guineas* (New York : Harcourt, Brace and World, 1938) ; Elise Boulding, *Women in the Twentieth Century World* (New York : Sage Publications, 1977), especially chapters 7,8 and 9 ; Brigit Brock-Utne, *Educating for Peace : A Feminist Perspective* (New York : Pergamon Press, 1985) ; 'Making Peace', Special Edition of *Woman of Power*, Issue 10, Summer 1988 ; Brian Easlea, ＊ *Fathering the Unthinkable : Masculinity, Scientists and the Nuclear Arms Race* (London : Pluto Press, 1983), pp. 5,11, and chapter 1 *passim*. また、以下も参照。Diana E. H. Russell, 'The Nuclear Mentality : An Outgrowth of the Masculine Mentality', *Atlantis*, 12 (1), 1987, pp. 10-17 ; Jean Bethke Elshtain, 'On Beautiful Souls, Just Warriors and Feminist Consciousness', *Women's Studies International Forum*, 5 (3/4), 1982 ; 'Reflections on War and Political Discourse : Realism, Just War and Feminism in a Nuclear Age', *Political Theory*, 13 (1), February 1985 and ＊ *Women and War* (New York : Basic Books, 1987). これらの文献を概説したものとしては、以下を参照。Segal, ＊ *Is the Future Female?* , pp. 179 ff.

38) このような研究を要約したものとしては、以下を参照。V. Spike Peterson, 'Introduction', in V. Spike Peterson (ed.), *Gendered States : Feminist (Re) Visions of International Relations Theory* (Boulder, CO : Lynne Rienner Publishers, Inc., 1992), p. 12 and *passim* and V. Spike Peterson, 'Transgressing Boundaries'.

23) Ruth Roach Pierson, '*They're Still Women After All' : The Second World War and Canadian Womanhood* (Toronto : McClelland and Stewart, 1986) ; Renate Bridenthal *et al.* (eds), * *When Biology Became Destiny : Women in Weimar and Nazi Germany* (New York : Monthly Review Press, 1984). また、以下も参照。Leila Rupp, *Mobilizing Women for War* (Princeton : Princeton University Press, 1978), especially chaps. 2,5,6 ; Maureen Honey, *Creating Rosie the Riveter : Class, Gender and Propaganda during World War II* (Amherst : University of Massachusetts Press, 1984).

24) Anne Wiltsher, *Most Dangerous Women : Feminist Peace Campaigners of the Great War* (London : Pandora Press, 1985). また、以下も参照。Ruth Roach Pierson (ed.), *Women and Peace : Theoretical, Historical and Practical Perspectives* (London : Croom Helm, 1987) ; Barbara Harford and Sarah Hopkins, *Greenham Common : Women at the Wire* (London : The Women's Press, 1984) ; Lynne Jones (ed.), *Keeping the Peace : A Women's Peace Handbook* (London : The Women's Press, 1983) ; Dorothy Thompson (ed.), *Over Our Dead Bodies : Women Against the Bomb* (London : Virago, 1983).

25) Ester Boserup, *Woman's Role in Economic Development* (London : George Allen and Unwin, 1970).

26) Asoka Bandarage, 'Women in Development : Liberalism, Marxism and Marxist-Feminism', *Development and Change*, 15, (1984), p. 497.

27) *Ibid.* また、以下も参照。Barbara Rogers, *The Domestication of Women : Discrimination in Developing Countries* (New York : St. Martin's Press, 1979) ; Lourdes Beneria and Gita Sen, 'Accumulation, Reproduction, and Women's Role in Economic Development:Boserup Revisited', *Signs*, 7 (2), 1981, pp. 279-98 ; Mary Rodkowsky, 'Women and Development : A Survey of the Literature', in *Women in Development : A Resource Guide for Organization and Action* (Stockholm : ISIS, 1984), pp. 13-21 ; Nüket Kardam, 'Social Theory and Women in Development Policy', *Women and Politics*, 7 (4), Winter 1987, pp. 67-82.

28) また、以下も参照。Geeta Chowdhry, 'Women and the International Political Economy', in Francine D'Amico and Peter Beckman, *Women and World Politics* (Westport, CT : Bergin and Garvey Publishers, 1995).

29) Mary E. Hawkesworth, 'Knowers, Knowing, known : Feminist Theory and Claims of Truth', *Signs*, 14 (3), Spring 1989, p. 535. また、以下も参照。Zalewski, 'Feminist Theory and International Relations', p. 135.

30) Hawkesworth, 'Knowers, Knowing, known : Feminist Theory and Claims of Truth', p. 535.

31) これは、以下の文献の該当箇所を言い換えたものである。Harding, *The Science Question in Feminism*, p. 24.

32) Runyan and Peterson, 'The Radical Future of Realism', p. 73. また、以下も参照。Brown, 'Feminism, International Theory and International Relations of Gender Inequality'.

33) Tong, *Feminist Thought : A Comprehensive Introduction*, p. 71.

34) この種の認識論的な批判は、それ以外の「ポストモダニズムに依拠した、反基礎定立主義の」理論家たちが行っている認識論的な批判と同じ方向性にある。こうした一連の

Organization and Women （Durham : Duke University Press, 1990）.

6） Barlow and Selin, 'Women and Arms Control in Canada', p. 3.

7） *Ibid.*, pp. 8-9.

8） 'Little Women, Little Man', *New York Times*, November 20, 1985, p. A30.

9） Thom, 'Women in International Organizations', pp. 175-9.

10） *Ibid.*

11） 社会化説への批判と、カナダの政党政治と選挙政治における構造的な障害に関しては、以下を参照。Janine Brodie, *Women and Politics in Canada* （Toronto : McGraw-Hill Ryerson Ltd., 1985）.

12） Barlow and Selin, 'Women and Arms Control in Canada', p. 10.

13） J. Ann Tickner, ' Hans Morgenthau's Principles of Political Realism : A Feminist Reformulation', *Millennium*, 17 （3）, Winter 1988, p. 429 and J. Ann Tickner, *Gender in International Relations : Feminist Perspectives on Achieving Global Security* （New York : Columbia University Press, 1992）, chapter 1.

14） Sarah Brown, 'Feminism, International Theory and International Relations of Gender Inequality', *Millennium*, 17 （3）, Winter 1988, p. 464.

15） Joni Lovenduski, 'Toward the Emasculation of Political Science : The Impact of Feminism', in Dale Spender （ed.）, *Men's Studies Modified : The Impact of Feminism on the Academic Disciplines* （Oxford : Pergamon Press, 1981）, p. 89. また、以下も参照。Susan C. Bourque and Jean Grossholtz, 'Politics and Unnatural Practice : Political Science Looks at Female Participation', *Politics and Society*, 4 （2）, Winter 1974, p. 258.

16） Brown, 'Feminism, International Theory', p. 462.

17） 以下を参照。Jane Flax, 'Postmodernism and Gender Relations in Feminist Theory', in Linda J. Nicholson （ed.）, *Feminism/Post-modernism* （New York : Routledge, 1990）, p. 45.

18） Harding, *The Science Question in Feminism*, p. 24.

19） Margaret R. Higonnet *et al.* （eds）, 'Introduction', *Behind the Lines : Gender and the Two World Wars* （New Haven : Yale University Press, 1987）, p. 3.

20） Cynthia Enloe, *Does Khaki Become You? The Militarization of Women's Lives* （London : Pluto Press, 1983）, p. 1.

21） *Ibid.*, pp. 3-5.

22） Judith Hicks Stiehm, *Arms and the Enlisted Woman*, （Philadelphia : Temple University Press, 1989）. また、以下も参照。Burton Hacker, 'Women and Military Institutions in Early Modern Europe : A Reconnaissance', *Signs*, 6 （4）, Summer 1981, p. 653 ; Vera Laska, *Women in the Resistance and the Holocaust : The Voice of Emptiness* （Westport, Connecticut : Green wood Press, 1983）; June A. Willenz, *Women Veterans : America's Forgotten Heroines* （New York : Continuum, 1983） ; K. J. Cottam, *Soviet Airwomen in Combat in World War II* （Manhattan, Kansas : MA/AH Publishing, 1983）; K. J. Cottam （ed. and trans.）, *The Golden-Tressed Soldier* （Manhattan, Kansas : MA/AH Publishing, 1983） ; Carol R. Berkin and Clara M. Lovett, *Women, War and Revolution* （New York : Holmes and Meier Publishers, Inc., 1980）.

に言及している。'The Radical Future of Realism : Feminist Subversions of IR Theory', *Alternatives*, 16 (1991), p. 72.

23) Joan Wallach Scott, 'The Modern Period', *Past and Present*, No. 101, November 1983, pp. 144-5. また、以下も参照。Scott, ＊ *Gender and the Politics of History*, p. 17.

第１章

１) 本章でなされた議論の大半は、以下の拙論で以前に行ったものである。'Feminist Theories : From Women to Gender and World Politics', in Francine D' Amico and Peter Beckman (eds), *Women and World Politics* (Westport, CT : Bergin and Garvey Ltd, 1994) and 'Theory as Exclusion : Gender and International Political Economy', in R. Stubbs and G. Underhill (eds), *Political Economy and the Changing Global Order* (Toronto : McClelland & Stewart Ltd, 1994).

２) このような区別を行うにあたっては、以下の文献に示唆を受けた。Marysia Zalewski, 'Feminist Theory and International Relations', in Mike Bowker and Robin Brown (eds), *From Cold War to Collapse : Theory and World Politics in the 1980s* (Cambridge : Cambridge University Press, 1993, pp. 115-44. また、諸々の「政治的な」カテゴリーを用いてフェミニズムの業績を概観している作業の中で最も優れていると思われるのは、以下の二つの文献である。Alison M. Jaggar, *Feminist Politics and Human Nature* (Sussex : The Harvester Press, 1983) and Rosemarie Tong, *Feminist Thought : A Comprehensive Introduction* (Boulder, CO : Westview Press, 1989).

３) これらのカテゴリーは、以下の文献に示唆を受けたものである。Sandra Harding, *The Science Question in Feminism* (Ithaca : Cornell University Press, 1986), chapter one and ' Is There a Feminist Method?' in S. Harding (ed.), *Feminism and Methodology* (Bloomington : Indiana University Press, 1987), pp. 1-14. 以下の文献は、フェミニズム国際関係論の文献を論じるにあたってこれらのカテゴリーを既に用いている。Christine Sylvester, 'The Emperors' Theories and Transformations : Looking at the Field Through Feminist Lenses', in Dennis C. Pirages and Christine Sylvester (eds), *Transformations in the Global Political Economy* (London:Macmillan, 1990) and Anne Sisson Runyan and V. Spike Peterson, 'The Radical Future of Realism : Feminist Subversions of IR Theory', *Alternatives*, 16, 1991. 歴史学においてこれらのカテゴリーを用いている同様の議論に関しては、以下を参照。Joan Wallach Scott, 'The Modern Period', *Past and Present*, No. 101, November 1983, pp. 141-57 and ＊ *Gender and the Politics of History* (New York : Columbia University Press, 1988), especially the introduction and chapter one.

４) Jaggar, *Feminist Politics and Human Nature*, p. 181.

５) Maude Barlow and Shannon Selin, 'Women and Arms Control in Canada', *Issue Brief* No. 8, Canadian Centre for Arms Control and Disarmament, October 1987, p. 2. また、以下も参照。Betsy Thom, 'Women in International Organizations : Room at the Top — The Situation in Some United Nations Organizations', in C. F. Epstein and R. L. Coser (eds), *Access to Power : Cross-National Studies of Women and Elites* (London : George Allen and Unwin, 1981) and Carol Riegelman Lubin and Anne Winslow, *Social Justice for Women : The International Labor*

A Consumers' Guide', in Susan Strange, (ed.) ＊ *Paths to International Political Economy* (London : George Allen and Unwin, 1984), pp. 1-22 ; Craig N. Murphy and Roger Tooze, 'Introduction' and 'Getting Beyond the "Common Sense" of the IPE Orthodoxy', in C. N. Murphy and R. Tooze (eds), *The New International Political Economy* (Boulder, CO : Lynne Rienner Publishers, 1991), pp. 1-31 ; Richard Higgott, 'Toward a Nonhegemonic IPE : An Antipodean Perspective', in *Ibid.*, pp. 97,100-101.

11) *Ibid.*

12) とりわけ以下を参照。Murphy and Tooze, *The New International Political Economy* ; and Robert W. Cox, ＊ 'Social Forces, States and World Orders : Beyond International Relations Theory', *Millennium*, 10 (2), Summer 1981.

13) Susan Hekman, 'The Feminization of Epistemology : Gender and the Social Sciences', *Women and Politics* , 7 (3), Fall 1987, pp. 66-7.

14) Murphy and Tooze, 'Getting Beyond the "Common Sense" of the IPE Orthodoxy', p. 29.

15) Jim George, 'International Relations and the Search for Thinking Space : Another View of the Third Debate', *International Studies Quarterly*, 33,1989, pp. 272-3.

16) Michael Banks, 'The Inter-Paradigm Debate', in Margot Light and A. J. R. Groom (eds), *International Relations : A Handbook of Current Theory* (London : Frances Pinter, 1985), p. 12.

17) Joan Wallach Scott, ＊ *Gender and the Politics of History* (New York : Columbia University Press, 1988), p. 2.

18) 以下を参照。Alexander Wendt, 'The Agent-Structure Problem in International Relations Theory', *International Organization*, 41 (3), Summer 1987, pp. 335-70 ; Jane Jenson, 'Paradigms and Political Discourse : Protective Legislation in France and the United States Before 1914', *Canadian Journal of Political Science*, 22 (2), June 1989, p. 236 ; Anthony Giddens, ＊ *Central Problems in Social Theory* (London : Macmillan, 1977), p. 2 and chapter 2.

19) これは、以下の文献の該当箇所を言い換えたものである。Nancy Fraser, 'What's Critical About Critical Theory? The Case of Habermas and Gender', in S. Benhabib and D. Cornell (eds), *Feminism as Critique* (Minneapolis : University of Minnesota Press, 1987), p. 31.

20) （ジェンダーに適用されたものではないが）グラムシに関するこの叙述は、以下の文献に示唆を受けたものである。R. W. Cox, 'Production and Hegemony : An Approach Towards a Problematic', Paper presented at the IPSA Congress, Moscow, 12-18, August 1979, p. 1.

21) Sarah Brown, 'Feminism, International Theory and International Relations of Gender Inequality', *Millennium*, 17 (3), Winter 1988, p. 464.

22) クリスティン・シルベスター（Christine Sylvester）は以下において、相異なるフェミニズム的なアプローチがどのようにして「可視的にするプロジェクト」〔引用符は訳者〕に取り組んでいるかを論じている。'The Emperors' Theories and Transformations : Looking at the Field Through Feminist Lenses', in Dennis C. Pirages and Christine Sylvester (eds), *Transformations in the Global Political Economy* (London : Macmillan, 1990), pp. 235-6. アン・シッソン・ランヤン（Anne Sisson Runyan）とV・スパイク・ピーターソン（V. Spike Peterson）は以下において、フェミニズム的な理論化の相異なる諸形態がともなう多くの転覆戦略

合衆国の場合とは異なり、政府部内の諸々の地位に就くことではない。むしろ彼／彼女たちがおもに魅力を感じるのは、急速に拡大する諸々の国際機関の官僚なのである。このような主張に対しては多くの反応の仕方が考えられるであろう。一つには、ライトによる当該学問領域の特徴づけは英国に関しては——そして、アメリカ合衆国の国際関係論の研究者たちの多くに関してでさえも——妥当なものであると考えられるかもしれないが、第二次世界大戦以降、国際関係論という領域は全体として、その主流を形成しているアメリカ合衆国の信奉者たちによって支配されるようになってきたということもまた確かなのである。国際関係論という領域をこのように描きだすより一般的な描写こそ、この箇所で論じられているものに他ならない。しかしながら、より深く考えれば、国際的な諸関係に関する諸々の「理想主義的な」理解の仕方でさえも、理論構築に対する実証主義的なアプローチに基づいて形成されてきたと論じることもできよう。そして、意図的な結果かどうかはさておき、実証主義は——「現実主義」の装いをまとって現れたものであれ、「理想主義」の装いをまとって現れたものであれ——社会批判に関心を抱いた国際関係理論が発展するのを根源的に妨げてきたのである。以下を参照。Mark A.Neufeld, ‘Toward the Restructuring of International Relations Theory’, *Ph. D Dissertation*, Department of Political Science, Carleton University, Ottawa, Ontario, December 1990, chapter 3.

6） K. J. Holsti, *The Dividing Discipline : Hegemony and Diversity in International Theory*（Boston : Allen and Unwin, 1985）, chapter 1.

7） J. Ann Tickner, ‘Hans Morgenthau's Principles of Political Realism:A Feminist Reformulation’, *Millennium*, 17（3）, Winter 1988, p. 429 and J. Ann Tickner, *Gender in International Relations: Feminist Perspectives on Achieving Global Security*（New York : Columbia University Press, 1992）, chapter 1. また、以下も参照。Halliday, ‘Hidden from International Relations’, p. 419.

8） R. B. J. Walker, ‘Sovereignty, Security and the Challenge of World Politics’, *Alternatives*, 15（1）, 1990, pp. 3-28.

9） Chris Weedon, *Feminist Practice and Poststructuralist Theory*（Oxford : Basil Blackwell, 1987）, p. 1. また、以下も参照。Rosalind Delmar, ‘What is Feminism?’, in Juliet Mitchell and Ann Oakley（eds）, *What is Feminism?*（New York : Pantheon Books, 1986）, p. 8. フェミニズムに対するいくつかの異なったアプローチについての優れた説明を行っているものとしては、以下の文献が挙げられよう。Alison M. Jaggar, *Feminist Politics and Human Nature*（Sussex : The Harvester Press, 1983）. 他方、ヨーロッパの 11 の国における現代の女性運動を説明しているものとしては、以下の文献が挙げられよう。Drude Dahlerup, ‘Introduction’, in D. Dahlerup（ed.）, *The New Women's Movement : Feminism and Political Power in Europe and the USA*（London : Sage Publications, 1986）.

10） このテーマに関する一般的な研究については、以下を参照。George T. Crane and Abla Amawi, *The Theoretical Evolution of International Political Economy*（New York : Oxford University Press, 1991）, especially pp. 3-33 ; Stephen Gill and David Law, *The Global Political Economy, Perspectives, Problems and Policies*（Baltimore : The Johns Hopkins University Press, 1988）, pp. 3-24 ; Robert Gilpin, ＊ *The Political Economy of International Relations*（Princeton, New Jersey:Princeton University Press, 1987）, pp. 8-64;Roger Tooze, ‘Perspectives and Theory:

原　注

邦訳がある文献には、＊を付けた。詳細情報については「参考文献（和文）」および「日本語の参考文献」を参照されたい。

序　章

1） Nannerl O. Keohane, ‘Speaking From Silence : Women and the Science of Politics’, in E. Langland and W. Gove（eds）, *A Feminist Perspective in the Academy*（Chicago : University of Chicago Press, 1981）, p. 87. 本章でなされた議論の大半は、以下の拙稿で以前に行ったものである。‘Theory as Exclusion : Gender and International Political Economy’, in R. Stubbs and G. Underhill（eds）, *Political Economy and the Changing Global Order*（Toronto : McClelland & Stewart Ltd, 1994）.

2） 国際関係論という学術的な学問領域を指す場合、ＩＲという頭字語をときおり用いることにする。これは、諸々の国家や国際制度、トランスナショナルな社会運動、諸階級などが行う、国際的諸関係を構成する実際の諸実践と、国際関係論という学術的な学問領域とを区別するためである〔翻訳にあたっては、著者の意向を鑑み、International Relations や IR の場合には「国際関係論」、international relations の場合には「国際的な諸関係」という訳語を用いて、双方を区別している〕。

3） Fred Halliday,‘Hidden from International Relations : Women and the International Arena’, *Millennium*, 17（3）, Winter 1988, p. 419. また、以下も参照。V. Spike Peterson,‘Transgressing Boundaries : Theories of Knowledge, Gender and International Relations’, *Millennium*, 21（2）, 1992, pp. 183-206 and Marysia Zalewski,‘Feminist Theory and International Relations’, in Mike Bowker and Robin Brown（eds）, *From Cold War to Collapse : Theory and World Politics in the 1980s*（Cambridge : Cambridge University Press, 1993）, pp. 115-44.

4） 以下を参照。Stanley Hoffmann,‘An American Social Science : International Relations’, *Daedalus*, 106（3）, 1977, pp. 41-60; and Ekkehart Krippendorf,‘The Dominance of American Approaches in International Relations’, *Millennium*, 16（2）, 1987, pp. 207-14. ホフマンが述べているように、国際関係論の研究者たちは自分たちの起源としてトゥキュディデス（Thucydides）まで溯ろうとするが、当該学問領域そのものは 20 世紀になってやっと確立されたものであるにすぎない（p. 41）。

5） Hoffmann,‘An American Social Science’, pp. 49,58 and Krippendorf,‘The Dominance of American Approaches’, p. 210. 国際関係論という学問領域の展開に関する異なる読解については、以下の文献を参照。Quincy Wright , *The Study of International Relations*（New York: Appleton-Century-Crofts Inc., 1955）. 彼は、英国において国際関係論という領域は、国際的諸関係に対する「理想主義的な」アプローチに基づいて形成されており、協力を促進し国際紛争を防ぐ諸々の方途を探るという関心に支配されてきたと論じている。さらに言えば、英国における国際関係論の学士卒業者たちがおもに魅力を感じるのは、アメリカ

編、房野桂訳『性と生殖に関する権利――リプロダクティブ・ライツの推進』（明石書店、1997年）。

５） **国際労働機関**に関しては、例えば、次の文献を参照。
吾郷眞一『国際労働基準法――ＩＬＯと日本・アジア』（三省堂、1997年）。

早坂信弘他『講座ＩＬＯ（国際労働機関）――社会正義の実現をめざして』（財団法人 日本ＩＬＯ協会、1999年）。

柳川和夫監修、吾郷眞一編著『ＩＬＯのあらまし――活動と組織・主な条約と勧告』（財団法人 日本ＩＬＯ協会、1998年）。

２） **ポストモダニズム、現代思想**に関しては、例えば、次の文献を参照。
竹田青嗣『現代思想の冒険』（毎日新聞社、1987 年）。

David Lyon, *Postmodernity*（Buckingham : Open University Press, 1994）. デイヴィッド・ライアン著、合庭惇訳『ポストモダニティ』（せりか書房、1996 年）。

Jean-François Lyotard, *La Condition Postmoderne: Rapport sur le Savoir*（Paris: Editions de Minuit, 1979）. ジャン=フランソワ・リオタール著、小林康夫訳『ポストモダンの条件――知・社会・言語ゲーム』（書肆風の薔薇、1986 年）。

３） **国際関係論（特に、批判理論的国際関係論）**については、例えば、次の文献を参照。
武者小路公秀『転換期の国際政治』岩波新書 新赤版 434（岩波書店、1996 年）。

Susan Strange, *The Retreat of the State : The Diffusion of Power in the World Economy*（Cambridge : Cambridge University Press, 1996）. スーザン・ストレンジ著、櫻井公人訳『国家の退場――グローバル経済の新しい主役たち』（岩波書店、1998 年）。

最上敏樹「世界秩序論」有賀貞、宇野重昭 他編『講座国際政治 国際政治の理論』（東京大学出版会、1989 年）、267-297 頁。

Fred Halliday, *Rethinking International Relations*（Basingstoke : MacMillan, 1994）. フレッド・ハリディ著、菊井禮次訳『国際関係論再考――新たなパラダイム構築をめざして』（ミネルヴァ書房、1997 年）。

Robert W. Cox, 'Social Forces, States and World Orders : Beyond International Relations Theory', *Millennium*, Vol. 10,1981, pp. 126-155. ロバート・W・コックス著、遠藤誠治訳「社会勢力、国家、世界秩序――国際関係論を超えて」坂本義和編『世界政治の構造変動２ 国家』（岩波書店、1995 年）、211-268 頁。

Stephen Gill, *American Hegemony and the Trilateral Commission*（Cambridge: Cambridge University Press, 1990）. スティーブン・ギル著、遠藤誠治訳『地球政治の再構築――日米欧関係と世界秩序』朝日選書 545（朝日新聞社、1996 年）。

高嶋正晴「国際政治経済学とグラムシアン・アプローチ――グローバル政治経済学序説」櫻井公人、小野塚佳光編『グローバル化の政治経済学』（晃洋書房、1998 年）、57-77 頁。

野崎孝弘「国際関係論におけるグラムシ学派の批判的検討――グラムシのヘゲモニー概念の適用が孕む問題性を中心に（１）」『早稲田政治公法研究』第 56 号、1997 年、91-116 頁。

野崎孝弘「国際関係論におけるグラムシ学派の批判的検討――グラムシのヘゲモニー概念の適用が孕む問題性を中心に（２）」『早稲田政治公法研究』第 57 号、1998 年、101-128 頁。

４） **国際家族計画連盟**に関しては、例えば、次の文献を参照。
日本家族計画協会編『家族計画便覧』（社団法人 日本家族計画協会、1994 年）。

ヤンソン柳沢由実子『リプロダクティブ・ヘルス／ライツ――からだと性、わたしを生きる』（国土社、1997 年）。

Anika Rahman（ed.）Reed Boland, *Promoting Reproductive Rights : A Global Mandate*（The Center for Reproductive Law and Policy, 1997）. リード・ボーランド著、アニカ・ラーマン

Johnston, G. A.（1970）*The International Labour Organisation : Its Work for Social and Economic Progress*（London : Europa Publications）. 中村三登志訳『国際労働機関——社会進歩のためのＩＬＯ活動』（日刊労働通信社、1973 年）。

Keohane, Robert O.（1984）*After Hegemony : Cooperation and Discord in the World Political Economy*（Princeton : Princeton University Press）. 石黒馨、小林誠訳『覇権後の国際政治経済学』（晃洋書房、1998 年）。

Lukes, Steven（1974）*Power : A Radical View*（London : Macmillan）. 中島吉弘訳『現代権力論批判』（未來社、1995 年）。

MacKinnon, Catharine A.（1987）*Feminism Unmodified : Discourses on Life and Law*（Cambridge : Harvard University Press）. 奥田暁子訳『フェミニズムと表現の自由』（明石書店、1993 年）。

Mies, Maria（1986）*Patriarchy and Accumulation on a World Scale : Women in the International Division of Labour*（London : Zed Books）. 奥田暁子他訳『国際分業と女性—— 進行する主婦化』（日本経済評論社、1997 年）。

Morgenthau, Hans J.（1978）*Politics Among Nations*, 5th Edition（New York : Alfred A. Knopf）. 現代平和研究会訳『国際政治——権力と平和』（福村出版、1998 年）。

Reardon, Betty A.（1985）*Sexism and the War System*（New York : Teachers College Press）. 山下史訳 『性差別主義と戦争システム』（勁草書房、1988 年）。

Scott, Joan W.（1988）*Gender and the Politics of History*（New York : Columbia University Press）. 荻野美穂訳『ジェンダーと歴史学』テオリア叢書（平凡社、1992 年）。

Segal, Lynne（1987）*Is The Future Female?*（London : Virago Press）. 織田元子訳『未来は女のものか』（勁草書房、1989 年）。

Spero, Joan Edelman（1990）*The Politics of International Economic Relations*, Fourth Edition（New York : St. Martin's Press）. 小林陽太郎、首藤信彦訳『国際経済関係論』（東洋経済新報社、1988 年）。

Tooze, Roger（1984）'Perspectives and Theory : A Consumers' Guide', in Susan Strange（ed.）, *Paths to International Political Economy*（London : George Allen and Unwin）. 町田実監訳『国際関係の透視図——国際政治経済学への道』（文眞堂、1987 年）。

Waring, Marilyn（1988）*If Women Counted : A New Feminist Economics*（New York : HarperCollins Publishers）. 篠塚英子訳『新フ ェミニスト経済学』（東洋経済新報社、1994 年）。

日本語の参考文献

１） **フェミニズム**に関しては、例えば、次の文献を参照。

江原由美子、金井淑子編『フェミニズム』（新曜社、1997 年）。

大越愛子『フェミニズム入門』ちくま新書 62 （筑摩書房、1996 年）。

Maria Mies, Veronika Bennholdt-Thomsen and Claudia von Werlhof, *Women : The Last Colony*（London : Zed Books, 1988,1991）. マリア・ミース、Ｃ・Ｖ・ヴェールホフ、Ｖ・Ｂ-トムゼン著、古田睦美、善本裕子訳『世界システムと女性』（藤原書店、1995 年）。ただし、訳書においては、原書の序文の一部が加筆・修正されている。また、第 1 章と第 5 章、第 6 章は、著者の意向を汲んで原書の該当箇所を新しい論文に差し替えたものである。

参考文献（和文）

参考文献（欧文）収録文献のうち邦訳のある文献（原注および参考文献一覧に＊を付したもの）

Bridenthal, Renate *et al.*（1984）*When Biology Became Destiny* : *Women in Weimar and Nazi Germany*（New York : Monthly Review Press）. 近藤和子訳『生物学が運命を決めたとき ―― ワイマールとナチスドイツの女たち』（社会評論社、1992 年）。

Bunkle, Phillida (1984) 'Calling the Shots? The International Politics of Depo-Provera', in R. Ardetti, R. Duelli Klein and S. Minden (eds), *Test-Tube Women* : *What Future for Motherhood?*（London : Pandora Press）. ヤンソン由実子訳『試験管の中の女』（共同通信社、1986 年）。

Carr, E. H.（1966）[1946] *The Twenty Years' Crisis, 1919-1939*（New York : St. Martin's Press）. 井上茂訳『危機の二十年　1919-1939』岩波文庫 白 22-1（岩波書店、1996 年）。

Cox, R. W.（1981）'Social Forces, States and World Orders : Beyond International Relations Theory', *Millennium*, 10（2）, Summer. 遠藤誠治訳「社会勢力、国家、世界秩序――国際関係論を超えて」坂本義和編『世界政治の構造変動２　国家』（岩波書店、1995 年）、211-268 頁。

Easlea, Brian（1983）*Fathering the Unthinkable* : *Masculinity, Scientists and the Nuclear Arms Race*（London : Pluto Press）. 相良邦夫、戸田 清訳『性からみた核の終焉』（新評論、1988 年）。

Elshtain, Jean Bethke（1987）*Women and War*（New York : Basic Books）. 小林史子、廣川紀子訳『女性と戦争』叢書ウニベルシタス 427（法政大学出版局、1994 年）。

Enloe, Cynthia（1993）*The Morning After* : *Sexual Politics at the End of the Cold War*（Berkeley : University of California Press）. 池田悦子訳『戦争の翌朝――ポスト冷戦時代をジェンダーで読む』（緑風出版、1999 年）。

Foucault, Michel（1983）'Why Study Power? : The Question of the Subject', in H. L. Dreyfus and P. Rabinow（eds）, *Beyond Structuralism and Hermeneutics* : *Michel Foucault*（Chicago : University of Chicago Press）. 山形頼洋、鷲田清一訳『ミシェル・フーコー――構造主義と解釈学を超えて』（筑摩書房、1996 年）に所収。

Giddens, Anthony（1979）*Central Problems in Social Theory*（London : Macmillan）友枝敏雄、今田高俊、森重雄訳『社会理論の最前線』（ハーベスト社、1989 年）。

Gilpin, Robert（1987）*The Political Economy of International Relations*（Princeton, New Jersey : Princeton University Press）. 佐藤誠三郎、竹内透監修、大蔵省世界システム研究会訳『世界システムの政治経済学――国際関係の新段階』（東洋経済新報社、1990 年）。

Halliday, Fred（1983）*The Making of the Second Cold War*（London : Verso）. 菊井禮次訳『現代国際政治の展開――第二次冷戦の史的背景』（ミネルヴァ書房、1986 年）。

Hobsbawm, E. J.（1969）*Industry and Empire*（London : Penguin Books）. 浜林正夫、神武庸四郎、和田一夫訳『産業と帝国』（未來社、1996 年）。

Feminist Studies, 5(2), Summer.
Wright, Quincy (1955) *The Study of International Relations* (New York: Appleton-Century-Crofts).
Young, Oran R. (1980) 'International Regimes: Problems of Concept Formation', *World Politics*, 32, April.
Young, Oran R. (1989) *International Cooperation: Building Regimes for Natural Resources and the Environment* (Ithaca: Cornell University Press).
Zalewski, Marysia (1993) 'Feminist Theory and International Relations', in Mike Bowker and Robin Brown (eds), *From Cold War to Collapse: Theory and World Politics in the 1980s* (Cambridge: Cambridge University Press).
Zalewski, Marysia and Jane Parpart (eds) (1998) *The "Man" Question in International Relations* (Boulder, Colo.: Westview Press).
Zimmeck, Meta (1986) 'Jobs for Girls: The Expansion of Clerical Work for Women, 1850–1914', in Angela V. John (ed.) *Unequal Opportunities: Women's Employment in England 1800–1918* (Oxford: Basil Blackwell).

Warwick, Donald P. (1982) *Bitter Pills: Population Policies and their Implementation in Eight Developing Countries* (Cambridge: Cambridge University Press).

Weedon, Chris (1987) *Feminist Practice and Poststructuralist Theory* (Oxford: Basil Blackwell.

Weerakoon, Bradman (1988) 'Secretary-General's Report to Central Council: Managing Change', *Minutes of Central Council Meeting, 8–10 November 1988* (London: IPPF).

Wendt, Alexander E. (1987) 'The Agent–Structure Problem in International Relations Theory', *International Organization*, 41(3), Summer.

White, Lyman Cromwell (1951) *International Non-Governmental Organizations: Their Purposes, Methods and Accomplishments* (New Jersey: Rutgers University Press).

Whitworth, Sandra (1989) 'Gender in the Inter-Paradigm Debate', *Millennium*, 18(2), Summer.

Whitworth, Sandra (1991) 'Planned Parenthood and the New Right: Onslaught *and* Opportunity?', *Studies in Political Economy*, 35, Summer.

Whitworth, Sandra (1994) 'Feminist Theories: From Women to Gender and World Politics', in Francine D'Amico and Peter Beckman (eds), *Women and World Politics* (Co: Bergin and Garvey).

Whitworth, Sandra (1994). 'Theory as Exclusion: Gender and International Political Economy', in R. Stubbs and G. Underhill (eds), *Political Economy and the Changing Global Order* (Toronto: McClelland & Stewart Ltd).

Whitworth, Sandra. 'Gender, International Relations and the Case of the ILO,' *Review of International Studies*, 20(4), October 1994.

Willenz, June (1983) *Women Veterans: America's Forgotten Heroines* (New York: Continuum).

Williams, Michael C. (1992)'Reason and Realpolitik: Kant's "Critique of International Politics"', *Canadian Journal of Political Science*, 25(1), March, pp. 99–119.

Williams, Michael C. (1989) 'Rousseau, Realism and Realpolitik', *Millennium*, 18(2), Summer, pp. 163–87.

Willis, David K. (1985) 'Population growth: a critical north-south issue?', *Christian Science Monitor*, March 5.

Wiltsher, Anne (1985) *Most Dangerous Women: Feminist Peace Campaigners of the Great War* (London: Pandora Press).

'Women Workers and the New International Economic Order', *Women at Work*, 1981, No. 1.

'Women Workers: International Labour Standards', *Women at Work*, 1987, No. 2.

'Women with Family Responsibilities Recommendation, 1965 (No. 123): an ILO Survey', *Women at Work*, 1979, No. 1.

'Women's Wages', *International Labour Review*, 81(2), 1960.

Woolf, Virginia (1938) *Three Guineas* (New York: Harcourt, Brace and World).

Worsley, Peter (1980) 'One World or Three? A Critique of the World System Theory of Immanuel Wallerstein', *Socialist Review*.

Wright, Michael J. (1979) 'Reproductive Hazards and "Protective" Discrimination',

Opportunities: Women's Employment in England 1800–1918 (Oxford: Basil Blackwell).

Thompson, Dorothy (ed.) (1983) *Over Our Dead Bodies: Women Against the Bomb* (London: Virago).

Tickner, J. Ann (1988) 'Hans Morgenthau's Principles of Political Realism: A Feminist Reformulation', *Millennium*, 17(3), Winter.

Tickner, J. Ann (1992) *Gender in International Relations: Feminist Perspectives on Achieving Global Security* (New York: Columbia University Press).

Tilly, Louise A. and Joan W. Scott (1978) *Women, Work and Family* (New York: Holt, Rinehart and Winston).

Tong, Rosemarie (1989) *Feminist Thought: A Comprehensive Introduction* (Boulder, CO: Westview Press).

* Tooze, Roger (1984). 'Perspectives and Theory: A Consumers' Guide', in Susan Strange (ed.), *Paths to International Political Economy* (London: George Allen and Unwin).

'Unequal Pay: Wherein Lies the Problem?', *Women at Work*, 1982, No. 2.

'US said to refuse Planned Parenthood a $17 million grant', *The New York Times*, December 13, 1984.

Vincent, R.J. (1988) 'Hedley Bull and Order in International Politics', *Millennium*, 17(2), Summer.

Wadia, Avabia B. (1986) 'Challenges, Needs and Opportunities: Presidential Address', in *Members' Assembly Minutes, Monday 10th to Friday 14th November 1986, Tokyo, Japan* (London: IPPF).

Wadia, S. Avabia B. (1989) 'Opening Address', *IPPF Members' Assembly, 1989*, Ottawa, Ontario, Canada, November 7.

Wadia, S. Avabia B. (1989) 'Presidential Address', *IPPF's Members' Assembly, 1989*, Ottawa, Ontario, Canada, November 8.

Walker, R.B.J. (1987) 'Realism, Change and International Political Theory', *International Studies Quarterly*, 31.

Walker, R.B.J. (1988) 'Genealogy, Geopolitics and Political Community: Richard K. Ashley and the Critical Social Theory of International Politics', *Alternatives*, 13.

Walker, R.B.J. (1989) 'The Prince and 'The Pauper': Tradition, Modernity, and Practice', in M.J. Shapiro and J. Der Derian (eds), *International/Intertextual Relations: Postmodern Readings of World Politics* (Lexington, Mass.: Lexington Books).

Walker, R.B.J. (1990) 'On the Discourses of Sovereignty: Gender and Critique in the Theory of International Relations', Paper Presented at the 1990 International Studies Association, Washington, DC.

Walker, R.B.J. (1990) 'Sovereignty, Security and the Challenge of World Politics', *Alternatives*, 15(1), pp. 3–28.

Walker, R.B.J. (1993) *Inside/Outside: International Relations as Political Theory* (Cambridge: Cambridge University Press).

* Waring, Marilyn (1988) *If Women Counted: A New Feminist Economics* (New York: HarperCollins Publishers).

Shotwell, James T. (ed.) (1934) *The Origins of the International Labor Organization*, Vol. I (New York: Columbia University Press).
Smith, Steve (1987). 'Paradigm Dominance in International Relations: The Development of International Relations as a Social Science', *Millennium*, 16(2).
Snidal, Duncan (1985) 'The Limits of Hegemonic Stability Theory', *International Organization*, 39(4), Autumn.
Snitow, Ann. (1989) 'A Gender Diary', in Adrienne Harris and Ynestra King (eds), *Rocking the Ship of State: Toward a Feminist Peace Politics* (Boulder, Colo.: Westview Press).
Sofer, Sasson (1987) 'International Relations and the Invisibility of Ideology', *Millennium*, 16(3).
Soni, Veena (1983) 'Thirty Years of the Indian Family Planning Program: Past Performance, Future Prospects', *International Family Planning Perspectives*, 9(2), June.
* Spero, Joan Edelman (1990) *The Politics of International Economic Relations*, Fourth Edition. (New York: St. Martin's Press).
Stewart, Lindsay. Program Advisor, IPPF/Western Hemisphere Region. Telephone Interview, May 27, 1986.
Stiehm, Judith Hicks (1989) *Arms and the Enlisted Woman* (Philadelphia: Temple University Press).
Strange, Susan (1982) '*Cave! hic dragones*: A Critique of Regime Analysis', *International Organization*, 36(2), Spring.
Suitters, Beryl (1973) *Be Brave and Angry: Chronicles of the International Planned Parenthood Federation* (London: IPPF).
Sylvester, Christine (1987) 'Some Dangers in Merging Feminist and Peace Projects', *Alternatives*, 12.
Sylvester, Christine (1990) 'The Emperors' Theories and Transformations: Looking at the Field Through Feminist Lenses', in Dennis C. Pirages and Christine Sylvester (eds), *Transformations in the Global Political Economy* (London: Macmillan).
Sylvester, Christine (1994) *Feminist Theory and International Relations in a Postmodern Era* (Cambridge: Cambridge University Press).
Szedegy-Maszak, Marianne (1989) 'Calm, Cool and Beleaguered', *The New York Times Magazine*, August 6.
Taylor, Charles (1984) 'Foucault on Freedom and Truth', *Political Theory*, 12(2). May.
ten Holder, Marja (1988) 'Women in Combat: A Feminist Critique of Military Ideology, or, Will Amazons Cause Armageddon?' *MA Thesis*. Carleton University, Ottawa, Ontario, August.
Thom, Betsy (1981) 'Women in International Organizations: Room At the Top: The Situation in Some United Nations Organizations', in C.F. Epstein and R.L. Coser (eds), *Access to Power: Cross-National Studies of Women and Elites* (London: George Allen and Unwin).
Thom, Deborah (1986) 'The Bundle of Sticks: Women, Trade Unionists and Collective Organization Before 1918', in Angela V. John (ed.), *Unequal*

Field of Study', *International Organization*, 40(4), Autumn.

Rodkowsky, Mary (1984) 'Women and Development: A Survey of the Literature', in *Women in Development: A Resource Guide for Organization and Action* (Stockholm: ISIS).

Rogers, Barbara (1979) *The Domestication of Women: Discrimination in Developing Countries* (New York: St. Martin's Press).

Roy, Ramashray, R.B.J. Walker and Richard K. Ashley (1988) 'Dialogue: Towards a critical Social Theory of International Politics', *Alternatives*, 13.

Roy, Ramashray (1988) 'Limits of Genealogical Approach to International Politics', *Alternatives*, 13.

Ruddick, Sara (1983) 'Pacifying the Forces: Drafting Women in the Interests of Peace', *Signs*, 8(3).

Ruddick, Sara (1989) 'Mothers and Men's Wars', in Adrienne Harris and Ynestra King (eds), *Rocking the Ship of State: Toward a Feminist Peace Politics* (Boulder, Colo.: Westview Press).

Ruggie, John G. (1982) 'International Regimes, Transactions, and Change: Embedded Liberalism in the Postwar Economic Order', *International Organization*, 36(2), Spring.

Ruggie, John G. (1986) 'Continuity and Transformation in the World Polity: Toward a Neorealist Synthesis', in R.O. Keohane (ed.), *Neorealism and its Critics* (New York: Columbia University Press).

Runyan, Anne Sisson and V. Spike Peterson (1991) 'The Radical Future of Realism: Feminist Subversions of IR Theory', *Alternatives*, 16.

Rupp, Leila (1978) *Mobilizing Women for War* (Princeton: Princeton University Press).

Russell, Diana E.H. (1987) 'The Nuclear Mentality: An Outgrowth of the Masculine Mentality', *Atlantis*, 12(1).

Salkowski, Charlotte (1984) 'US may take abortion issue to world stage', *Christian Science Monitor*, June 22, p. 1.

Salkowski, Charlotte (1984) 'US position on population criticized', *Christian Science Monitor*, July 31, p. 3.

Scott, Joan Wallach (1983) 'The Modern Period', *Past and Present*, No. 101, November.

Scott, Joan Wallach (1987) 'Rewriting History', in M. Randolph Higonnet *et al.*, *Behind the Lines: Gender and the Two World Wars* (New Haven: Yale University Press).

* Scott, Joan W. (1988) *Gender and the Politics of History* (New York: Columbia University Press).

* Segal, Lynne (1987) *Is The Future Female*? (London: Virago Press).

Séguret, M.-C. (1981) 'Child-care Services for Working Parents', *International Labour Review*, 120(6).

Sen, Gita and Caren Grown (1986) *Development, Crises, and Alternative Visions: Third World Women's Perspectives* (New York: Monthly Review Press).

Shapiro, M.J. and James Der Derian (1989) *International/ Intertextual Relations: Postmodern Readings in World Politics* (Lexington, Mass.: Lexington Books).

Peterson, V. Spike (1992) 'Transgressing Boundaries: Theories of Knowledge, Gender and International Relations', *Millennium*, 21(2), pp. 183–206.

Peterson, V. Spike and Anne Sisson Runyan (1993) *Global Gender Issues* (Boulder: Westview Press).

Pettman, Jan Jindy (1996) *Worlding Women:a Feminist International Politics* (London: Routledge).

Phelan, Edward J. (1934) 'British Preparations', in James T. Shotwell (ed.), *The Origins of the International Labor Organization*, Vol. I (New York: Columbia University Press).

Picquenard, Charles (1934) 'French Preparations', in James T. Shotwell (ed.), *The Origins of the International Labor Organization*, Vol. I (New York: Columbia University Press).

Pierson, Ruth Roach (1986) *'They're Still Women After All': The Second World War and Canadian Womanhood* (Toronto: McClelland & Stewart).

Pierson, Ruth Roach (1987) *Women and Peace: Theoretical, Historical and Practical Perspectives* (London: Croom Helm).

Pilon, Debra (1986) 'The Politics of Planned Parenthood', *Horizons*, 4(1), January–February.

'Primary Study on Protective Measures', *Women at Work*, 1977, No. 2.

'Progress in Equal Pay Linked to General Status of Women and Men in Society', *Women at Work*, 1986, No. 2.

Rakusen, Jill (1981) 'Depo-Provera: the Extent of the Problem', in Helen Roberts, *Women, Health and Reproduction* (London: Routledge and Kegan Paul).

* Reardon, Betty A. (1985) *Sexism and the War System* (New York: Teachers College Press).

'Recommendation Concerning Equal Opportunities and Equal Treatment for Men and Women Workers: Workers with Family Responsibilities', *Women at Work*, 1982, No. 1.

Reed, James (1978) *From Private Vice to Public Virtue: The Birth Control Movement and American Society Since 1830* (New York: Basic Books).

Reinalda, Bob (1992) 'Women as Transnational Political Force in Europe', Paper prepared for Inaugural Pan-European Conference of the EPCR Standing Group on International Relations, Heidelberg, Germany, 16–20 September.

Rengger, N.J. (1988) 'Going Critical? A Response to Hoffman', *Millennium*, 17(1), Spring.

Rengger, N.J. (1988) 'Serpents and Doves in Classical International Theory', *Millennium*, 17(2), Summer.

Riegelman, Carol (1934) 'War-Time Trade-Union and Socialist Proposals', in James T. Shotwell (ed.), *The Origins of the International Labor Organization* Vol. I (New York: Columbia University Press).

'The Right to Work: Is it Equal for Women?', *Women at Work*, 1983, No. 1.

Robert, Marcel and Luigi Parmeggiani (1969). 'Fifty Years of International Collaboration in Occupational Safety and Health', *International Labour Review*, 99(1).

Rochester, Martin (1986) 'The Rise and Fall of International Organization as a

Development on its Own Ground', Paper Given at a Women's Studies Colloquium, August 9, Carleton University, Ottawa, Ontario.
Mueller, Adele (n.d.) 'Power and Naming in the Development Institution: Targeting Women in Peru'.
Murphy, Craig and Roger Tooze (1991). 'Getting Beyond the "Common Sense" of the IPE Orthodoxy', in Craig Murphy and Roger Tooze (eds), *The New International Political Economy* (Boulder, Co.: Lynne Rienner Publishers).
Murphy, Craig and Roger Tooze (eds) (1991) *The New International Political Economy* (Boulder, Co.: Lynne Rienner Publishers).
Nash, June and Maria Patricia Fernandez-Kelly (eds) (1983) *Women, Men and the International Division of Labor* (Albany: State University of New York Press).
Neufeld, Mark A. (1990) 'Toward the Restructuring of International Relations Theory', *Ph.D Dissertation*. Department of Political Science, Carleton University, Ottawa, Ontario, December.
Neufeld, Mark (1993) 'Interpretation and the "Science" of International Relations', *Review of International Studies*, 19, pp. 39–61.
Neufeld, Mark (1993) 'Reflexivity and International Relations Theory', *Millennium*, 22(1), pp. 53–76.
'New US Administration Reverses Restrictive Policies', *Forum*, Vol. IX, No. 1, 1993, p. 36.
O'Brien, Mary (1981) *The Politics of Reproduction* (Boston: Routledge and Kegan Paul).
'Official Documents', *Women at Work*, 1977, No. 1.
'The Open Door International and Maternity Protection', *International Labour Review*, 21(2), 1930.
Orton, Maureen Jessop and Ellen Rosenblatt (1986) *Adolescent Pregnancy in Ontario: Progress in Prevention*, Planned Parenthood Ontario, Report Number 2, February.
'PPE for Women: *Vive la Différence*!' *Occupational Health and Safety Canada*, 2(2), 1986.
PPFA (n.d.) *Highlights of the PPFA Issues Manual* (New York: PPFA).
Parmeggiani, L. (1982) 'State of the Art: Recent Legislation on Workers' Health and Safety', *International Labour Review*, 121(3), May–June.
Petchesky, Rosalind (1979) 'Workers, Reproductive Hazards and the Politics of Protection: An Introduction', *Feminist Studies*, 5(2), Summer.
Petchesky, Rosalind P. (1981) 'Antiabortion, Anti-feminism and the Rise of the New Right', *Feminist Studies*, 7(2), Summer.
Petchesky, Rosalind P. (1984) *Abortion and Woman's Choice: The State, Sexuality and Reproductive Freedom* (New York: Longman).
Peterson, V. Spike (1989) 'Clarification and Contestation: A Conference Report on Woman, the State and War: What Difference Does Gender Make?' (Los Angeles: University of Southern California Center for International Studies).
Peterson, V. Spike (ed.) (1992) *Gendered States: Feminist (Re)Visions of International Relations Theory* (Boulder, Co: Lynne Rienner Publishers).

Croom Helm).

McLaren, Angus and Arlene Tigar McLaren (1986) *The Bedroom and the State: The Changing Practices and Politics of Contraception and Abortion in Canada, 1880–1980* (Toronto: McClelland & Stewart).

McMahon, John (1966) 'The International Labour Organization', in Evan Luard (ed.), *The Evolution of International Organizations* (London: Thames and Hudson).

'Meeting of Experts from the ILO Committee on Women's Work', *International Labour Review*, 54(3–4), 1946.

Meyer, Mary K. and Elisabeth Prügl (eds) (1999) *Gender Politics in Global Governance* (Lanham, Md. : Rowman & Littlefield Publishers).

* Mies, Maria (1986) *Patriarchy and Accumulation on a World Scale: Women in the International Division of Labour* (London: Zed Books).

Milkman, Ruth (1987) *Gender at Work: The Dynamics of Job Segregation by Sex During World War II* (Chicago: University of Illinois Press).

Mitchell, C.R. (1984) 'World Society as Cobweb: States, Actors and Systemic Processes', in M. Banks (ed.), *Conflict in World Society* (Brighton: Wheatsheaf).

Mohanty, Chandra Talpade (1991) 'Cartographies of Struggle: Third World Women and the Politics of Feminism', in Chandra Talpade Mohanty, Ann Russo and Lourdes Torres (eds), *Third World Women and the Politics of Feminism* (Bloomington: Indiana University Press).

Mohanty, Chandra Talpade (1991) 'Under Western Eyes: Feminist Scholarship and Colonial Discourses', in Chandra Talpade Mohanty, Ann Russo and Lourdes Torres (eds), *Third World Women and the Politics of Feminism* (Bloomington: Indiana University Press).

Mohanty, Chandra Talpade, Ann Russo and Lourdes Torres (eds) (1991) *Third World Women and the Politics of Feminism* (Bloomington : Indiana University Press).

Montgomery, Charlotte (1986) 'Right-wing lobbyists worry feminist group about access to MPs', *The Globe and Mail*, May 31, p. A5.

Morgan, Patrick M. (1987) *Theories and Approaches to International Politics* (New Jersey: Transaction Books).

Morgan, Robin (1982) *The Anatomy of Freedom: Feminism, Physics and Global Politics* (New York: Anchor Press).

* Morgenthau, Hans J. (1978) *Politics Among Nations*, 5th Edition (New York: Alfred A. Knopf).

Morse, David A. (1969) *The Origin and Evolution of the ILO and its Role in the World Community* (Ithaca: Cornell University).

Morse, Edward L. (1976) 'The Westphalia System and Classical Statecraft', in E.L. Morse, *Modernization and the Transformation of Statecraft* (London: Macmillan).

Moynihan, Daniel Patrick (1960) 'The United States and the International Labor Organization, 1889–1934', *Ph.D Dissertation*. Fletcher School of Law and Diplomacy, Tufts University, Massachusetts, August 1.

Mueller, Adele (1989) '"In and Against Development": Feminists Confront

League of Nations).
Lewis, Jane (1980) *The Politics of Motherhood* (London: Croom Helm).
Lewis, Jane (1984) *Women in England, 1870–1950: Sexual Divisons and Social Change* (Sussex: Wheatsheaf Books).
Lewis, Jane (1986) 'The Working-Class Wife and Mother and State Intervention, 1870–1918', in Jane Lewis (ed.), *Labour and Love: Women's Experience of Home and Family, 1850–1914* (Oxford: Basil Blackwell).
Lijphart, Arend (1977) 'Comparative Politics and the Comparative Method', in Roy C. Macridis and Bernard E. Brown (eds), *Comparative Politics: Notes and Readings*, Fifth Edition (Homewood, Illinois: The Dorsey Press).
Lotherington, Ann Therese and Ann Britt Flemmen (1991) 'Negotiating Gender: The Case of the International Labour Organization', in Kristi Anne Stølen and Mariken Vaa (eds), *Gender and Change in Developing Countries* (Norwegian University Press).
Lovenduski, Joni (1981) 'Toward the Emasculation of Political Science: The Impact of Feminism', in Dale Spender (ed.), *Men's Studies Modified: The Impact of Feminism on the Academic Disciplines* (Oxford: Pergamon Press).
Lubin, Carol Riegelman and Anne Winslow (1990) *Social Justice for Women: The International Labor Organization and Women* (Durham: Duke University Press).
Lukes, Steven (1974) *Power: A Radical View* (London: Macmillan).
MacDonald, Eleanor M. (1990) 'The Political Limitations of Postmodern Theory', *Ph.D Dissertation*. Department of Political Science, York University, North York, Ontario, September.
* MacKinnon, Catharine A. (1987) *Feminism Unmodified: Discourses on Life and Law* (Cambridge: Harvard University Press).
Mahaim, Ernest (1934) 'The Historical and Social Importance of International Labor Legislation', in James T. Shotwell (ed.), *The Origins of the International Labor Organization*, Vol. I (New York: Columbia University Press).
Mahler, Halfdan (1989) 'IPPF: Turning Obstacles into Opportunities', *Address to the 1989 Members' Assembly*, 7–10 November, Ottawa, Canada.
Mainwaring, John (1986) *The International Labour Organization: A Canadian View* (Ottawa: Labour Canada).
'Making Peace', Special Edition of *Woman of Power*, Issue 10, Summer 1988.
Martin, Biddy and Chandra Talpade Mohanty (1986) 'Feminist Politics: What's Home Got to Do With It?', in T. de Lauretis (ed.), *Feminist Studies/Critical Studies* (Bloomington: Indiana University Press).
Mass, Bonnie (1982) 'An Historical Sketch of the American Population Control Movement', in V. Navarro (ed.), *Imperialism, Health and Medicine* (London: Pluto Press).
Mass, Bonnie (1976) *Population Target: The Political Economy of Population Control in Latin America* (Brampton, Ont.: Charters Publishing Co.).
'Maternity Protection: A Social Responsibility (ILO)', *Women at Work*, 1984, No. 2.
McAllister, Pam (ed.), (1982) *Reweaving the Web of Life: Feminism and Nonviolence* (Philadelphia: New Society Publishers).
McLaren, Angus (1978) *Birth Control in Nineteenth Century England* (London:

Academy (Chicago: University of Chicago Press).
Keohane, R.O. (1980) 'The Theory of Hegemonic Stability and Changes in International Economic Regimes, 1967–1977.' in O.R. Holsti *et al.* (eds), *Change in the International System* (Boulder, Col.: Westview Press).
* Keohane, Robert O. (1984) *After Hegemony: Cooperation and Discord in the World Political Economy* (Princeton: Princeton University Press).
Keohane, R.O. (1986) 'Theory of World Politics: Structural Realism and Beyond', in R.O. Keohane (ed.), *Neorealism and its Critics* (New York: Columbia University Press).
Keohane, Robert O. (1988) 'International Institutions: Two Approaches', *International Studies Quarterly*, 32.
Keohane, Robert O. (1989) 'International Relations Theory: Contributions of a Feminist Standpoint', *Millennium*, 18(2), Summer.
Keohane, R.O. (1986) *Neorealism and its Critics* (New York: Columbia University Press).
Kessler-Harris, Alice (1982) *Out to Work: A History of Wage Earning Women in the United States* (Oxford: Oxford University Press).
Keyman, Emin Fuat and Jean-François Rioux (1989) 'Beyond the Inter-Paradigm Debate: Four Perceptions of the "Crisis" in the Study of International Relations', Paper Presented at the Annual Meeting of the Canadian Political Science Association, Quebec City, June 1–3.
Klein, Bradley (1987) 'Strategic Discourse and its Alternatives', *Occasional Paper No. 3* (New York: Center on Violence and Human Survival).
Klein, Bradley (1988) 'After Strategy: The Search for a Post-Modern Politics of Peace', *Alternatives*, 12.
Krasner, Stephen (1983) 'Structural Causes and Regime Consequences: Regimes as Intervening Variables', in S. Krasner (ed.), *International Regimes* (Ithaca: Cornell University Press).
Kratchowil, F. and J.G. Ruggie (1986) 'International Organization: A State of the Art on an Art of the State', *International Organization*, 40(4), Autumn.
Krippendorf, Ekkehart (1987) 'The Dominance of American Approaches in International Relations', *Millennium*, 16(2).
Kristeva, Julia (1981) 'Woman Can Never Be Defined', in Elaine Marks and Isabelle de Courtivron (eds), *New French Feminisms* (New York: Schocken).
Kristeva, Julia (1981) 'Oscillation Between Power and Denial', in Elaine Marks and Isabelle de Courtivron (eds), *New French Feminisms* (New York: Schocken).
Laffey, Mark A. (1992) 'Ideology and the Limits of Gramscian Theory in International Relations', Paper Presented at the Annual Meetings of the International Studies Association, April 1–4, Atlanta, USA.
Lapid, Yosef (1989) 'The Third Debate: On the Prospects of International Theory in a Post-Positivist Era', *International Studies Quarterly*, 33.
Laska, Vera (1983) *Women in the Resistance and the Holocaust: The Voice of Emptiness* (Westport, Conn.: Greenwood Press).
League of Nations (1938) *Handbook of International Organisations* (Geneva:

IPPF/WHR (1985) Internal Memo to all FPA Presidents from Central Executive Committee, January 8.

IPPF/WHR (n.d.) *We Hold Up Half The Sky: Technical Assistance to Women in Development Programs of Selected Family Planning Associations of the International Planned Parenthood Federation Western Hemisphere Region, Inc.* (New York: IPPF/WHR).

Jacobson, Harold K. (1984) *Networks of Interdependence: International Organizations and the Global Political System*, 2nd Edition (New York: Alfred A. Knopf).

Jaggar, Alison M. (1983) *Feminist Politics and Human Nature* (Sussex: The Harvester Press).

Jenson, Jane (1986) 'Gender and Reproduction: Or, Babies and the State', *Studies in Political Economy*, 20, Summer.

Jenson, Jane (1987) 'Changing Discourse, Changing Agendas: Political Rights and Reproductive Policies in France', in M. Katzenstein and C. Mueller (eds), *The Women's Movement in Western Europe and the USA: Consciousness, Political Opportunity and Public Policy* (Philadelphia: Temple University Press).

Jenson, Jane (1989) 'Paradigms and Political Discourse: Protective Legislation in France and the USA Before 1914', *Canadian Journal of Political Science*, 22(2).

Jenson, Jane (1989) 'The Talents of Women, the Skills of Men: Flexible Specialisation and Women', in Stephen Wood (ed.), *The Transformation of Work* (London: Unwin Hyman).

Jenson, Jane (1990) 'Different but not Exceptional: The Feminism of Permeable Fordism', *New Left Review*, 184, November–December.

John, Angela V. (1986) 'Introduction', in Angela V. John, *Unequal Opportunities: Women's Employment in England 1800–1918* (Oxford: Basil Blackwell).

* Johnston, G.A. (1970) *The International Labour Organisation: Its Work for Social and Economic Progress* (London: Europa Publications).

Jones, Lynne (ed.) (1983) *Keeping the Peace: A Women's Peace Handbook* (London: The Women's Press).

Kardam, Nüket (1987) 'Social Theory and Women in Development Policy', *Women and Politics*, 7(4), Winter.

Keat, Russell and John Urry (1975) *Social Theory as Science* (London: Routledge and Kegan Paul).

Keenes, Ernie, Gregg Legare and Jean-François Rioux (1987) 'The Reconstruction of Neo-Realism from Counter-Hegemonic Discourse', *Carleton University Occasional Papers*, No. 14, Spring.

Keller, Bill (1984) 'US policy on abortion: a likely target named', *The New York Times*, July 14.

Kennedy, David M. (1970) *Birth Control in America: The Career of Margaret Sanger* (New Haven: Yale University Press).

Keohane, Nannerl O. (1981) 'Speaking From Silence: Women and the Science of Politics', in E. Langland and W. Gove (eds), *A Feminist Perspective in the*

'Injectable contraceptive drug gets approval for use in US', *The Toronto Star*, October 30, 1991, p. A2.
'The International Labour Organisation Since the War', *International Labour Review*, 67(2), 1953.
Interviews (1989) Current and Former IPPF Staff, November 6–10.
IPPF (1980) *Planned Parenthood and Women's Development: An Analysis of Experience* (London: IPPF).
IPPF (1981) 'The Process of Policy Formulation Within the IPPF', *IPPF Fact Sheet* (London: IPPF).
IPPF (1982) *Planned Parenthood and Women's Development: Lessons from the Field* (London: IPPF).
IPPF (1982) *Planned Parenthood – Women's Development – The Evaluation of an IPPF Strategy* (London: IPPF).
IPPF (1982) *Report of the Programme Committee Meeting*, June 4–6 (London: IPPF).
IPPF (1982) *A Review of the IPPF Programming Process* (London: IPPF).
IPPF (1983) *1952–1982, Report by the Secretary-General to the Central Council* (London: IPPF).
IPPF (1983) *Analysis of 1982 FPA Annual Reports* (London: IPPF).
IPPF (1984) *Male Involvement in Family Planning: Programme Initiatives* (London: IPPF).
IPPF (1984) *The Human Right to Family Planning: Report of the Working Group on the Promotion of Family Planning as a Basic Human Right* (London: IPPF).
IPPF (1984) *Male Involvement in Family Planning: Report on an IPPF Staff Consultation* (London: IPPF).
IPPF (1984) *IPPF in Action* (London: IPPF).
IPPF (1986) *Family Planning and the Health of Women and Children: A Report of a Meeting of the IPPF International Medical Advisory Panel and the IPPF Programme Committee* (London: IPPF).
IPPF (n.d.) *IPPF Issues Manual* (London: IPPF), (c. 1987–88).
IPPF (1987) *Annual Report Supplement, 1986–1987* (London: IPPF).
IPPF (1987) *Family Planning in a Changing World* (London: IPPF).
IPPF (1989) 'Pro-Choice is Pro-Family is Pro-Women is Pro-Life', *IPPF Press Release*, Ottawa, November 7.
IPPF (1989) *Male Involvement in Planned Parenthood: Global Review and Strategies for Programme Development* (London: IPPF).
IPPF (1989) *Harare Declaration on Family Planning for Life*, October 6 (Harare, Zimbabwe: IPPF).
IPPF (1989) *IPPF Three Year Plan, 1991–1993*, Draft Copy (Ottawa: IPPF).
IPPF (1993) *1992–93* Annual Report (London: IPPF).
IPPF (1993) *Meeting Challenges: Promoting Choices, A Report on the 40th Anniversary IPPF Family Planning Congress, New Delhi, India* (Carnforth: The Parthenon Publishing Group).
IPPF (1993) *Vision 2000 – Strategic Plan* (London: IPPF).

Hoffmann, Stanley (1977) 'An American Social Science: International Relations', *Daedalus*, 106(3).
Holsti, K.J. (1985) *The Dividing Discipline: Hegemony and Diversity in International Theory*, (Boston: Allen and Unwin).
Honey, Maureen (1984) *Creating Rosie the Riveter: Class, Gender and Propaganda During World War II* (Amherst: University of Massachusetts Press).
Hunt, Vilma R. (1979) 'A Brief History of Women Workers and Hazards in the Workplace', *Feminist Studies*, 5(2), Summer.
Hybel, Alex Roberto and Thomas Jacobsen (1989) 'Is There a Realist Tradition? Thucydides, Machiavelli, and Hobbes Revisited', Paper Presented at the International Studies Association Annual Meeting, London, March 29 to April 2.
ILO (1948) *Partial Revision of the Convention (No. 4) Employment of Women During the Night (1919) and Convention (No. 41) Concerning Employment of Women During the Night (revised 1934)*, International Labour Conference, 31st Session, Report IX.
ILO (1950) *Equal Remuneration for Men and Women Workers for Work of Equal Value*. International Labour Conference 33rd Session, Report V(1).
ILO (1950) *Equal Remuneration for Men and Women Workers for Work of Equal Value*. International Labour Conference 33rd Session, Report V(2).
ILO (1951) *Equal Remuneration for Men and Women Workers for Work of Equal Value*. International Labour Conference 34th Session, Report VII(2).
ILO (1980) *Standards and Policy Statements of Special Interest to Women Workers* (Geneva: ILO).
ILO (1980) *Equal Opportunities and Equal Treatment for Men and Women Workers: Workers With Family Responsibilities*, International Labour Conference, 66th Session, Report VI (1).
ILO (1980) *Equal Opportunities and Equal Treatment for Men and Women Workers: Workers With Family Responsibilities*, International Labour Conference, 66th Session, Report VI (2).
ILO (1985) *Equal Opportunities and Equal Treatment for Men and Women in Employment*, International Labour Conference, 71st Session, Report VII.
ILO (1986) *Equal Remuneration: General Survey of the Reports on the Equal Remuneration Convention (No. 100) and Recommendation (No. 90) 1951*, Report III (Part 4B), International Labour Conference, 72nd Session.
ILO (1989) *Special Protective Measures for Women and Equality of Opportunity and Treatment* (Geneva: ILO).
'ILC Will Discuss Women Workers' Questions in 1985'. *Women at Work*, 1984, No. 1.
'ILO Activities for the 1988–89 Biennium', *Women at Work*, 1987, No. 2.
'ILO Activities: Report on the Employment of Women with Family Responsibilities', *Women at Work*, 1978, No. 1.
'The ILO Chooses an Interdepartmental Approach', *World of Work*, No. 2, February 1993.
'The ILO on Family Responsibilities', *Women at Work*, 1985, No. 1.
'ILO Survey on Working Mothers', *Women at Work*, 1985, No. 1.
'ILO Instrument on Equality of Remuneration', *Women at Work*, 1984, No. 1.

Feminization of the Labor Force: Paradoxes and Promises (Oxford: Polity Press).

Haggard, S. and B.A. Simmons (1987) 'Theories of International Regimes', *International Organization*, 41(3), Summer.

Hall, Ruth (1977) *Marie Stopes* (London: André Deutsch).

* Halliday, Fred (1983) *The Making of the Second Cold War* (London: Verso).

Halliday, Fred (1987) 'State and Society in International Relations: A Second Agenda', *Millennium*, 16(2), Summer.

Halliday, Fred (1988) 'Hidden From International Relations: Women and the International Arena', *Millennium*, 17(3), Winter.

Harding, Sandra (1986) 'The Instability of the Analytical Categories of Feminist Theory', *Signs*, 11(4), Summer.

Harding, Sandra (1986) *The Science Question in Feminism* (Ithaca: Cornell University Press).

Harding, Sandra (1987) 'Is There a Feminist Method?', in S. Harding (ed.), *Feminism and Methodology* (Bloomington: Indiana University Press).

Harford, Barbara and Sarah Hopkins (1984) *Greenham Common: Women at the Wire* (London: The Women's Press).

Hartmann, Betsy (1987) *Reproductive Rights and Wrongs: The Global Politics of Population Control and Contraceptive Choice* (New York: Harper and Row Publishers).

Hawkesworth, Mary E. (1989) 'Knowers, Knowing, Known: Feminist Theory and Claims of Truth', *Signs*, 14(3), Spring.

Hekman, Susan (1987) 'The Feminization of Epistemology: Gender and the Social Sciences', *Women and Politics*, 7(3), Fall.

Higgott, Richard (1991) 'Toward a Nonhegemonic IPE: An Antipodean Perspective', in Craig Murphy and Roger Tooze (eds), *The New International Political Economy* (Boulder, Co.: Lynne Rienner Publishers).

Higonnet, Margaret Randolph and Patrice L.-R. Higonnet (1987) 'The Double Helix', in Higonnet, Margaret Randolph, Jane Jenson, Sonya Michel and Margaret Collins Weitz (eds), *Behind the Lines: Gender and the Two World Wars* (New Haven: Yale University Press).

Higonnet, Margaret Randolph, Jane Jenson, Sonya Michel and Margaret Collins Weitz (eds) (1987) *Behind the Lines: Gender and the Two World Wars* (New Haven: Yale University Press).

Hill, Ann Corinne (1979) 'Protection of Women Workers and the Courts: A Legal Case History', *Feminist Studies*, 5(2), Summer.

Hilts, Philip P. (1984) 'Population delegates alter course', *The Washington Post*, July 25.

Hilts, Philip P. (1984) 'Foes rap Reagan policy on population control', *The Washington Post*, July 26.

* Hobsbawm, E.J. (1969) *Industry and Empire* (London: Penguin Books).

Hoffman, Mark (1987) 'Critical Theory and the Inter-Paradigm Debate', *Millennium*, 16(2), Summer.

Hoffman, Mark (1988) 'Conversations on Critical International Relations Theory', *Millennium*, 17(1), Spring.

Johns Hopkins University Press).
Gill, Stephen (1991) 'Reflections on Global Order and Sociohistorical Time', *Alternatives*, No. 16, pp. 275–314.
Gill, Stephen (ed.), *Gramsci, Historical Materialism and International Relations* (Cambridge: Cambridge University Press).
Gill, Stephen (1993) 'Gramsci and Global Politics: Towards a Post-Hegemonic Research Agenda', in Stephen Gill (ed.), *Gramsci, Historical Materialism and International Relations* (Cambridge: Cambridge University Press).
Gill, Stephen (1993) 'Epistemology, Ontology, and the "Italian School"', in Stephen Gill (ed.) *Gramsci, Historical Materialism and International Relations* (Cambridge: Cambridge University Press).
Gilpin, Robert. 'The Richness of the Tradition of Political Realism', in R.O. Keohane (ed.), *Neorealism and its Critics* (New York: Columbia University Press).
* Gilpin, Robert (1987) *The Political Economy of International Relations* (Princeton, New Jersey: Princeton University Press).
Gluck, Sherna Berger (1987) *Rosie the Riveter Revisited: Women, the War and Social Change* (New York: New American Library).
Goetz, Anne Marie (1988) 'Feminism and the Claim to Know: Contradictions in the Feminist Approach to Women in Development', *Millennium*, 17(3), Winter.
Gold, Richard Benson and Peters D. Willson (1980) 'Depo-Provera: New Developments in a Decade-Old Controversy', *International Family Planning Perspectives*, 6(4), December.
Gordon, Linda (1976) *Woman's Body, Woman's Right: A Social History of Birth Control in America* (London: Penguin Books).
Gordon, Linda (1979) 'The Struggle for Reproductive Freedom: Three Stages of Feminism', in Zillah Eisenstein (ed.), *Capitalist Patriarchy and the Case for Socialist Feminism* (New York: Monthly Review Press).
Gordon, Linda (1990) *Woman's Body, Woman's Right: Birth Control in America*, Second Edition (New York: Penguin Books).
Gourevitch, Peter (1986) *Politics in Hard Times: Comparative Responses to International Economic Crises* (Ithaca: Cornell University Press).
Grant, Judith (1987) 'I Feel Therefore I Am: A Critique of Female Experience as the Basis for a Feminist Epistemology', *Women and Politics*, 7(3).
'The Great Population Debate'. Editorial. *International Family Planning Perspectives*, 9(4), December 1983.
Greer, Germaine (1984) *Sex and Destiny* (London: Secker and Warburg).
Grewal, Inderpal and Caren Kaplan (eds) (1994) *Scattered Hegemonies: Postmodernity and Transnational Feminist Practices* (Minneapolis : University of Minnesota Press).
Haas, Ernst B. (1986) *Beyond the Nation-State: Functionalism and International Organization* (Stanford, California: Stanford University Press).
Hacker, Burton (1981) 'Women and Military Institutions in Early Modern Europe: A Reconnaissance', *Signs*, 6(4), Summer.
Hagen, Elisabeth and Jane Jenson (1988) 'Paradoxes and Promises: Work and Politics in the Postwar Years', in Jane Jenson, Elisabeth Hagen and Cellaigh Reddy (eds),

Falk, Richard (1983) *The End of World Order* (New York: Holmes and Meier Publishers).
'Family planning under assault', (1985) *The Washington Post*, April 12, p. A24.
Fay, Brian (1975) *Social Theory and Political Practice* (London: George Allen and Unwin).
Feld, Werner J. and Robert S. Jordan (1983) *International Organizations: A Comparative Approach* (New York: Praeger Publishers).
Ferguson, Kathy E. (1987) 'Male-Ordered Politics: Feminism and Political Science', in Terence Ball (ed.), *Idioms of Inquiry* (Albany: SUNY Press).
'Final Texts of the Labor Section', in James T. Shotwell (ed.) (1934) *The Origins of the International Labor Organization*, Vol. I (New York: Columbia University Press).
Flax, Jane (1990) 'Postmodernism and Gender Relations in Feminist Theory', in Linda J. Nicholson (ed.), *Feminism/Postmodernism* (New York: Routledge).
* Foucault, Michel (1983) 'Why Study Power?: The Question of the Subject', in H.L. Dreyfus and P. Rabinow (eds), *Beyond Structuralism and Hermeneutics: Michel Foucault* (Chicago: University of Chicago Press).
Frager, Ruth (1983) 'No Proper Deal: Women Workers in the Canadian Labour Movement 1870–1940', in L. Briskin and L. Yanz (eds), *Union Sisters: Women in the Labour Movement* (Toronto: The Women's Press).
Fraser, Nancy (1987) 'What's Critical About Critical Theory? The Case of Habermas and Gender', in S. Benhabib and D. Cornell (eds), *Feminism as Critique* (Minneapolis: University of Minnesota Press).
Fraser, Nancy and Linda J. Nicholson (1990) 'Social Criticism Without Philosophy: An Encounter Between Feminism and Postmodernism', in Linda J. Nicholson (ed.), *Feminism/Postmodernism* (New York: Routledge, Chapman and Hall).
'Free market as contraceptive', Editorial, *The New York Times*, June 21, 1984.
Fuss, Henri (1935) 'Unemployment and Employment Among Women', *International Labour Review*, 31(4).
'Future Trends and perspectives for ILO Action on Women Workers', *Women at Work*, 1987, No. 2.
Gailey, Phil 'White House urged not to bar aid to countries supporting abortion', *The New York Times*. June 20, 1984, p. A10.
Galenson, Walter (1981) *The International Labor Organization: An American View* (Wisconsin: University of Wisconsin Press).
Garst, Daniel (1989) 'Thucydides and Neorealism', *International Studies Quarterly*, 33(3).
George, Alexander, David K. Hall and William E. Simons (1971) *The Limits of Coercive Diplomacy: Laos, Cuba, Vietnam* (Boston: Little, Brown and Company).
George, Alexander and Richard Smoke (1974) *Deterrence in American Foreign Policy: Theory and Practice* (New York: Columbia University Press).
George, Jim (1989) 'International Relations and the Search for Thinking Space: Another View of the Third Debate', *International Studies Quarterly*, 33.
* Giddens, Anthony (1979) *Central Problems in Social Theory* (London: Macmillan).
Gill, Stephen and David Law (1988) *The Global Political Economy* (Baltimore:

Groom (eds), *International Relations: A Handbook of Current Theory* (London: Frances Pinter).

Delevingne, Sir Malcolm (1934) 'The Pre-War History of International Labor Legislation', in James T. Shotwell (ed.), *The Origins of the International Labor Organization*, Vol. I (New York: Columbia University Press).

Delmar, Rosalind (1986) 'What is Feminism?', in Juliet Mitchell and Ann Oakley (eds), *What is Feminism?* (New York: Pantheon Books).

Dennis, Frances (1987) *The Tokyo Experience: A Roving Reporter at the 1986 Members' Assembly* (IPPF: London).

Der Derian, James (1988) 'Introducing Philosophical Traditions in International Relations', *Millennium*, 17(2), Summer.

Dickenson, James R. (1984) 'International group loses US family planning funds', *The Washington Post*, December 13, p. A12.

Dubinsky, Karen (1985) 'Lament for a "Patriarchy Lost"? Anti-Feminism, Anti-Abortion and R.E.A.L. Women in Canada', *Feminist Perspectives*, March.

* Easlea, Brian (1983) *Fathering the Unthinkable: Masculinity, Scientists and the Nuclear Arms Race* (London: Pluto Press).

Eckstein, Harry (1963) 'A Perspective on Comparative Politics, Past and Present', in Harry Eckstein and David E. Apter (eds), *Comparative Politics: A Reader* (New York: The Free Press).

Eisenstein, Sarah (1983) *Give Us Bread But Give Us Roses: Working Women's Consciousness in the United States, 1890 to the First World War* (London: Routledge and Kegan Paul).

Eisenstein, Zillah (1984) *Feminism and Sexual Equality* (New York: Monthly Review Press).

Eisenstein, Zillah R. (1988) *The Female Body and the Law* (Berkeley: University of California Press).

Elshtain, Jean Bethke (1982) 'On Beautiful Souls, Just Warriors and Feminist Consciousness', *Women's Studies International Forum*, 5(3/4).

Elshtain, Jean Bethke (1985) 'Reflections on War and Political Discourse: Realism, Just War and Feminism in a Nuclear Age', *Political Theory*, 13(1), February.

* Elshtain, Jean Bethke (1987) *Women and War* (New York: Basic Books).

Elshtain, Jean Bethke (1989) 'Feminist Themes and International Relations Discourse', Paper Presented at the International Studies Association Annual Meeting, London, March 29 to April 2.

* Enloe, Cynthia (1983) *Does Khaki Become You? The Militarization of Women's Lives* (London: Pluto Press).

Enloe, Cynthia (1989) *Bananas, Beaches and Bases: Making Feminist Sense of International Politics* (London: Pandora).

Enloe, Cynthia (1993) *The Morning After: Sexual Politics at the End of the Cold War* (Berkeley: University of California Press).

'Enhancing the Role of Women: Orientation Session for IPPF/WHR Female Representatives in IPPF Members' (1993) Assembly', *Forum*, Vol. IX, No. 1, May, p. 29.

Kansas: MA/AH Publishing).
Cottam, K.J. (Ed. and Trans.) (1983) *The Golden-Tressed Soldier* (Manhattan, Kansas: MA/AH Publishing).
Cox, Robert W. and H. K. Jacobson (1974) *The Anatomy of Influence : Decision Making in International Organization* (New Haven : Yale University Press).
Cox, Robert W. (1974) 'ILO: Limited Monarchy', in R.W. Cox and H.K. Jacobson (eds), *The Anatomy of Influence: Decision Making in International Organization* (New Haven: Yale University Press).
Cox, Robert W. (1977) 'Labor and Hegemony', *International Organization*, 31(3), Summer.
Cox, Robert W. (1979) 'Production and Hegemony: An Approach Towards a Problematic', Paper Presented at the IPSA Congress, Moscow, 12–18 August.
Cox, R.W. (1979) 'Ideologies and the New International Economic Order', *International Organization*, 33.
Cox, Robert W. (1980) 'Labor and Hegemony: A Reply', *International Organization*, 34(1), Winter.
Cox, Robert W. (1980) 'The Crisis of World Order and the Problem of International Organization in the 1980s', *International Journal*, 35(2), Spring.
* Cox, R.W. (1981) 'Social Forces, States and World Orders: Beyond International Relations Theory', *Millennium*, 10(2), Summer.
Cox, R.W. (1983) 'Gramsci, Hegemony and International Relations: An Essay in Method', *Millennium*, 12(2), Summer.
Cox, Robert W. (1986) 'Social Forces, States and World Orders: Beyond International Relations Theory', in R.O. Keohane (ed.), *Neorealism and its Critics* (New York: Columbia University Press).
Cox, Robert W. (1986) 'Postscript', in R.O. Keohane (ed.), *Neorealism and its Critics.* (New York: Columbia University Press).
Cox, Robert W. (1987) *Production, Power and World Order: Social Forces in the Making of History* (New York: Columbia University Press).
Cox, Robert W. (1992) 'Multilateralism and World Order', *Review of International Studies*, 18, pp. 161–80.
Crane, George and Abla Amawi (1991) *The Theoretical Evolution of International Political Economy* (New York: Oxford University Press).
Dahlerup, Drude (ed.) (1986) *The New Women's Movement: Feminism and Political Power in Europe and the USA* (London: Sage Publications).
David, Henry P. (1982) 'Incentives, Reproductive Behaviour and Integrated Community Development in Asia', *Studies in Family Planning*, 13(5), May.
Davies, Ross (1975) *Women and Work* (London: Hutchinson).
de Lauretis, Teresa (1986) 'Feminist Studies/Critical Studies: Issues, Terms and Contexts', in T. de Lauretis (ed.), *Feminist Studies/Critical Studies* (Bloomington: Indiana University Press).
de Rueck, A.V.S. (1985) 'A Personal Synthesis', in M. Light and A.J.R. Groom (eds), *International Relations: A Handbook of Current Theory* (London: Frances Pinter).
de Rueck, A.V.S. (1985) 'Power, Influence and Authority', in M. Light and A.J.R.

(Oxford: Basil Blackwell).

Brown, Chris (1981) 'International Theory: New Directions?', *Review of International Studies*, 7.

Brown, Sarah (1988) 'Feminism, International Theory and International Relations of Gender Inequality', *Millennium*, 17(3), Winter.

* Bunkle, Phillida (1984) 'Calling the Shots? The International Politics of Depo-Provera', in R. Ardetti, R. Duelli Klein and S. Minden (eds), *Test-Tube Women: What Future for Motherhood?* (London: Pandora Press).

Burton, John W. (1984) *Global Conflict: The Domestic Sources of International Crisis* (Sussex: Wheatsheaf Books).

Burton, John W. (1985) 'World Society and Human Needs', in M. Light and A.J.R. Groom (eds), *International Relations: A Handbook of Current Theory* (London: Frances Pinter).

Burton, J.W. (1986) 'The Procedures of Conflict Resolution', in E.E. Azar and J.W. Burton (eds), *International Conflict Resolution: Theory and Practice* (Sussex: Wheatsheaf Books).

Butler, Harold B. (1934) 'The Washington Conference', in James T. Shotwell (ed.), *The Origins of the International Labor Organization*, Vol. I (New York: Columbia University Press).

Carlos, Arturo C. (1984) 'Male Involvement in Family Planning: Trends and Directions', in *Male Involvement in Family Planning: Programme Initiatives* (IPPF: London).

Caron, Lucille G. (1986) 'A Question of Basic Human Rights', *Women at Work*, No. 2.

* Carr, E.H. (1966) [1946] *The Twenty Years' Crisis, 1919–1939* (New York: St. Martin's Press).

Carroll, Berenice A. (1972) 'Peace Research: The Cult of Power', *Conflict Resolution*, 16(4).

'Child Care Facilities for Women Workers', *International Labour Review*, 78(1).

Chowdhry, Geeta (forthcoming) 'Women and the International Political Economy', in Francine D'Amico and Peter Beckman (eds), *Women and World Politics* (Conn: Bergin and Garvey).

Cohn, Carol (1987) 'Sex and Death in the Rational World of Defense Intellectuals', *Signs*, 12(4).

Cohn, Carol (1989) 'Emasculating America's Linguistic Deterrent', in Adrienne Harris and Ynestra King (eds), *Rocking the Ship of State: Toward a Feminist Peace Politics* (Boulder, Colo.: Westview Press).

Cooke, Miriam and Angela Woollacott (eds) (1993) *Gendering War Talk* (New Jersey: Princeton University Press).

Coopers and Lybrand Associates (1986) *Renewing the IPPF Secretariat* (London: IPPF).

Coote, Anna and Beatrix Campbell (1987) *Sweet Freedom*, Second Edition. (Oxford: Basil Blackwell).

Cottam, K.J. (1983) *Soviet Airwomen in Combat in World War II* (Manhattan,

Labor Force: Paradoxes and Promises (Oxford: Polity Press).
Bandarage, Asoka (1984) 'Women in Development: Liberalism, Marxism and Marxist-Feminism', *Development and Change*, 15.
Banks, Michael (1985) 'The Inter-Paradigm Debate', in M. Light and A.J.R. Groom (eds), *International Relations: A Handbook of Current Theory* (London: Frances Pinter).
Barlow, Maude and Shannon Selin (1987) 'Women and Arms Control in Canada', *Issue Brief No. 8*, Canadian Centre for Arms Control and Disarmament, October.
Barrett, Michele (1987) 'The Concept of "Difference"', *Feminist Review*, 26, July.
Barroso, Carmen and Cristina Bruschini (1991) 'Building Politics From Personal Lives: Discussions on Sexuality Among Poor Women in Brazil', in Chandra Talpade Mohanty, Ann Russo and Lourdes Torres (eds), *Third World Women and the Politics of Feminism* (Bloomington: Indiana University Press).
Becker, Susan (1981) *The Origins of the Equal Rights Amendment: American Feminism Between the Wars* (Westport, Conn.: Greenwood Press).
Bell, Carolyn (1979) 'Implementing Safety and Health Regulations for Women in the Workplace', *Feminist Studies*, 5(2), Summer.
Beneria, Lourdes and Gita Sen (1981) 'Accumulation, Reproduction, and Women's Role in Economic Development: Boserup Revisited', *Signs*, 7(2).
Benhabib, S. and D. Cornell (eds) *Feminism as Critique* (Minneapolis: University of Minnesota Press, 1987).
Berkin, Carol R. and Clara M. Lovett (1980) *Women, War and Revolution* (New York: Holmes and Meier Publishers).
Blakeslee, Sandra (1991) 'Fathers linked to child defects', *The Globe and Mail*, January 1, p. A1.
Boserup, Ester (1970) *Women's Role in Economic Development* (London: George Allen and Unwin).
Boulding, Elise (1977) *Women in the Twentieth Century World* (New York: Sage Publications).
Bourque, Susan C. and Jean Grossholtz (1974) 'Politics an Unnatural Practice: Political Science Looks at Female Participation', *Politics and Society*, 4(2), Winter.
Braybon, Gail (1981) *Women Workers in the First World War: The British Experience* (London: Croom Helm).
* Bridenthal, Renate *et al.* (1984) *When Biology Became Destiny: Women in Weimar and Nazi Germany* (New York: Monthly Review Press).
Brocas, Anne-Marie, Anne-Marie Cailloux and Virginie Oget (1990) *Women and Social Security: Progress Towards Equality of Treatment* (Geneva: ILO).
Brock-Utne, Brigit (1985) *Educating for Peace: A Feminist Perspective* (New York: Pergamon Press).
Brodie, Janine (1985) *Women and Politics in Canada* (Toronto: McGraw-Hill Ryerson).
Brookes, Barbara (1986) 'Women and Reproduction, 1860–1939', in Jane Lewis (ed.), *Labour and Love: Women's Experience of Home and Family, 1850–1914*

参考文献（欧文）

（＊を付した文献は「参考文献（和文）」に日本語訳の情報を掲載）

Abrams, Philip (1982) *Historical Sociology* (Ithaca, New York: Cornell University Press).

Ahooja-Patel, Krishna (1981) 'Work and Family: The New ILO Norms', *Women at Work*, No. 2.

Alcock, Anthony (1971) *History of the International Labour Organisation* (London: Macmillan).

Alcoff, Linda (1988) 'Cultural Feminism Versus Post-Structuralism:The Identity Crisis in Feminist Theory', *Signs*, 13 (3).

Anderson, Mary and Mary N. Winslow (1951) *Woman at Work* (Minneapolis: University of Minnesota Press).

'Apprenticeship of Women and Girls, The'. *International Labour Review*, 72(4). (1965)

Ashley, Richard K. (1981) 'Political Realism and Human Interests'. *International Studies Quarterly*, 25(2), June.

Ashley, Richard K. (1986) 'The Poverty of Neorealism', in R. O. Keohane (ed.), *Neorealism and its Critics* (New York : Columbia University Press).

Ashley, Richard K. (1987) 'The Geopolitics of Geopolitical Space: Toward a Critical Social Theory of International Politics', *Alternatives*, 12.

Ashley, Richard K. (1988) 'Untying the Sovereign State: A Double Reading of the Anarchy Problematique', *Millennium*, 17(2), Summer.

Ashley, Richard K. (1988) 'Geopolitics, Supplementary, Criticism: A Reply to Professors Roy and Walker', *Alternatives*, 13.

Ashley, Richard (1989) 'Living on Border Lines: Man, Poststructuralism and War', in J. Der Derian and M.J. Shapiro (eds), *International/Intertextual Relations: Postmodern Readings of World Politics* (Lexington, Mass.: Lexington Books).

Azar, Edward E. and John W. Burton (1986) 'Lessons for Great Power Relations', in E.E. Azar and J.W. Burton (eds), *International Conflict Resolution: Theory and Practice* (Sussex: Wheatsheaf Books).

Baers, Maria (1954) 'Women Workers and Home Responsibilities', *International Labour Review*, 69(4).

Bakan, Abigail (1990) 'Whither Woman's Place? A Reconsideration of Units of Analysis in International Political Economy', Paper Presented at the Annual Meetings of the Canadian Political Science Association, Victoria, British Columbia, May.

Bakker, Isabella (1988) 'Women's Employment in Comparative Perspective', in Jane Jenson, Elisabeth Hagen and Cellaigh Reddy (eds), *Feminization of the*

解説　「批判理論」フェミニズム国際関係論の登場とその役割

羽後　静子

二〇世紀は、さまざまなイデオロギーの解体の時代であった。その中でも男性中心主義を標榜する家父長制イデオロギーは、最も解体が困難なイデオロギーであろう。国際関係論の領域において長い間ジェンダーが不可視化されてきたのは、「女性不在」なのではなく、グラムシ的な意味のヘゲモニー闘争において、家父長制イデオロギーによって政治的にジェンダーが不可視化されつづけてきたのである。国際関係論において、ジェンダー不可視化の過程とその構造を分析したのが本書であり、グラムシ‐コックス的アプローチの「批判理論」フェミニズム国際関係論である。

本書は、サンドラ・ウィットワース（Sandra Whitworth）ヨーク大学政治学部助教授の *Feminism and International Relations : Towards a Political Economy on Gender in Interstate and Non-Governmental Institutions*（Houndmills : Macmillan, 1997）の全訳である。著者は、国際政治経済研究において、新現実主義に対抗するオルタナティヴな理論として「批判理論」を確立し、従来の国際政治経済研究に対して新しい学問的地平を切り開いたロバート・コックス、ヨーク大学名誉教授の弟子でもあり、フェミニスト研究者としても知られている。

本書は、国際政治経済研究のジェンダー的分析に関する入門書として書かれている。原書が出版されて以来、国際政治経済研究、国際関係学界においてウィットワース助教授は、「批判理論」フェミニスト研究者として高く評価されている。なお、国際政治経済学者として日本でもよく知られているロバート・コックス名誉教授やスティーブン・ギル教授も、ウィットワース助教授と同じカナダのトロントにあるヨーク大学政治学部で教鞭をとられている。


本書の構成は、五章からなり、第一章、第二章、第三章が理論的分析、第四章、第五章が事例研究である。これらの章は、さまざまな角度からジェンダーと国際関係との諸関係を論じている。本書においてジェンダーの諸関係とは、互いに相関しあう諸部分によって構成されるとともにそれらの諸部分を通じて構成される複合的かつ不安定な諸過程を言い、これらの諸部分は相互依存的なものである。すなわち、それぞれの部分は、それ以外の諸部分なくしては、いかなる意味も持てないか、あるいは、存在できないものなのである。このように定義されるジェンダーは、国家や国際組織、国際制度の政策形成過程において形成される、と言うことができる。この形成過程における活動は、特定の物質的条件の内部において生起することになり、その意味づけは、そのときの状況やジェンダーをめぐる闘争にかなり影響されることになる。つまり、ある特定の時期の、ジェンダー関係やジェンダー間の覇権闘争を論じることは、ヘゲモニーに関する闘争を論じることになるのである。ヘゲモニーの危機や交代は、ジェンダーをめぐってこれまで共有されてきた合意の危機であり、それまで安定していたジェンダー関係が崩壊するという意味で、ジェンダー関係の解体と再構築の物質的・制度的契機なのである。危機の時期においては、しばしば、それまで明白でなかったものが明らかにされ、支配関係が暴露され、変革を切に望む人々の選択が提示されるのである。

さてここで、ジェンダーをめぐるこうした闘争をどのように記述し分析するのか、またこのような分析をどのように国際関係理論に適用できるのかが新たな問題となってくる。本書のハイライトとも言える第三章は、最も重要な理論的な展開の章である。ここでは、ロバート・コックスが確立した、批判理論の分析概念の枠組みである「歴史的構造」というアントニオ・グラムシの思想に端を発する概念に、さらにジェンダー的分析枠組みを加えることで、「批判理論」をジェンダーの視座から冷静に分析し鋭い洞察を加えている。アントニオ・グラムシについては後で触れるが、ウィットワースはここでは直接グラムシに触れてないにもかかわらず、コックスの批判理論を深め、洗練されたものにすることに貢献し、さらに「批判理論」フェミニズムを提起したのである。

この第三章における理論的に重要な分析について、本文の入門的な紹介よりも掘り下げて理解するために、コックスの「批判理論」と国際関係論におけるグラムシ的アプローチについてその理論的な意味を若干整理する必要がある。ハンス・モーゲンソーは、国際政治を権力闘争と規定し、国家間の力の政治分析を進めることによって、国際政治を動かす根本原因を究明し、それを基礎として平和への道を解明しようとするとともに、一国の外交政策が拠って立つべき基準としてナショナル・インタレスト（国益）という概念を導入し、確立させた。アン・ティックナーが指摘するように、国際関係論の研究者のおもな関心事は戦争であり、世界秩序や安全保障の問題であり、女性学の研究関心はその正反対に位置するものであった。それは、男性の世界であり、戦闘行為が特権的活動であるような権力と闘争の世界であり、そこから女性は長い間、伝統的に排除されてきたのであった。ゲーム理論などに見られる新現実主義の理論の中核をなす「共通の合理性(1)」という概念は、（中心的権威の不在という意味で）アナーキー的な国家システムに対応する概念として採用されている。新現実主義者たちは、「共通の合理性」という概念をとることで、価値中立的立場をとっていると強調する。

そこでは、ジェンダーが不可視化されていることはもちろんであるが、彼らは道義的な目標を排除しているという点と、諸問題を物理的な諸関係に還元して考えている点で「価値自由」だと言う。しかし、新現実主義の理論には、隠された規範的要素があり、歴史的な役割があるとコックスは述べる。つまり「共通の合理性」を強調することは、現行の国家間秩序の正統性を強化する役割を果たしているからである。これに対して「批判理論」は、現在の世界の支配秩序はいつごろから、いかにして生まれてきたのか、世界秩序の相対的な安定性とは何かという問題を提起し、新現実主義とは違ったアプローチで定義しようとしている。

ここで理論的な分析枠組みとして登場するのが、グラムシの思想を援用したコックスの、「歴史的構造」として描きだした「批判理論」であり、ウィットワースは、彼の「批判理論」をジェンダーの視座から修正・発展させている。世界秩序とヘゲモニー闘争、国際組織や国際制度におけるジェンダーの形成過程と構造を分析する試みがグラムシ的なアプローチの「批判理論」フェミニズム国際関係論である。コックスは、グラムシからさらに遡って、一八世紀のイタリアの思想家ヴィーコの影響を受け「歴史的構造」という概念を国際関係に適用し、世界秩序と人間性、人間の歴史と国家などの制度の関係を再構築しようとした。人間の精神の形態は、複雑な社会関係によって形づくられてきたのであり、後にマルクスが考えたように階級闘争が主要な役割を果たしてきた。しかし「精神は、現在と過去をつなぐ糸であり、人間の制度は人間の歴史と同一のものである。それらは、派生論的な観点から理解されるべきであり、（新現実主義におけるように）本質論的な観点や（機能主義におけるように）目的論的な観点から理解されるべきではない(2)」。

ヴィーコ的見方によれば、人間や国家を歴史から適当に抽象して、人間や国家の実態や本質を歴史に先行するものとして定義することはできないのである。「歴史的構造」の概念とは、人間とさまざまな時代を特徴づけている精神や制度の一貫性とあるパターンの一貫性と定義することができよう。政治的な紛争や国家の政治的行為は、つねに権力関係を維持するか、または変化をもたらすか、何らかの目的を持ってなされる。コックスによれば、この行為の枠組みは、歴史的な構造の形態をとっている。「歴史的構造」とは、思考のパターン、物質的な条件、人間が作りだした制度間の独特の組み合わせであり、このような要素の間にある種の一貫性が存在するような構造である。このような構造は、人間の行為をいかなる意味でも機械的に決定はしないが、習慣・圧力・期待・制約という文脈を構成している。政治的行為はその中で発生するのである。「歴史的構造」は、物質的な条件（能力）、観念

（理念／イデオロギー）、制度の三つのカテゴリーの勢力が構造の中で相互作用する。コックスによれば、「歴史的構造」の方法は、一、生産様式。二、国家と市民社会との複合体の研究から導きだされる国家形態。三、世界秩序。つまり、諸国家が全体としてかかわる戦争と平和という問題群のあり方をつねに規定している諸勢力の配置状況。この三つは相互に関連し、生産における変化が新しい社会勢力を生みだし、国家構造における変化を生みだす。そして、国家構造の変化が世界秩序の変化をもたらすのである。コックスはその事例として、E・H・カーが論じたように、一九世紀末以来、西洋諸国では産業労働者（新しい社会勢力）を政治社会への参加者として体制に取りこむことが、これらの諸国が経済的ナショナリズムと帝国主義（新しい国家形態）に向かって進む動きに弾みをつけていたし、それが世界経済の細分化と国際関係の紛争的局面（新しい世界秩序の構造）をもたらしたことを挙げている(3)。

そもそもコックスの「批判理論」が国際政治における、現実主義・新現実主義批判から出発していることから、ウィットワースの批判的関心は特に、フェミニズムにおける政治的リベラリズムや西欧中心主義に向けられている。コックスは、現実主義が国際関係を国家のみの関係として捉えていることから市民社会と不可分なものであることを主張するために、グラムシの議論を論点としている。それは、グラムシのヘゲモニー概念を根底に置くものである。世界秩序の相対的安定性を考え、グラムシはヘゲモニーを物質的な力の配置状況、（ある種の規範を含む）世界秩序に関する広く共有されたイメージ、一定の普遍性があるという外見をもって秩序を管理する一連の制度が重なりあって一貫性を持つようになった状態、ないしは、それらが違いにうまく対応している状態に基礎を置いている。このような観点に立って見ると権力・観念・制度がうまく対応している状態がヘゲモニーの安定につながるが、なかでも観念、つまり、イデオロギーが決定的に重要な行為の領域である。

「批判理論」的な見方によると、アメリカの指導者たちは、戦後ヘゲモニーがイギリスからアメリカに移ったことを示すには、イデオロギー的観点が重要だと考えた。彼らは、金本位制を放棄することによって、古いヘゲモニーを意識的に否定し、ニューディールの原則を新しい世界秩序のイデオロギー的な基礎に徐々に組みこんでいったのである。それに続いてアメリカのイニシアティヴでこの新しい秩序を管理する制度が作られた。コックスによれば、このようにアメリカがヘゲモニーを確立するうえではイデオロギーが重要な役割を果たし、かつイデオロギーは物質的な権力関係との関係で理解されなければならない。ウィットワースが、「批判理論」フェミニスト研究者の視点で、国際社会を洞察する際に、グラムシ的ヘゲモニー概念を根底に置き、権力や男性中心の制度、家父長的イデオロギーに注目したのは、こうした理由からである。

「理論は、つねに誰かのために存在している。すべての理論は、パースペクティヴを備えている。パースペクティヴとは、時空間における位置から生まれるものであり、特に社会政治的な時空間から生まれるものである。世界は、民族あるいは社会階級という観点から、支配あるいは服従という観点から、興亡する権力という観点から、停滞感あるいは差し迫った危機感という観点から、過去の経験という観点から、そして未来に対する希望や期待という観点からなど、異なったパースペクティヴから解明の対象とされるので、そのようなパースペクティヴにとって、包みこんでいる世界は、いくつかの問題を提起している(4)」。

コックスのこのようなものの見方によってウィットワースは、新現実主義の枠組みでは取り入れることのできなかったジェンダーの観点を、国際関係に取り入れることができたのである。重要なことは、グラムシ的なアプローチからジェンダーという概念についての認識と存在が明らかにされていることである。ウィットワースの言うように、ジェンダーとは社会的諸関係であり、そこにグラムシ的なアプローチから見ると、ジェンダーの諸関係は、諸々のアクターの活動や彼らが作りだした諸制度から構成されるものである。つまり、ジェンダーとは社会的諸関係を通じて構成されるものである。なぜなら、われわれは、社会的関係や闘争からジェンダー関係の歪みや、ジェンダーのアンバランスな関係を知らされるからである。

ウィットワースは、第四章と第五章において、それぞれＩＰＰＦとＩＬＯを事例にして、ジェンダーに関するパワーの交代に注目しながらヘゲモニーの形成と交代を、可視的・不可視的に分析している。第四章のテーマであるバース・コントロール（産児調節）は、現在の女性の人権基準で考えれば、リプロダクティブ・ヘルス／ライツ、つまり子どもを産むか産まないかは、女性の自己決定権に委ねられるべき問題である。サンガーは、一九一四年自ら主催する新聞で、初めてバース・コントロールという用語を使い、女性の賃金奴隷状態からの解放、ブルジョワ中産階級の道徳・慣習・法律・迷信の束縛からの解放を訴えた。サンガーの当初の主張は、純粋に女性解放の視点を持っていたが、その後二〇世紀の世界の大変動の荒波の中で、変容を余儀なくされていく。ロシア革命による共産主義の成立と、第二次大戦をきっかけにしたイギリスからアメリカへのヘゲモニーの交代は、グラムシ的に見れば、世界政治経済の歴史的構造の変容であるが、同時にＩＰＰＦの歴史的構造も、観念、物質的能力、制度において、ジェンダーの問題から世界秩序の問題へと移った。当初サンガーの主張が革新的であったがために、社会主義や共産主義者からは支持を受けていたが、一九二〇年代以降、欧米でのより広い層の支持を受けるために、支持者による脱政治化・非政治化を余儀なくされていく。

このことは、古い価値観に縛られた結婚制度からの解放を同時にめざしていたバース・コントロール運動が国際社会秩序安定のための結婚制度強化と安定をめざすバース・コントロール運動へと「逆コース」をたどることになるのである。さらに第二次世界大戦以降のアメリカ中心のヘゲモニーと世界の政治経済戦略の下で、バース・コントロールは、第三世界の人口抑制戦略へとなっていく。そこでは、バース・コントロールを女性解放の文脈の中で主張してきた、サンガー自身すら、その戦略からはずされ、ジェンダーは、冷戦体制の下で、不可視化されていくのである。人口抑制戦略とは、発展途上国における人口過剰を「人口爆弾」と捉え、人口過多が食糧不足を引き起こし、貧困と失業を増加させ、世界の不安定要因となることを抑えるための強制的人口抑制政策である。「歴史的構造」から見ればアメリカ的自由主義イデオロギー（観念）とアメリカを中心とする西側諸国の援助（物質的条件）に支えられ、ＩＰＰＦは、その後西側諸国が考える世界平和の促進に大いに貢献し、国際組織（制度）の拡大・安定に向かうのである。

第五章のＩＬＯにおける事例研究は、グラムシ的アプローチから言えば、あとで詳しく述べるグラムシの定義するヘゲモニー、つまりグラムシ的市民社会論の実証研究とも言える。第一次世界大戦の前から、女性労働者や児童労働者の権利を求める国際的運動は続いていたが、なかなか国際的制度化への道に発展しなかった。そしてようやく一九一九年、国際連盟とともにＩＬＯが国際政府機関として設立されたのである。しかしながらその背景には、皮肉にもロシア革命の勃発が、西欧社会の政治的指導者たちを奮起させたのであった。それは、底辺で働く労働者たちの不満が社会不安になり、ロシア革命が西欧に広がるかもしれないという懸念であった。労働者が資本主義以外の方向を求めて革命への道へ進まないようにするには、資本主義陣営の中において、労働条件の改革に参加できるメカニズムを作る必要があった。

ウィットワースの指摘するように、一九一九年のヴェルサイユ講和条約にＩＬＯの設立を盛りこんだ背景には、このような事情もあったのである。ＩＬＯ設立草案には、国際連盟の恒久平和の確立と合わせて「このような平和はすべての国におけるあらゆる階級の人々の繁栄と満足の上にしか確立され得ない」という文言にアメリカが反対した。アメリカ代表は、「階級」という文言を改めさせ、働く男性と女性の労働条件を改善することによって「社会正義による永続的な平和を促進する」に書き換えさせた。こうしてＩＬＯの「歴史的構造」は、アメリカ的男女平等と労働観（観念）を背景に西側諸国を中心とする国際連盟、国連財政（物質的条件）を基盤として、また政府間組織（制度）として、第二次世界大戦後、飛躍的な発展と女性労働者の地位向上に貢献していくのである。

その歴史的過程は、ウィットワースが繰り返し強調しているように、歴史的な労働運動が、労働者の権利といってもつねに「白人男性」労働者のみを前提にしていた。しかしながら、ジェンダーを視野に入れることで、家庭責任者としての男性労働者や、人種、階級へと、それまで、不可視であった問題関心が次第に可視化されていく過程が明らかになっていくのである。

前述のように本書は、ジェンダーの観点からのテキストとして書かれているため、特にグラムシ的アプローチに論及されているわけではない。しかし本書の読解には、その背景をなす、グラムシの考え方を理解しておく必要がある。アントニオ・グラムシ（一八九一―一九三七）は、イタリアの政治思想家・実践家である。思想的にはマルクス主義を出発点にしているが、グラムシのマルクス主義に対する貢献は、マルクスの言う下部構造（経済関係）と上部構造（倫理 - 政治的領域）との間には相互的関係があると考えたところにある。この相互的な関係から考えると国家と市民社会の関係は、国家対市民社会といったヘーゲル的な二分法で考えるのではなく、国家と市民社会との「複合体」が世界秩序を構成する行為主体であり、国家と市民社会との複合体が歴史的にどのような形態をとってきたのかを理論的に解明しようとしたのである。

グラムシは、このような視点に立った「市民社会」を理論化し、後のグラムシ研究者らから「市民社会」の発見者と言われている。グラムシは、ロシアでは革命が成功したのになぜ西欧ヨーロッパでは敗北したのかという点を出発点として、資本主義世界における市民社会の構造に着目した。すなわち、東方では国家がすべてであり、市民社会は幼稚でゼラチン状のものであるのに、西方では国家と市民社会との間には正確な関係があり、国家が動揺するとすぐ市民社会の頑強な構造が姿を現した、国家は外堀にすぎず、その背後には要塞と土塁との強力な体系が立っていたことに気づいたのである。

つまりグラムシは、ヘーゲル的な国家と私的な市民社会という区別は単に法的概念であって、現実にはそうはっきりと区別できないし、実際には、「公的」であることと「私的」であることの融合が実際の社会であると考えた。なぜなら、強制力や権力関係は「公的」なところに生じるだけではなく、「公的」なものと「私的」なものとの融合された社会の中に生じると論じているからである。「公的」なものと「私的」なものの峻別を否定するこのグラムシ的アプローチは、彼が特にジェンダー問題を重視していないにもかかわらず「ジェンダー」分析において高く評価されることの一つの原因になっている。なぜなら、この公私の区別こそが女性を公的生活に参加させつつも私的生活に縛りつけてきたからである。

グラムシは、マルクスの上部構造の概念を政治権力とイデオロギー、支配とヘゲモニーに分けることで上部構造の理論をより精密化しようとした。グラムシの重要な理論的貢献は、ヘーゲル的な「国家」と「市民社会」の概念を再定義し理論化したことである。グラムシは、国家の概念を、限定的概念と一般的概念の二つに分けた。国家の限定的概念は、国家の公式の（行政的・法的・強制的）統治機構を意味する。「政治社会」にあたる「拡大された」概念は、国家を「政治社会」と「市民社会」の双方が融合したものと見ている。つまり、構造と上部構造とは一つの「歴史ブロック」を形づくる。すなわち、上部構造の矛盾に満ちた不均衡で複雑な総体は、生産の社会関係の総体の反映であるとした。フェミニズムは、「生産」とともに「再生産」をも含めた社会関係の総体を重要と考える。

グラムシは、また国家を単なる階級支配の抑圧装置だけに還元する従来のマルクス主義国家論ではもはや不十分だとし、より広い複合的な地平の上に現代国家と社会の分析をした。そして政治社会と市民社会の均衡的統一体としての国家、また官僚的・強制的装置と知的・道徳的指導との結合体としての広義の国家概念を提起し、「国家＝政治社会＋市民社会、すなわち鎧をつけたヘゲモニー」と表したのである。

ヘゲモニー、つまり覇権という概念は、国家間の関係での覇権という意味で、国際関係論における重要な研究テーマであるがゆえに論争的な概念でもある。国家を分析単位とする新現実主義が、覇権概念を国家による強制力の関係と捉えるの対して、グラムシは、もともとは国内政治における「覇権」を取りあげ、ヘゲモニーを同意の関係によるものであるとした。教会や学校、国際組織などが同意による覇権装置であるいう考えはここにある。

グローバリゼーションが進行しはじめた一九六〇年代にヘゲモニーの問題を取りあげたフーコーも権力関係の分析においては、国家の主権とか法の形態とか支配の総体的統一性の前提を否定し、これらは、むしろ権力の終端的形態であるとする。フーコー的なアプローチによれば、権力とは一つの制度でもなく一つの構造でもない、ある種の人々が持っているある種の力でもない。それは特定の社会において、錯綜した戦略的状況に与えられる名称である。権力の関係は、他のかたちの関係（経済的プロセス、知識の関係、性的関係）に対して外在的な位置にあるものではなく、それらに内在するものだということである。そこに生じる分割・不平等・不均衡の直接的結果としての作用であり、また相互的にこれらの差異化構造の内的条件となるのである。

フーコーによれば権力の関係の原理には、支配する者と支配される者という二項対立かつ総体的な対立はない。二項対立が上から下へ、ある集団へと及んで社会全体にまでいたるという運動ではない。そうではなくて、むしろ、生産の機関、家族、集団や組織、諸制度の中で形成され作動する多様な力関係は、社会全体を貫く断層の広大な効果に対して支えとなっているのである。

国際関係における（女性の）同意による（男性の）覇権、社会の中の多様な権力関係こそは、ジェンダー関係を分析するときに最も強力なものであり、このことを深く分析しようとしないリベラル・フェミニズムの限界を指摘することも、「批判理論」フェミニズムの一つのねらいとなっている。

ファシズム期イタリア社会におけるグラムシの理論を、冷戦と冷戦以後の国際社会に適応し、第二次大戦後の国際政治経済分析に応用しているネオ・グラムシ的な視点から見ると、フォード主義的蓄積体制に基礎を置き生産‐消費をリンクさせた階級的妥協、および国際貿易の拡大という第二次世界大戦後の組み合わせが国際的歴史ブロックの主たる構成要素であった。

フォード主義は、戦後のアメリカを中心とするパックス・アメリカーナの世界的な枠組みの中で、自動車・電気産業を生産性向上の基軸とし、大量生産＝大量消費の連動体とする労使同権化をめざしたフォードシステムを模範として、労働者を体制の中に統合しブルジョワ・ヘゲモニーをもたらした。ベルトコンベア・システムの生産過程において資本が労働力を実質的に包摂した大量生産による利潤の増大をはかるだけでなく、フォード主義システムの下で働いている労働者自身が消費生活過程においても「高能率・高賃金」のフォード式標語に動員されてフォードの車を買ったのである。自動車・電気製品のような耐久消費財を購入していわゆるアメリカ的生活様式をエンジョイする労働者の消費、つまり、労働力の再生産も資本によって実質的に包摂されることになる。グラムシが分析したようにこの現代資本主義の労働者の包摂は、禁酒法や性のコントロールといった社会生活の合理化全般にまで及ぶ。それが、「アメリカニズム」なのである。

フォード主義の導入と定着は、同時に「女は家庭」という役割分業の固定化、性役割の規範の成立と定着を意味した。フォード主義的規範は、拡大する新中間層の女性から労働者階級の女性へと広がった。フォード化された工程の管理や労働者である夫の労働力を再生産する場としての「家庭」の提供が女性の役割・責任とされたのである。一九六〇年代後半に起きたフェミニズムの第二波は、このような高度成長期後期のフォード化された社会において、フォード主義的規範を否定し、性別役割分業を男性たちに返上、女性の主体性を取り戻す闘いであった。ウィットワースが第四章と第五章で歴史的展開の中で取りあげたテーマについて、今日の女性運動がつきつけている問題は、生殖や性に関する自己決定権やポジティヴ・アクションなど労働の場での完全な平等である。

一九七五年の国際女性年を契機として始まった国連「女性の一〇年」（一九七六―一九八五）の間に闘う側のフェミニズム運動もまたＮＧＯ（非政府組織）として国際的連帯の中で戦略を立てて闘うグローバルなフェミニズム運動へと飛躍的な展開をしていった。グローバルなフェミニズム運動については、最後に触れることにする。

資本主義システムのグローバルな構造変動を分析するには国際的な社会勢力を分析できるようにするアプローチが必要である。このような国際的歴史ブロックは、西欧の生産‐消費の「混合経済」による近代化のみならず、もっと広く新自由主義的国際資本主義秩序をも支持する広範な階級的利益を作りだして、発展途上国の市民層をも包みこんでいる。（ネオ）グラムシ学派のスティーブン・ギルは、今日の経済的グローバリゼーションとは、経済的機会の拡大をめざして組織された国際的な社会勢力が意図的に作りだしたものであって、不可避なものではないと主張する。Ｇ８諸国政府や世界銀行、ＩＭＦなどの国際金融機関は、大企業や一部の機関投資家の利益を拡大するように作動している。グローバル化は、一方で世界の結合を強めているものの他方では、きわめて不均等で階層的で格差を拡大する過程でもある。一九九〇年代は、このような過程の中で地球規模での不平等化とグローバルに社会的な分極化が驚くほど進み、社会的な分極化の過程で、女性が男性より劣位に位置していくことは言うまでもないが、女性同士の分断・格差もまた拡大したのである。カナダの女性労働者に代わって、賃金が安いフィリピン女性が同じ労働に従事したり、タイの女性労働者に代わって、さらに周辺国のラオスやカンボジアなどの貧困にあえぐ女性や子どもたちが、最低の賃金で、あるいは奴隷的状況下で労働させられている。

一九九〇年代後半の一連のアジアの金融危機は、八〇年代から進められた新自由主義による各国の市場開放、特に金融、資本取り引きの自由化が先進諸国から多国籍企業の直接投資を吸引し、さらに投機的資金を大量に引きよせる方向に作用し、九〇年代にバブルとその崩壊をもたらした。ＩＭＦを中心とする各国への救済融資戦略は、アジア諸国の特徴的な経済システムを解体して、アメリカ型市場経済による自由で競争的な市場への変革を迫る要求が新自由主義イデオロギーの下で推進されている。多国籍企業は、より安価な労働力を求めて、各国の経済体制の違いを利用して、経営効率が一番高まるように企業内部の活動領域の地域的分散化をはかろうとする。アジア地域における独裁的・家父長的イデオロギーの政治経済体制の多様性は、歴史的・構造的なジェンダー差別とよって女性の極端な低賃金労働状況という共通性を持ち、そのことはグローバルな経済活動には好都合なのである。

このようにグラムシ的あるいはネオ・グラムシ的な見方によれば、ウィットワースが分析対象としたＩＰＰＦや、ギルが分析した日米欧委員会をはじめとするＩＮＧＯ（国際ＮＧＯ）やＩＬＯ、ＯＥＣＤや世界銀行、ＩＭＦのような国際組織、Ｇ８のような国家間組織、多国籍企業などは、ギルの言うように国際的規範と政治的コンセンサスの形成を目的とするさまざまな形態のエージェンシーであり、これらはすべて安定的な国際秩序の維持と発展のための、あるいは移行期における資本主義国間の凝集性を維持するために決定的な重要性を持つ構成物と言える。

その制度形成過程においては、つねに世界秩序のヘゲモニーをめぐる闘争や交代が行われるが、舞台の裏では敵味方が手を組み、双方のジェンダーを抑圧し搾取しながら不可視化していく政治戦略がとられていたのである。ＩＰＰＦとＩＬＯにおけるジェンダーをめぐるヘゲモニー闘争とその交代は、このような歴史的構造と変動のダイナミズムに連動して作られてきたのである。

本書は、グローバルなフェミニズム運動の歴史的形成過程を説明することを主たる目的にはしていないが、国際組織や国際制度におけるジェンダーの不可視化の過程と構造を分析することは、ちょうど合わせ鏡のように不可視化させられてきた女性たちの声なき声と抑圧されてきたパワーを可視化する過程でもあり、同時にフェミニズム運動のグローバル化の歴史的形成と展開の過程とも言えるだろう。

一九九五年九月、中国で第四回国連世界女性会議が開催された。国連加盟国政府代表団と国連システム、国際組織の代表、議員、メディア、NGOなど合わせて約五万人が参集した、冷戦後最も大規模の国連政府間会議とNGOフォーラムであった。

女性会議での議題は、ジェンダーの視点から貧困・人権・環境・紛争などおよそ国際関係のあらゆる領域に及んでいて、冷戦後の国際関係の枠組みを再検討するものであった。政府間会議では、従来の国際政治の場での基準となるナショナル・インタレスト（国益）の枠組みを十分に乗り超えることはできないにしても、ジェンダーの観点から一国の国益を超えて、いかにしてグローバルな共通利益に転換するかが議論された。あるいは、国益を出発点にするのではなく、女性個人の人権や自己決定権を出発点として、あるいは家庭におけるジェンダー関係をどのように国際政治の場で共通の課題として取り組み、制度的に保障するかが真剣に議論されたのである。

採択された北京宣言および行動綱領には、絶対的貧困と貧困の女性化、失業、次第に危うさを増す環境、継続的な女性への暴力および広く権力や政治の制度から人類の半分（女性）を締めだしている現状が述べられている。さらに開発、平和および安全の追求と人間中心の持続可能な開発を確保することの必要性を強調している。そして、協調の精神に基づく政府間および国民間の新時代の国際協力、公平な社会的・経済的国際環境、および完全かつ平等なパートナーシップへの女性および男性の徹底的な変容がないかぎり、世界は二一世紀の課題に対処できないことが明記されている。

国際関係におけるヘゲモニーをめぐる闘争や交代は、公の場においては、ジェンダーを不可視化させ、女性不在の歴史を作ってきた。けれどもその影で、抑圧と搾取されつづけてきた女性たちは、二〇世紀という時代を通して男性中心の権力やイデオロギー、制度を解体するために闘いつづけてきたのである。国連は北京行動綱領の中で、国際社会における女性の完全かつ平等なパートナーシップが二一世紀の平和で公正な世界秩序を創るのに重要な条件であることを宣言している。ＮＧＯフォーラムに結集した約三万五〇〇〇人の女性たちのグローバルなパワーが、二一世紀の世界秩序にどのような影響を与え、ヘゲモニーの交代にどのように貢献するのだろうか。そしてそれは、世界規模の政治経済秩序にどのような変動をもたらすのだろうか。国際関係におけるグローバルなフェミニズム運動の理論分析においても、本書で既にその基本的な提案がなされているが、「批判理論」フェミニズムの役割が期待される。

注

（1）ロバート・Ｗ・コックス著、遠藤誠治訳「社会勢力、国家、世界秩序――国際関係論を超えて」坂本義和編『世界政治の構造変動２ 国家』岩波書店、一九九五年、二一二頁。
（2）同右、二二四頁。
（3）同右、二三三頁。
（4）同右、二一五頁。

参考文献

伊藤誠「グローバリゼーションの下での日本資本主義とアジアの経済危機」『情況』一一月号、情況出版、一九八八年、三三―五二頁。

岩本美砂子「フォード主義国家と性役割」三重大学『法経論』一一巻二号、一九九四年、七三―一〇四頁。

片桐薫『グラムシと現代』御茶の水書房、一九八八年。

清水幾太郎責任編集、『ヴィーコ』世界の名著三三、中央公論社、一九七九年。

スティーブン・ギル著、遠藤誠治訳『地球政治の再構築――日米欧関係と世界秩序』朝日新聞社、一九九六年。

デヴィド・フォーガチ編　東京グラムシ研究会監修・訳『グラムシ・リーダー』御茶の水書房、一九九五年。

野崎孝弘「国際関係論におけるヘゲモニー概念の批判的検討（1）」『早稲田政治公法研究』、第五九号、一九九八年、八五

—一一四頁。

ミシェル・フーコー著、渡辺守章訳、『性の歴史I知への意志』新潮社、一九八六年。

山崎功監修／代久二編集『グラムシ選集』全六巻、合同出版、一九六一年。

ロバート・W・コックス著、遠藤誠治訳「社会勢力、国家、世界秩序——国際関係論を超えて」坂本義和編『世界政治の構造変動2 国家』岩波書店、一九九五年、二一一—二六八頁。

ロバート・W・コックス著、石田淳訳「国際組織と世界共同体」日本平和学会編『平和研究』第二〇号一九九六年、二三一—二三三頁。

ま　行

や　行

ら　行

は　行

た　行

な　行

さ 行

か　行

索　引

この索引は原書の索引の翻訳である。下位項目の配列は、原書の配列に従った。

あ　行

訳者紹介（「フェミニズムと国際関係論」研究会）

監訳者

武者小路公秀（むしゃこうじ・きんひで）　［監訳者代表］学習院大学政治学部卒業。学習院大学教授、上智大学国際関係研究所所長、国連大学副学長、明治学院大学教授を経て、現在フェリス女学院大学教授。専攻は国際政治学。著書『転換期の国際政治』（岩波新書）他多数。

野崎孝弘（のざき・たかひろ）　早稲田大学政治経済学部政治学科卒業。現在、早稲田大学大学院政治学研究科博士後期課程在籍。専攻は国際政治学。論文・翻訳に、「戦略研究とは何か――アイデンティティの問題をめぐって」（山本武彦編『国際安全保障の新展開』、早稲田大学出版部、1999年、125-145頁)。「グラムシとわれわれ」（翻訳、『現代思想 総特集ステュアート・ホール』1998年3月臨時増刊、青土社、116-128頁)。他多数。

羽後静子（はのち・せいこ）　明治学院大学大学院国際学研究科博士後期課程単位取得。現在、ヨーク大学大学院政治学 Ph. D. コース、研究助手。ヨーク大学国際安全保障研究センター研究員。専攻は国際政治学。'The Fight Against Prostitution, Trafficking and Patriarchy in Japan', Urvashi Butalia (ed.), *Resurgent Patriarchies : Challenges for Women's Movement in Asia*, (Hong Kong, Arena Press, 1999) 他。

訳　者

中原美香（なかはら・みか）［日本の読者へ］　米国にて国際研究修士号取得。差別問題や民間非営利・非政府組織のマネジメントに取り組む。『非営利セクターを支えるしくみとは』（翻訳、ジャン・マサオカ、松原明著、シーズ、1998年)、『勇気の架け橋』（共訳、解放出版社、1999年）など著書・翻訳多数。

大川桐絵（おおかわ・きりえ）［序章］　早稲田大学第一文学部哲学科社会学専修卒業。現在、株式会社サミュエル営業課勤務。

庄山則子（しょうやま・のりこ）［第一章］　大阪外国語大学英語学科卒業。サラ・ローレンス大学大学院女性史プログラム修了、M. A. in Women's History 取得。現在、慶應義塾大学国際センター勤務。主な翻訳に『アムネスティ・レポート 世界の女性と人権――紛争と変革のなかで』（共訳、明石書店、1995年)、他多数。

富永浩央（とみなが・ひろひさ）［第二章］　福島大学行政社会学部行政学科卒業。明治学院大学大学院国際学研究科博士前期課程修了。現在、スキャルパーズ代表、H. I. S. トレードスクール講師。

栗原（志田）充代（くりはら［しだ］・みつよ）［第三章］　青山学院大学大学院国際政治経済学部修士課程（国際経営学）修了。コロンビア大学国際関係論学大学院 M. I. A.。元国際協力事業団国際協力総合研修所調査研究課研究員。専門は開発経済学。

田中香（たなか・かおり）［第三章］　明治学院大学大学院国際学研究科博士前期課程修了。国際協力事業団ジュニア専門員、パキスタン母子保健プロジェクト調整員として派遣中。

伊藤衆子（いとう・しゅうこ）［第四章］　明治学院大学大学院国際学研究科博士前期課程修了。ロンドン大学 SOAS（L L M）留学。現在、反差別国際運動日本委員会勤務。

髙橋（清滝）園子（たかはし［きよたき］・そのこ）［第四章］　明治学院大学大学院国際学研究科博士前期課程修了。米国タフツ大学フレッチャースクール法外交大学院修士課程修了。専攻は国際関係論、国際人権法。現在、国際協力銀行勤務。

小西道子（こにし・みちこ）［第五章］　明治学院大学大学院国際学研究科博士前期課程修了。シンクタンクを経て、現在、株式会社オフィス宮崎勤務。

都丸千恵子（とまる・ちえこ）［結論］　東京外国語大学外国語学部ロシア語学科卒業。都立八潮高等学校教諭。主な翻訳に『アムネスティ・レポート 世界の女性と人権――紛争と変革のなかで』（共訳、明石書店、1995年)。

検索協力　**岸田早希子**（きしだ・さきこ）筑波大学第二学群人間学類社会心理学課程卒。ニューヨーク州立大学留学。元 English journal 編集部。

国際《こくさい》ジェンダー関係論《かんけいろん》——批判理論的政治経済学に向けて

2000年1月30日　初版第1刷発行©

監訳者代表　武者小路　公秀

発 行 者　藤 原 良 雄
発 行 所　株式会社 藤 原 書 店

〒162-0041　東京都新宿区早稲田鶴巻町 523
電話　03（5272）0301
FAX　03（5272）0450
振替　00160-4-17013

印刷・平河工業社　製本・河上製本

Printed in Japan
ISBN4-89434-163-8